中原记忆

——河南省爱国主义教育示范基地综览

李宪林　主编

中原出版传媒集团
中原传媒股份公司

大象出版社
·郑州·

图书在版编目(CIP)数据

中原记忆 : 河南省爱国主义教育示范基地综览 / 李宪林主编.— 郑州 : 大象出版社, 2020. 6
ISBN 978-7-5711-0611-9

Ⅰ. ①中… Ⅱ. ①李… Ⅲ. ①革命纪念地-介绍-河南 Ⅳ. ①K878. 2

中国版本图书馆 CIP 数据核字(2020)第 071440 号

ZHONGYUAN JIYI
中原记忆
——河南省爱国主义教育示范基地综览
李宪林 主编

出 版 人 王刘纯
策划编辑 李亚楠
责任编辑 张韶闻 郭孟春 王 策
责任校对 毛 路 安德华
装帧设计 付锬锬

出版发行 大象出版社(郑州市郑东新区祥盛街 27 号 邮政编码 450016)
发行科 0371-63863551 总编室 0371-65597936
网 址 www.daxiang.cn
印 刷 河南博雅彩印有限公司
经 销 各地新华书店经销
开 本 787 mm×1092 mm 1/16
印 张 23
字 数 360 千字
版 次 2020 年 7 月第 1 版 2020 年 7 月第 1 次印刷
定 价 96.00 元

印厂地址 郑州市金水区杨金产业园马林西路 4 号
邮政编码 450000 电话 0371-65867366

主　编：李宪林

副主编：姚　毅　李　江　张小东　姚石杰　刘　涛

编　委：曹永彬　李延升　孙　军　马　朝　韩　冰

赵　旭　陈　晓　刘玉飞　刘　哲　彭　磊

于志洋　杜冬冬　袁志强　牛翠玲　周凤伟

摄　影：刘鲁豫（封面摄影）　唐　天　李宪林

姚石杰

不能忘却的中原记忆（代序）

作为一名省委宣传干部，由于工作需要，我时常有机会到各地参观全省的爱国主义教育示范基地。那里展出的保卫祖国、建设家乡、为中原争光添彩的动人事迹，时常一幕幕展现在我的眼前——

新中国成立初期，当毛泽东主席庄严宣告“中国人民从此站起来了”，全国人民满怀热情投入新中国建设时，美国悍然发动了侵朝战争。为了保家卫国，许多中原儿女参加了中国人民志愿军，雄赳赳，气昂昂，跨过鸭绿江，投入到战火纷飞的抗美援朝战斗中，奋勇杀敌，屡立奇功，不惜献出自己的宝贵生命。如今安静地躺在安阳市烈士陵园的临淇镇三弓水村（现更名为占元村）的孙占元，1952 年 10 月在上甘岭战役中，两腿被炸断，弹药用尽后，毅然滚入敌群拉响了最后一颗手雷，与七个敌人同归于尽。朝鲜民主主义人民共和国最高人民会议常任委员会追授他“朝鲜民主主义人民共和国英雄”称号和金星奖章、一级国旗勋章。人们把他与黄继光、杨根思、邱少云、杨连第并列一起，誉为抗美援朝“五大烈士”。在被称为

“空军飞行员的摇篮”的南阳市方城县，20 多年来共有 100 多名品学兼优的应届高中毕业生当上了空军飞行员，他们出征前，往往都要不约而同地去一个地方，朝着他们的偶像杜凤瑞鞠躬敬礼。出生于方城县杨楼乡赵洼村的杜凤瑞，在 1958 年保卫祖国领空的战斗中，连续击落两架美蒋敌机，在自己驾驶的战机受创跳伞过程中，不幸被敌机击中，壮烈牺牲，年仅 25 岁。中国人民解放军空军司令部、政治部为他追记一等功，国防部授予他“空军战斗英雄”荣誉称号，他生前所在大队被命名为“杜凤瑞大队”，英雄故里改名为“凤瑞村”。他的英雄事迹被《人民日报》等媒体报道，并编入小学语文课本。另外，在新中国成立后进行的几次自卫反击战、维护社会治安等保家卫国的战斗中，处处都有不怕流血牺牲的中原儿女的身影。仅郑州烈士陵园，就长眠着任长霞等 141 名为新中国建设捐躯的革命烈士！

新中国成立至今，在建设社会主义宏伟大业的进程中，中原儿女更是传承和弘扬爱国主义精神，为中华民族的伟大复兴，为使广大人民群众过上幸福生活，吃苦耐劳，不畏艰苦，创造了一个个惊人的奇迹。

——在兰考焦裕禄烈士陵园（现名焦裕禄纪念园），一张张图片和遗物，展示了“县委书记的好榜样”焦裕禄同志长期强忍病痛，带领兰考人民与风沙、盐碱、内涝“三害”顽强斗争的动人事迹，他“用自己的实际行动塑造了一个优秀共产党员和优秀县委书记的光辉形象，铸就了亲民爱民、艰苦奋斗、科学求实、迎难而上、无私奉献的焦裕禄精神”（习近平语），成为亿万人民心中一座永不磨灭的丰碑！

——在许昌市建安区桂村乡水道杨村，人们专门为农村基层党员干部的优秀代表杨水才建立了纪念馆，雕刻了他手推车的石像。早在 20 世纪 60 年代，曾在部队荣获“人民功臣”光荣称号的杨水才从部队转业后，为改变家乡贫穷落后的面貌，发扬“小车不倒只管推”的革命精神，带领家乡人民兴修水利、植树造林、兴办学校，直至倒在工作岗位上。毛泽东同志称他为“一不怕苦、二不怕死的共产主义战士”，号召全国人民向他学习。

——在林州市红旗渠纪念馆，2000多件珍贵文物利用声、光、电技术，1290平方米真实山体塑型，立体再现了当年10万大军战太行的震撼场景。林州人民苦战十年，劈开1250座山头，凿通了211个隧洞，架设了151座渡槽，81名修渠者的身躯化作了丰碑，终于在万仞壁立的太行山腰上建成了全长1500公里的“人工天河”——红旗渠，重新安排了林州河山，红旗渠也被称为“世界第八大奇迹”。他们用自己的血肉铸就了“自力更生、艰苦创业、团结协作、无私奉献”的红旗渠精神，集中体现出我们党为人民服务的性质和宗旨，成为中国共产党的光荣传统和宝贵财富。

引起人们回味，值得人们深思的中原印记比比皆是。在郏县广阔天地大有作为纪念馆，人们可以重温毛泽东主席“农村是一个广阔的天地，在那里是可以大有作为的……”的批示，回味当年上山下乡对自己人生带来的历练；在林州市石板岩供销社扁担精神纪念馆，人们可以体验当地供销合作社员工如何在条条山间羊肠小道上创造了“扁担精神”，挑出了“山里人心上的供销社”，成为全国农村商业战线的一面红旗；走进洛阳东方红农耕博物馆，人们可以目睹新中国成立后从国产第一代履带拖拉机到国产最先进的拖拉机等众多有历史意义的农业装备，见证中国现代农耕的沧桑巨变；参观驻马店市防洪博物馆、三门峡水利枢纽工程、小浪底水利枢纽工程，人们在心里自然会对河南水利工程的过去和现在进行比较，饮水思源；来到巩义市竹林镇、新乡县七里营镇刘庄村、辉县市回龙村，人们在惊叹中国农村通过改革开放发生巨大变化的同时，会更加强烈地感受到习近平总书记“幸福都是奋斗出来的”这句话的深刻涵义！

忘记过去就意味着背叛。河南博物院、河南省图书馆、河南省档案馆……

全省130多个爱国主义教育示范基地，去一个地方就会有一次满满的思想收获。带着家人，带着我们的孩子，抽出一些时间去看看吧，在回忆中积聚能量，在学习中增强信心，争做一个爱党爱国爱家乡的出彩中原人！

中共河南省委宣传部原副巡视员　李宪林

（此文原载中国“百强报刊”《老人春秋》杂志总第449期）

编写说明

爱国主义是中华民族精神的核心。爱国主义教育基地是激发爱国热情、凝聚人民力量、培育民族精神、提高全民族整体素质的基础性工程。在我国几千年的悠久历史中，中原大地始终是爱国者的主要驰骋疆场。优秀的中华儿女为了建立和建设新中国，在中原大地上经历了炮与火、血与泪的洗礼，用宝贵的生命留下了无数可歌可泣的爱国事迹。继 1997 年 7 月中宣部向社会公布了首批百个爱国主义教育示范基地后，中共河南省委宣传部等单位也于 1997 年 4 月公布了首批河南省级爱国主义教育示范基地。截至目前，中宣部已向全社会公布了 7 批全国爱国主义教育示范基地，其中河南省有 11 处入选；河南省已公布了 7 批共 127 处河南省爱国主义教育示范基地。从这些示范基地的展览中，我们可以目睹爱国先驱们的熟悉身影和遗物，感受他们当年的战斗历程和动人情感，学习他们的爱国情怀和无私奉献的精神，从而激励和增强我们热爱祖国，热爱党，热爱人民，为建设有中国特色社会主义强国而奋斗的信心和力量。鉴于此，我们于中华人民共和国成立 70 周年和中国共产党建党 100 周年之际，组织编写了《中原记忆——河南省爱国主义教育示范基地综览》一书，对河南省的国家级和省级 130 余处爱国主义教育示范基地（有的既是国家级也是省级）作一简要介绍，便于社会各界学习、浏览，参观基地时参考。

本书的编写得到中共河南省委宣传部宣传处及各省辖市有关爱国主义教育示范基地机构的领导和同志们的大力支持和帮助，特别是郑州、洛阳、开封、许昌、信阳、新乡、鹤壁、安阳等地的宣传部门为本书编写提供了许多文字和摄影资料，大象出版社、河南省红烨红色文化传播有限公司、博雅文化产业集团等为本书出版提供了不少便利条件。中国摄影家协会副主席、河南省摄影家协会主席刘鲁豫为本书封面提供了照片，河南省艺术摄影学会唐传俊副主席、原时代报告杂志社姚石杰主任等多次与编者一起为本书拍摄照片和搜集资料，在此一并致谢！另外本书有少部分内容和照片来源于网络，虽经细心核实，因时间和知识所限，不免出现漏错，敬请读者批评指正，如有版权事宜，请与作者联系。

编者

2020 年 5 月

目　录

郑州市 / 001

开封市 / 031

安阳市 / 093

新乡市 / 117

濮阳市 / 131

三门峡市 / 149

南阳市 / 159

商丘市 / 191

周口市 / 209

信阳市 / 221

焦作市 / 289

济源市 / 305

漯河市 / 317

其他 / 327

附录 / 343

郑州市

河南博物院

河南博物院位于郑州市农业路，院区占地8万余平方米，建筑面积5.5万平方米，展厅面积1万余平方米，为中央、地方共建国家级博物馆，全国和河南省爱国主义教育示范基地。

河南博物院1927年创建于开封，曾先后易名民族博物院、河南博物馆等，1961年由开封迁至新省会郑州。1997年7月，河南省政府决定，将中原石刻艺术馆与河南省博物馆合并，成立河南博物院。新馆于1994年开工建设，1998年5月1日正式对外开放。院区建筑群取“九鼎定中原”之寓意，体现中原文化源远流长、博大精深的特征。博物院功能齐全，包括广场、序幕大厅、基本陈列馆、专题陈列馆、临时陈列馆、文物库房、学术报告厅、电教楼、观众参与和娱乐厅、计算机中心、文物保护中心、图书资料馆和培训服务楼等部分。

博物院的主体建筑以我国现存最早的天文台遗址——登封元代古观星台为原型，其底部为长63米的正方形，高45.5米，内部设计五层，其中地下一层。大楼的外观，最上部为倒覆斗顶，隐喻“聚天地之灵气，汇宇宙之精华”。整体外观宛如一只展翅欲飞的大鹏，象征着河南经济文化的全面振兴和腾飞。

河南博物院是中原腹地最大的文物收藏、保护、研究、展示中心，现有藏品17万余件（套），大多数为珍贵文物，其中以青铜器、玉石器、陶瓷器、石刻造像等最具特色，是见证和展示华夏文明起源形成与发展脉络的文化艺术殿堂。河南博物院有19个不同规格的展厅，主要陈列、展览有“中原古代文明之光”、河南古代建筑明器馆、楚国青铜艺术馆、明清工艺珍宝馆、“恐龙世界”、河南古代石刻艺术馆、“河南古代玉器”展和“中原丰碑”等，从不同角度展现了中原文化的悠久与辉煌。

进入展览大楼的中央大厅，首先映入眼帘的是一座雕塑和巨型壁画，它们既是中央大厅的装饰物，也是河南古代文化的象征。“中原古代文明之光”展览是河南博物院最重要的大型基本陈列，汇集石器、石雕、陶器、砖雕、三彩、瓷器、青铜器、铁器、金银器等精美文物 2000 余件，布置在主展馆一、二层 7 个展厅内，总面积 3000 余平方米，依据河南古代文化发展的清晰脉络，由“文明曙光”“三代辉煌”“兼容并蓄”“盛世荣华”“余光明媚”5 个部分组成。

河南博物院

“文明曙光”部分的展览内容包括：洞穴岁月——展示了河南旧石器时代遗物；黄河拓荒——展示了裴李岗原始农业村落的复原、遗物；原始宗教和艺术——表现了河南新石器时期各种类型的彩陶以及宗教用具、乐器等；从穴居到城邦——表现了早期城邦与城市设施。

“三代辉煌”部分的展览内容包括：定鼎中原——展示了偃师二里头夏商之际、郑州商代早期的铜器与陶器，以及夏王朝宫殿模型；甲骨载史——展示了安阳小屯出土的甲骨刻辞精品；瓷器发端——展示了商周原始瓷器；青铜文明——从权力象征、列国器物组合、青铜铸造工艺、宴乐场景复原等方面汇聚了商周青铜器精品，展览内容丰富多彩。

“兼容并蓄”部分的展览内容包括：庄园文化——以汉代陶明器为主体，配以画像砖，反映车骑出行、田猎、拜谒、对弈等庄园生活场景；艺苑新风——组合了汉代乐舞百戏、绘画、雕塑、书法等方面文物；观念的交融——用洛阳太学及石经、升仙画像与文物、佛教造像等表现汉代儒、道、佛的并存和交汇；科技奇迹——展示这一时期的天文、医学、冶金、陶瓷方面的成就。

“盛世荣华”部分的展览内容包括：隋唐东都——洛阳城模型配以洛阳出土的与建筑、宫廷有关的文物，以及胡商俑和驼俑群，反映丝绸之路东端起点的繁华；白瓷与三彩——反映隋唐时期陶瓷业的发展过程；佛教兴盛——以唐代的佛教造像为主展线，反映佛教在河南古代的传播情况。

“余光明媚”部分的展览内容包括：东京梦华——以宋代开封城模型和《清明上河图》再现宋都的规模和市风；瓷业中心——通过宋代汝瓷、钧瓷等名瓷展览，说明河南当时作为瓷业中心的地位；戏曲沃土——通过大量与戏曲有关的文物展示宋代戏曲艺术的繁荣；科技星光——以大量的模型表现宋代的天文、建筑与四大发明的成就。

河南古代建筑明器馆展览以近些年出土的历代建筑明器为基础；楚国青铜艺术馆展览主要截取春秋中晚期楚国青铜文化，此展览曾获国家文物局 1998 年度“全国十大陈列展览精品奖”；明清工艺珍宝馆展览分为金银器、牙雕、漆器、珐琅器、织绣、瓷器 6 个部分，展示明清时期各类工艺珍品。“恐龙世界”展览以恐龙蛋化石、仿生机械恐龙和巨幅中生代恐龙生态画 3 个部分，塑造了

6500 万年以前的恐龙生态景观（1993 年，河南省西峡县发现了大规模的恐龙蛋化石群，已出土数千枚恐龙蛋化石，被评为 1993 年世界十大科技新闻之一）；河南古代石刻艺术馆展览分为世俗石刻艺术与佛教造像艺术两个展厅，体现中原先民刻在石头上的艺术、写在碑志上的历史以及对美的执着追求；“河南古代玉器”展览展示了上至新石器时代下至清代的佩饰玉、葬玉、玩赏玉等玉器精品；“中原丰碑”展览以文物、文献资料为主，结合场景、油画、雕塑、浮雕、布景箱、图表等辅助展品，分“峥嵘岁月”“碧血英魂”“丰碑永存”3 个部分，反映了 1840 年以来河南人民革命斗争过程中可歌可泣的典型事件与人物。

另外，河南博物院自创建以来，一直在中原文物如何走出河南、走向世界这个问题上做出积极的努力和尝试，先后到英国、丹麦、瑞士、日本、美国、新加坡、法国、澳大利亚等国家参加和举办了“中国艺术国际展览会”“中国珍宝展览”“中国历代陶俑艺术展”“黄河文明展”“大黄河文明展”等。

河南博物院建成开放以来吸引了众多中外宾客，已成为中原旅游的热点、展示中原文明的重要窗口、爱国主义教育的课堂、连接中原与世界文化的桥梁。

郑州烈士陵园

郑州烈士陵园位于郑州市二七区丹青路。始建于1955年，占地面积413亩（1亩约等于666.6平方米），分为南、北两园，其中南园占地面积263亩，北园占地面积150亩，是省会各界群众悼念、褒扬先烈，接受革命传统教育的重要场所，河南省爱国主义教育示范基地。

园区主要纪念建筑物有革命先烈纪念碑，浮雕影壁墙，吉鸿昌、吴焕先、彭雪枫、杨靖宇纪念碑亭，吉鸿昌烈士墓，中原英烈纪念馆，解放郑州纪念碑亭，烈士墓区，凌云堂，郑州国防园，烈士诗抄碑林等。

中原英烈纪念馆是为了纪念中原地区为中华民族流血牺牲的英模烈士们而建的永久性纪念场馆。纪念馆共3层，有10个展厅和1个环幕影院，其中，一层展厅4个，二层展厅4个，三层展厅2个。纪念馆一层有一个圆形环廊，环廊一圈设计了12根高6米的浮雕柱。从“五四运动在开封”“郑州二七大罢工”“三路大军挺进中原”到“河南人民政府成立”，这12根柱子完整地叙述了中原人民长达40年的革命斗争历史。以8个展厅在纪念馆一、二两层陈列两个专题：一层4个展厅为中原革命史，分别是风起云涌——大革命与工人运动纪念厅，星火燎原——土地革命战争厅，砥柱中原——抗日战争厅，逐鹿中原——解放战争厅；二层展厅为中原革命英烈，分别是慷慨赴义——吉鸿昌烈士纪念厅，光照千秋——吴焕先、叶成焕烈士纪念厅，浩气长存——杨靖宇、彭雪枫烈士纪念厅，公仆楷模——焦裕禄、任长霞纪念厅。纪念馆三层有社会主义时期烈

郑州烈士陵园

士纪念厅、临时展厅、多功能厅等。

烈士墓区位于陵园纪念碑广场南侧，现在墓区共安葬 309 人，其中，烈士 134 人（解放郑州牺牲 88 人，其中无名 56 人），病故军人 13 人，革命工作人员 162 人。

凌云堂为烈士骨灰堂，建于 1979 年，建筑面积 2000 平方米，目前存放着新中国成立以来 141 位为革命壮烈牺牲的烈士骨灰和上千名为革命奋斗一生、鞠躬尽瘁的老干部的骨灰。

郑州国防园建立于 1997 年，园内陈展着 1 架飞机、1 辆坦克、6 门大炮，以及有关国防内容的展览，为国家级首批国防教育示范基地。

郑州烈士陵园作为省、市重要的精神文明教育基地，每年接待来园参观、祭扫的社会各界群众达 20 余万人次。

郑州二七纪念堂（馆）

郑州二七纪念堂是为纪念京汉铁路工人大罢工（亦称二七大罢工）所建的革命历史建筑物，位于郑州市钱塘路 82 号，属全国重点文物保护单位，河南省爱国主义教育示范基地。

自 20 世纪初京汉铁路和陇海铁路通车以后，郑州逐渐成为全国重要的交通枢纽，但当时的交通命脉控制在比利时、法国等国的资本家手中，铁路工人受着外国资本家和封建军阀的双重压迫。中国共产党成立后，特别重视在工人中宣传自己的主张，作为交通枢纽的郑州已成为全国工人运动的中心之一。1923 年 2 月 1 日，京汉铁路各站工人在郑州普乐园（今二七纪念堂）成立京汉铁路总工会。由于大会遭到军阀无理阻挠和破坏，大会决定在 2 月 4 日举行全路总罢工。当日上午 9 点，郑州铁路工人首先拉响了罢工的汽笛，揭开了罢工的序幕。郑州成为这次罢工的策源地。2 月 7 日，军阀吴佩孚在帝国主义指使下，对罢工工人进行残酷镇压。在这场斗争中，共产党员、工人领袖林祥谦、施洋以及高斌等 40 多人被杀害，300 多人负伤，造成震惊中外的“二七惨案”，激起了全国工人大罢工的革命怒潮。这就是著名的二七大罢工。惨案发生后，中国共产党立即发出《为吴佩孚惨杀京汉路工告工人阶级与国民书》，中国劳动组合书记部发表了《告全国工人书》《警告国民书》，揭露吴佩孚一伙的反动面目，号召全国工人和民众联合起来，打倒军阀。全国工人纷纷声援和物资支援京汉铁路工人的斗争。二七大罢工虽然失败了，但它作为中国工人阶级在中国共产党领导下进行的一次声势浩大的有组织的政治斗争，给帝国主义和封建军阀以沉重打击，充分显示了中国工人阶级最勇猛的奋斗精神和最伟大的牺牲精神。

1951年9月，为了纪念京汉铁路大罢工和牺牲的革命先烈，郑州市在普乐园会场旧址修建了二七纪念堂，1952年11月落成，1953年2月7日正式启用，建筑坐西面东，占地6440平方米，建筑面积3917平方米，分主楼和两边配楼，均为二层，青砖垒砌，尖顶，红瓦屋面，是一座砖木结构的纪念性建筑，这是新中国最早的纪念性建筑之一。

郑州二七纪念馆也叫郑州二七纪念塔。为了继承和发扬“二七”光荣革命斗争传统，1951年，在烈士牺牲的原长春桥旧址附近修建了二七广场，场内建起了一座15米高的木制纪念塔。1971年，纪念塔改修成现在的塔式，10月1日对外开放。1990年5月23日，在塔内设立郑州市二七纪念馆。2006年6月，郑州二七纪念堂（馆）被国务院公布为第六批全国重点文物保护单位。

二七纪念塔为郑州市的重要标志。塔高63米，共14层，占地面积352平方米，建筑面积1923平方米，平面呈两个五边形关联，是我国建筑独特的联体双塔。塔基座为3层石栏环阅台。塔顶建有钟楼，六面直径2.7米大钟，大钟报时演奏《东方红》乐曲。钟楼顶端矗9米混凝土旗杆，上置红色五角星一枚。塔底有地下室通道，可从广场入口进入塔内。塔内一边为旋楼，一边为展室，参观者可登楼盘旋至塔顶，鸟瞰市容风貌。

“郑州二七纪念馆”馆名是1993年4月9日江泽民同志所题，馆内共8个展室，陈列“二七”斗争的史料和文物，柜外陈设大件文物、油画和模型等。展览内容分两大部分：

第一部分为基本陈列——京汉铁路工人大罢工陈列，分别设在第四、五、六层展室中（每层一个展室）。

第一展室介绍京汉铁路的修建，早期铁路工人的斗争，纵贯南北的铁路大动脉，铁路工人的苦难生活及京汉铁路工人运动的兴起。实物有京汉铁路落成典礼碑，机车配件扁担簧及郑州工人夜校模型。

第二展室介绍京汉铁路总工会的成立及京汉铁路工人大罢工。在狂风暴雨

郑州二七纪念馆

中诞生的总工会，工人为争自由、争人权举行全体总罢工。有总工会成立时会场壮丽情景的大型油画，各界人士赠送的横匾，罢工用的三头汽笛，还有总工会成立会场普乐园戏院的模型。

第三展室介绍了英勇悲壮的二七惨案，展示了林祥谦、施洋、高斌宁死不屈、英勇就义的场面。在血与火的搏斗中，京汉铁路工人显示了工人阶级的团结奋斗精神和伟大的牺牲精神，激励着后来人奋起前进。

第二部分为临时展览，分别设在七、八、九、十、十一层及地下室展厅中。馆内共有展品88件。

近年来，该馆接纳了无数参观者，“二七革命斗争史陈列”还参加了“中国革命之路”大型博览会，产生了广泛影响，成为激励后人的宝贵精神财富。

郑州黄河游览区

郑州黄河游览区位于河南省郑州市西北20公里处，北临滔滔黄河，南依岳山、广武山，东西长约5公里，南北宽约5公里，是国家4A级旅游景区、国家水利风景区，为河南省爱国主义教育示范基地。1952年10月31日，毛泽东主席曾在这里视察黄河，发出了“要把黄河的事情办好”的伟大号召。

由于历史原因，过去这里曾是一片荒山秃岭。20世纪70年代，建设者们历时20多年，在6000多亩的荒山上种植几十万株花木，实现了绿化美化，又兴建了一座邙山提灌站，为郑州市提供部分工业、农业和生活用水。昔日荒山变新颜，现已经建成炎黄二帝、五龙峰、岳山寺、大禹山等景区并对外开放，景区内有“炎黄二帝巨塑”、“哺育像”、“大禹”、黄河碑林、万里黄河第一桥、毛主席视察黄河处、浮天阁、极目阁、孔雀园等40余处景点，100多处亭、台、楼、阁，游览面积达20多平方公里。

炎黄二帝景区以目前国内最雄伟的雕塑之一“炎黄二帝巨塑”为主。石塑采用中国传统雕塑艺术和中国建筑艺术相结合的手法进行建造，构思新颖，独具匠心。以80多米高的整座向阳山体作为像身，再在山顶塑造18米高的头像，总高达到106米，属世界最高的雕塑之一。二帝坐南朝北，背依邙山，面向黄河。巨像前是一个开阔场地，周围遍植松柏，中间建有祭坛。祭坛至塑像的轴线上建有长200米的神道，两侧各列四座铸铜大鼎，连同山前一座共九鼎，寓意九州四方江山永固。广场东西两端摆放有大型编钟、铜鼓，许多海内外游客慕名前来瞻仰。2020 年中央电视台春节联欢晚会河南郑州分会场就设在这里。

五龙峰景区是游览区的中心景区，由五座连绵起伏的山峰得名。这里漫山苍松翠柏，各式各样的仿古亭阁点缀其间，五龙峰的最高处，建有清式重檐的“极目阁”。登临此处，凭栏远眺，可领略到“黄河之水天上来，奔流到海不复回”的壮阔景象。在景区中心的山间平地上，建有一座高 5 米的黄河母亲塑像——“哺育”。塑像造型是一位怀抱婴儿的古代妇女，神态和蔼慈祥，气质高贵素雅，象征着黄河在中华民族心目中的母亲河形象。

岳山寺景区位于五龙峰东部约 1.5 公里处，主要游览点有浮天阁、铁索桥、牡丹园、月季园、植物园等。浮天阁分三层，高 36 米，每逢节日，阁顶的一口洪钟应和着黄河的波涛发出洪亮的声响，声闻数里。在岳山寺的悬崖峭壁之间架有一座铁索桥，桥长 40 米，极为险峻。

郑州黄河游览区

骆驼岭景区位于岳山寺西2公里处。主要景点是建在骆驼岭主峰上的大禹塑像，大禹既是中华民族五千年科学文明进步的象征，也体现着中华民族不畏艰险的英雄主义精神。传说当年大禹凿龙门、劈砥柱，曾在这一带治水，在治水十三年中，三过家门而不入。大禹像高10米，重达150吨。头戴斗笠，粗衣布履，右手握耒，左手指向黄河入海处，风尘仆仆，气宇轩昂。塑像轮廓清晰，面部表情生动，栩栩如生，生动地再现了大禹治水时的英姿。

毛主席视察黄河处是许多游览者的必去之处。1952年10月31日，伟大领袖毛主席视察黄河，信步登上小顶山，向治黄专家详细询问黄河水涨水落的规律，提出了能不能引水上山的问题，他坐在土坎儿上凝神良久，发出了“要把黄河的事情办好”的伟大号召。现在，在毛主席登山途经的一所农家小院，建起了“光荣洞”，小顶山上也建起了毛主席视察黄河的大型纪念铜像供人们观瞻缅怀。

另外，景区内和周围还建有周恩来总理1958年亲临指挥黄河防汛抢险的纪念亭，为纪念抗日阵亡将士建的“报国亭”，“引黄入郑”水利工程，新旧黄河铁路大桥，歌颂灿烂黄河文化的黄河碑林，汉霸二王城遗址等名胜古迹纪念建筑，为进行革命历史教育和爱国主义教育提供了极好教材。

河南省图书馆

河南省图书馆位于郑州市中原区嵩山南路150号，是我国建馆最早的公共图书馆之一，属国家一级图书馆，全国古籍重点保护单位，河南省爱国主义教育示范基地。

河南省图书馆于1909年2月27日在开封开馆，抗日战争期间曾迁至河南南阳、淅川等地，1946年迁回开封。1957年5月迁至郑州。目前的新馆建成于1989年，是一个综合性、多功能的现代化图书馆，总建筑面积2.95万平方米，馆内设有17个对外服务窗口，阅览座席1200多个。设有社会科学图书借书处，中文期刊、中文报纸、中文图书、古籍、外文书刊及少儿阅读中心等。另外还开有24小时自助图书馆。

截至2016年12月，图书馆藏书总量达343.2769万册（件），其中古籍书总计334730册；收藏的地方文献有河南地方报纸合订本570多种1.3万余册，期刊600多种，以各种方志、家谱、统计年鉴、党史资料、地方报刊等方面的资料居多。设有河南省图书馆网站和电子阅览室，年到馆读者达百万人次。还在全省开设30余处外借点，进行图书流通服务，业务窗口实行365天开放。2002年全国文化信息资源共享工程起步建设，同年9月建成河南省分中心平台，随着远程访问系统的开通，全省各市、县（区）图书馆均可共享省馆数字化资源。

河南省图书馆注重自身业务研究和队伍建设，积极开发馆藏资源，学术成果不断涌现。邀请国内、省内著名专家、学者举办“豫图讲坛”，在每周周日

河南省图书馆

上午定期举办，其内容包括：“国民党为什么丢失大陆——共产党为什么成功”；红四方面军的历史征程；继承发扬抗美援朝精神；马克思主义与中国；学习党史，不忘初心，继续前进；看地图，话长征；曲折路上写辉煌——中国共产党在河南历史巡礼；一代伟人毛泽东；辛亥革命在河南；等等。拍摄有《豫西抗日烽火专题片》《竹沟记忆》《河南抗战纪念馆》《“河防堡垒”杜八联》《红色信阳》等革命历史影像资料，在爱国主义教育方面取得了突出成绩。

郑州博物馆

郑州博物馆位于郑州市嵩山南路168号，占地14.8亩，建筑面积14206平方米，是一所地方综合性博物馆。郑州市博物馆新馆工程位于西四环东侧、中原路与陇海高架之间的郑州市民公共文化服务区核心区，与美术馆、大剧院一起构成“文博中心”。新馆总建筑面积14.7万平方米，建筑总高67.8米，相当于23层住宅楼的高度。属河南省爱国主义教育示范基地。

郑州博物馆前身是1928年8月建立的郑州市文物陈列室。1957年正式成立，取名郑州博物馆。博物馆原址位于碧沙岗公园内，占地面积4330平方米；1997年开始在郑州市嵩山南路168号建设馆区，1999年12月28日建成开放。2008年5月，被评为“国家一级博物馆”。郑州博物馆新馆于2016年10月15日奠基，2019年5月建成开放。

郑州博物馆目前的主展馆以郑州出土的商代青铜方鼎为造型的原始基础，配以圆形碟状屋顶，取“天圆地方、鼎立中原”之寓意。主展馆包括地上三层和地下一层。整体建筑风格取鼎器粗犷与精美相统一的神韵。

郑州博物馆原基本陈列内容由“郑州文明曙光”“郑州古都风采”“古代文化神韵”三大部分组成。目前的基本陈列内容为“古都郑州”，开放于2008年5月，分“山河颂·文明沃土”“商都赋·王者之都”“郑韩风·故都春秋”三部分八个展示单元，展出各种精美文物1000余件，集中展现出郑州地区在华夏文明起源和中国早期都城发展史上的重要地位。

郑州博物馆

“山河颂·文明沃土”表现了郑州地区从洪荒至上古、由聚落到城邦的历程，众多的早期聚落和古城遗址显示了郑州是中华文明肇始、国家诞生之地。

“商都赋·王者之都”是陈列的核心部分，从政治、经济、社会生活等视角全面展示早商王都的风貌。数量众多的青铜瑰宝彰显出古都郑州的王者气魄。一系列的考古成果雄辩地表明郑州商城是早于安阳殷墟的商代前期都城，享誉世界的殷商青铜文明在这里开始起步，并从此走向辉煌。

“郑韩风·故都春秋”表现了群雄蜂起的春秋战国时期，作为万家之邑的郑、韩故都绵延横跨 500 年，风云人物叱咤纵横、逐鹿中原，先秦诸子的睿智泽被后世、影响深远，郑、韩疆域内出土的青铜器数量众多、鼎彝萃集，堪为绝唱。

“古都郑州”陈列总体设计简约大气，古朴厚重，体系完整，结构谨严，被评为中国博物馆界的最高奖——第八届（2007—2008 年度）“全国博物馆十大陈列展览”精品奖。

另外，郑州博物馆还举办有“长渠缀珍——南水北调中线工程河南段文物保护成果展”“古代石刻艺术展”等。

郑州市图书馆

郑州市图书馆新馆位于郑东新区客文一街10号，属国家一级图书馆，是全国古籍重点保护单位，河南省爱国主义教育示范基地。

郑州市图书馆始建于1953年。新馆于2009年6月动工兴建，2012年6月主体竣工，2013年8月面向社会公众开放。占地76.383亩，总建筑面积72450平方米，为地下一层、地上五层，规划总藏书量240万册（件），设计阅览座席3000个。现开设有文学、社会科学、自然科学、报刊、古籍文献、艺术地理、电子阅览、残障阅览等15个对外借阅服务窗口，全馆每周开放时间达80小时，年接待读者达60多万人次。馆内设置有综合图书借阅区、报刊阅览区、多语言阅览室、无障碍阅览室、少儿阅览室、多媒体阅览区、古籍及地方文献阅览区、学术会议区、教育培训区、文化产业休闲区等多个功能区，借阅区实现无线网络覆盖，可满足读者多种阅读需求。

郑州市图书馆现有各类文献馆藏总量达120多万册（件），其中3000余种珍稀古籍善本和10余万份（件）“文革”资料为特色馆藏。所收藏的元刻本《韵府群玉》、清抄本《三国志玉玺传》等，都是罕见的珍本或孤本。新馆引入智能化数字图书馆建设理念，利用现代化信息技术，把图书馆数字资源、多媒体展示及信息交互、图书业务管理系统、读者自助服务等多种技术和设备科学合理地融合在一起，构建了涵盖郑州地区各县（市）、区图书馆在内的“郑州地区公共图书馆服务联盟”，实现地区内公共图书馆图书的通借通还、馆藏文献

郑州市图书馆

信息资源共建共享等。郑州图书馆先后建立了多个分馆和图书流通点、服务点，2010 年 6 月，又引进了河南省首台城市街区 24 小时自助图书馆，进一步扩大了图书馆的社会服务辐射面和影响力。

在馆藏革命战争时期解放区出版物中，1938—1948 年间出版的 14 种毛泽东著作为国内独家珍藏，复本捐赠给韶山毛主席旧居陈列馆永久保存。收藏的“文革”资料包括各种传单、小报、图书、期刊等印刷品，为研究“文革”历史提供了丰富的第一手史料。近年来，该馆还加大了对电子出版物的收藏力度，已搜集、录制数据库、各类光盘、声像资料 3000 多种。

新郑市黄帝故里景区

新郑市黄帝故里景区位于河南省郑州市新郑市轩辕路，是国家4A级旅游景区、国家非物质文化遗产“新郑黄帝拜祖祭典”的遗产地，海内外炎黄子孙拜祖圣地之一，全国重点文物保护单位，河南省爱国主义教育示范基地。

黄帝故里是中华人文始祖轩辕黄帝的出生、创业、建都之地，战国《竹书纪年》和汉代《史记》等史书均有记载。汉代建轩辕故里祠，历代迭修，明隆庆四年于祠前建轩辕桥；清康熙五十四年，新郑县令许朝柱于祠前立“轩辕故里”碑。20世纪90年代以来黄帝故里经多次扩建，景区面积已达7万平方米，整体布局突出了“中华民族之根”的主题，分五个区域：中华姓氏广场、轩辕庙前区、轩辕庙、拜祖广场、轩辕丘与黄帝纪念馆区。

中华姓氏广场即景区门前广场，原名轩辕广场，是面积约1.5万平方米的方形广场。位于广场中心的鼎坛高9米，底座为35米×35米，坛面为21米×21米，共分3层15级台阶，鼎坛周围广场地板上刻满中华4600多个姓氏，并有抽象的祥云纹路散布广场之中，意喻“踩祥云之上，观百家姓，唱和谐歌，畅想民族腾飞之未来”。鼎坛上放置的是中华第一鼎——黄帝宝鼎，高6.99米，鼎口直径4.7米，腹深2.8米，耳高1.5米，足高2.8米，重24吨，鼎足为熊足，取意轩辕黄帝系有熊氏；鼎腹饰九龙，首顶艳阳火球，口倾水纹，祈风调雨顺，象征祖国统一安定。广场周围种植了有活化石之称的水杉，共计960棵，正好象征了中国960万平方公里的土地。中华姓氏广场被授予“全国特色文化广场”

新郑市黄帝故里景区拜祖大典现场

荣誉称号。

位于轩辕丘前的轩辕庙是整个黄帝故里景区中最古老的建筑，也是最核心的部分。汉代建祠，明清重修，有正殿、东西配殿和祠前庭。轩辕庙正殿五间，中央供奉轩辕黄帝中年金身塑像，上面人文初祖的扁额是全国人大原副委员长程思远的题词，殿内四周的壁画生动形象地展现了黄帝一生的丰功伟绩。东西配殿各三间，东配殿塑黄帝元妃嫘祖——“先蚕娘”像，西配殿塑黄帝次妃嫫姆——“先织娘”像。祠前庭三间，以图照展示新郑的裴李岗、仰韶和龙山文化时期文物。祠庭院内，有“林则徐拜祖碑”和“世界客属总会拜祖碑”等。

拜祖广场（原为黄帝宝鼎坛区）中间由南向北为一条 36 米宽的深红色花岗岩石通道，延伸至黄帝像。地面铺 30 米 ×30 米“五色土”图案，中为黄色以应黄帝，东为青色以应青帝，西为白色以应白帝，南为赤色以应赤帝，北为黑色以应黑帝。其西两侧仍有楹联长廊。拜祖台位于黄帝像前，台东西长 27 米，南北宽 20 米，台前设 90 厘米高汉白玉栏杆。颂歌台位于拜祖台左右两侧，每侧各长 20 米，五级青石面层，每侧可立 250 名颂歌者。颂歌台两侧置黄龙。中华人文始祖轩辕黄帝的塑像于 2005 年 4 月 10 日落成。这尊汉白玉塑像为黄帝手执宝剑的正面坐像，像高 5.19 米，以示“九五之尊”。

轩辕丘与黄帝纪念馆区位于黄帝宝鼎坛之北，占地约 1 万平方米。轩辕丘旧址于此，清末被毁，今又象征性修复。丘高 19 米，直径 100 米，丘上植草木。黄帝纪念馆位于轩辕丘下，高 11.9 米，宽 50 米，共两层，建筑面积 30018 平方米。纪念馆采用地穴覆土式建筑方法，为新石器时代“人”字形建筑，通过岩画和青石等传统表现手法，表现“根”文化主题。一层在地下，北壁墙中央端坐轩辕黄帝黄铜像，通高 5.9 米，右手执权杖，左手握拳置膝上，目视前方，睿智、英武、端庄、慈祥。纪念馆门前亦有一尊玻璃钢仿石雕黄帝像，与馆内塑像相同。历年大型祭拜活动在黄帝纪念馆前黄帝宝鼎坛区举行。

新郑是黄帝故里，是轩辕黄帝的出生、建都地。据史料记载，早在春秋战国时期，新郑就有“三月三风后顶拜轩辕”的习俗，轩辕黄帝是中华民族的人文始祖、华夏炎黄子孙的共同祖先。春秋时代的历史典籍中就有朝拜黄帝的记载，唐代以后渐成规制，盛世时由官方主拜，乱世时由民间自办，一直绵延至今。2008 年 6 月，“新郑黄帝拜祖祭典”被国务院列入第一批国家级非物质文化遗产扩展项目名录。黄帝拜祖大典仪程共九项，分别为盛世礼炮、敬献花篮、净手上香、行施拜礼、恭读拜文、高唱颂歌、乐舞敬拜、祈福中华、天地人和，充分体现了“同根同祖同源、和平和谐和睦”的主题，继承和弘扬了中华优秀传统文化，加深了海内外华人对中华民族的认同感和归属感，增强了民族凝聚力和向心力，对推进海峡两岸和平统一发挥了重要作用。

巩义市竹林镇

巩义市竹林镇位于河南省巩义市东部浅山丘陵区，下辖竹林街、顺河街、镇西街、镇北街、镇东街、石鼓街、长寿山7个居委会，总面积30多平方公里。是全国特色小镇、国家可持续发展实验区、全国文明城镇示范点，荣获中国人居环境范例奖、联合国改善人居环境最佳范例奖，多位党和国家领导人曾亲临视察。属河南省爱国主义教育示范基地。

竹林镇原是一个水缺如油、土地贫瘠、自然经济条件较为恶劣的穷山村。为了建设社会主义新农村，竹林镇坚持“工业强镇、旅游兴镇、文明塑镇、党建领镇”发展战略，以建设“特色小镇”“美丽乡村”作为推进新型城镇化建设的工作抓手和谋划思路，先后投资近6亿元，大力推进城镇化，完善基础设施建设，提高城镇服务功能。投资9000多万元，从32公里外经四级提灌引来了黄河水，彻底解决了竹林镇千百年来严重缺水的问题；建起了具有现代都市气息和格局的竹林宾馆、竹林会堂、竹林中学、万吨水厂、邮电金融大楼、环保大楼、11万伏变电站和高标准的竹林幼儿园，建成了集文化、娱乐、环保为一体的竹林绿苑文化发展中心，建成了6个密集型的居民小区，建成了南山、北山两座公园。镇区绿化面积6平方公里，绿化荒山600亩。目前全镇有上市企业3家，支柱产业为制药、耐火材料、铁路配件、石油压裂支撑剂、电子等，全镇工商企业近千家，形成了一个集科、工、贸为一体，跨制药、耐火材料、建材、电子、医药、印刷、商贸服务等14个行业，并获得独立自营进口权的大型现代化企业集团。科技、文化、教育、卫生、社会保障等各项社会事业也都取得长足进步。

精神文明建设是竹林的传家宝。镇党委、政府多年来坚持用竹林“十八字”精神（爱竹林、比贡献、谋发展、永创业、讲文明、共富裕）教育人，用“三评”活动（群众评党员、党员评支部、支部评党委）规范人，用评选“十好”（好党员、好干部、好职工、好民兵、好团员、好公婆、好夫妻、好妯娌、好媳妇、好少年）鼓舞人，用健康向上的文化活动陶冶人，用先进的理论武装人，大大提高了竹林居民的整体素质，形成了良好的村风民风，举办的“孝老敬亲”活动被中央电视台进行现场报道。

竹林镇的巨大变化得益于其带头人赵明恩，他担任竹林村党支部书记、竹林镇党委书记几十年来，坚持党建引领乡村建设。1983 年，竹林党支部召开的“七天会议”，定下了“以集体经济为主，以工业经济为主，以商品经济为主”的方针。到 1986 年，竹林经过近 5 年的经济发展，基本摆脱了多年的贫困生活，解决了温饱问题，开始向致富迈开步子。1987 年召开的“竹林林场”会议提出

巩义市竹林镇长寿山景区

了集体经济大发展的目标要求，5 年里实现了第二次腾飞。1992 年召开的“翱翔会议”，力主破除小富即安的思想束缚，提出要向高科技、高精尖产业发展，让产品冲出国门与国际市场接轨。竹林安特制药有限公司、竹林赛杰制药有限公司、众生制药厂、庆州耐火材料厂、金属精工厂等一批企业脱颖而出。1983 年以来，他创新以“群众评党员、党员评支部、支部评党委”为主要内容的“三评”活动，走出了一条忠实践行党的群众路线、建设社会主义新农村的科学发展之路，800 多件向群众承诺的实事全部办结到位。他本人先后被授予全国劳动模范、中国农村十大新闻人物、全国优秀党务工作者、全省优秀党务工作者、省优秀共产党员、省农村思想政治工作先进个人、全省乡镇企业思想政治工作先进个人、河南省劳动模范等荣誉称号，现任郑州市人大常委会副主任、竹林镇党委书记，是第八、九、十、十一届全国人大代表。

目前，竹林镇正在通过长寿山地热温泉小镇、风情古镇、国际汽车营地等三大旅游项目对当地的经济结构进行调整，以“旅游突破”实现产业转型升级和可持续发展。竹林镇投资 2 亿元开发和建成的长寿山生态景区于 2016 年被评为国家 4A 级旅游景区。2017 年投资建设了竹林长寿山风情古镇，集民俗演艺、手工作坊、特色小吃、非遗展示、民宿客栈、酒吧慢生活等为一体，发展农家乐上百家，举办长寿山红叶节，单日游客量达 14.3 万人次，三产从业人员达 3000 人。每至春秋季节，山花芬芳，漫山红遍，如霞似锦。

竹林镇展示了中国农村改革开放的巨大发展变化。

巩义市博物馆

巩义市博物馆位于杜甫路 82 号，北宋皇陵永昭陵东南隅，占地面积 25 亩，建筑面积 12300 平方米，主展馆面积 5700 平方米，为国家二级博物馆，河南省爱国主义教育示范基地。

巩义市地处中原腹地，黄河与洛水在此交汇，是河洛文化的发祥地。据先秦典籍载，伏羲、神农、黄帝、尧、舜、禹、汤等都曾在这里活动。黄帝曾在这里"修坛沉璧"，创造文字，举行祭天地仪式；尧、舜、禹在巩义的北部洛汭举行禅让大礼；大禹还在巩义的轩辕、洛汭治水，并建立了中国第一个甲天下的王朝——夏朝。

巩义市博物馆建有文物藏品库、陈列大厅、办公楼、服务楼等建筑设施。现有文物藏品 22134 件，展厅展陈文物精品 519 件。基本陈列包括"洛汭瑰宝""北宋皇陵""石刻艺术""陶瓷精粹""唐宋三彩""木雕玉器""临时展览"等 7 个部分共 12 个展厅。

博物馆的前厅，展出巩义具有悠久历史的地方性建筑如巩义石窟寺、北宋皇陵、康百万庄园以及北魏石刻、宋陵望柱、宫门等代表性的元素。在前厅地面中间有据"河图洛书"演绎的太极阴阳图的雏形。陈列从巩义史前的地域文化开始，沿着巩义发展的轨迹，中间或有穿插，或自成主题，以历史文物为载体，配合适当的辅助展品，向人们展示了一幅波澜壮阔的历史画卷。

巩义市博物馆藏品丰富、种类齐全，成为宣传和普及科学文化知识，进行

巩义市博物馆

爱国主义教育的基地，也为国内外中华儿女寻根河洛、参观游览提供了一个高雅场所。

巩义市博物馆附近是全国重点文物保护单位——著名的北宋皇陵。这是中国中部地区规模最大的皇陵群，规模庞大，气势恢宏，有皇帝及皇后、大臣等的陵墓 300 余座，堪称露天艺术博物馆，是研究宋代典章制度和石刻艺术十分珍贵的实物资料。北宋 9 个皇帝，除徽、钦二帝被金所虏囚死漠北外，7 个皇帝以及被追尊为宣祖的赵弘殷（赵匡胤之父）均葬于此，世称七帝八陵。主要景点有宋定陵、武将石雕、永昭陵、神道石刻、镇陵将军、角端、永昌陵、瑞禽浮雕、印度驯象人与大象等。

郑州大象陶瓷博物馆

郑州大象陶瓷博物馆位于郑州市金水区顺河路36号，是一家以中原为核心、以北方窑口陶瓷为主的民间陶瓷专业博物馆，为国家三级博物馆，总建筑面积2000多平方米。馆内收藏各个历史时期的古陶瓷千余件。馆内藏品精美而独特，在国内外民间博物馆中屈指可数。2014年12月在香港被评为亚洲十大民营博物馆。属河南省爱国主义教育示范基地。

大象陶瓷博物馆馆主何飞先生是河南省民办博物馆协会的理事长，他于2007年自筹资金建立大象陶瓷博物馆，其立意：一是利用这些历史遗存宣传河南，使人们了解中州大地在历史上的辉煌；二是以贴近民众的方式面对社会，提高古陶瓷收藏爱好者识别真、赝的能力；三是普及和提高公民爱护文物的意识和责任，传承和弘扬祖国的优秀传统文化。

大象陶瓷博物馆是一座主体结构上下二层的中式建筑。外观迎面墙全部用唐代鲁山段店窑的残瓷片镶嵌，一、二楼各为一个展厅，展厅内的展品按照陶瓷器的类别及时代分期轮换展出。以仰韶文化到元代的古陶瓷为基本陈列。主要内容可分为三个部分：第一部分是仰韶文化马家窑文化彩陶并兼顾商、周、春秋、战国、汉陶瓷；第二部分是晋代到唐代的古陶瓷；第三部分是鲁山段店窑的唐代花瓷。

古陶瓷遗存向我们展示了古人的审美观念的演变，古陶瓷制作技术进步历程和古人反复艰苦的探索，以及古代文明的进展。用这些遗存宣传华夏文明，

郑州大象陶瓷博物馆

对提高公民的文化素养、使人们了解中华民族过去的辉煌具有很重要的意义。

郑州大象陶瓷博物馆还经常举办其他专业文物展，传承精神文明。如举办的“中原百戏——汉唐宋元戏曲文物特展”，以史前、夏商周三代、两汉、魏晋南北朝、隋唐、宋元等各个时期的文物，展现了 8000 年来我国戏曲从孕育到成熟的完整形态与迷人风采。

开封市

兰考焦裕禄烈士陵园

兰考焦裕禄烈士陵园（现名焦裕禄纪念园）位于河南省兰考县裕禄大道88号（原明末清初黄河故堤的沙丘上），占地约50000平方米，是县委书记的好榜样——焦裕禄同志安葬的墓地，全国廉政教育基地、全国红色旅游景点和国家4A级旅游景区。焦裕禄烈士墓是全国重点文物保护单位，全国和河南省爱国主义教育示范基地。

焦裕禄（1922—1964）是山东省淄博市博山区人，贫苦农民出身。青少年时期当过矿工、做过长工；1946年1月加入中国共产党。解放战争时期，在山东、河南农村参加武装斗争；1953年6月，响应国家加强工业建设号召，调洛阳矿山机器制造厂工作；1962年6月，调任中共尉氏县委书记处书记；1962年12月调任中共兰考县县委书记。为改变兰考贫穷落后的面貌，他时刻牢记党的宗旨，始终坚持群众路线，奋力改变贫困面貌。他不畏艰险，强忍病痛，亲自率调查队迎沙尘、查风口，冒风雨、看水流，尝土壤、辨盐碱。深入实际调查研究，带领全县人民与风沙、内涝、盐碱“三害”顽强斗争，他一心为民、务实苦干、清正廉洁，后因积劳成疾于1964年5月14日病逝，终年42岁。他用自己的实际行动塑造了一个优秀共产党员和优秀县委书记的光辉形象，铸就了亲民爱民、艰苦奋斗、科学求实、迎难而上、无私奉献的焦裕禄精神，成为亿万人民心中一座永不磨灭的丰碑！1966年2月7日《人民日报》以《县委书记的榜样——焦裕禄》为题宣传他的事迹，党中央向全国人民发出了向焦裕禄同志学习的号召。

焦裕禄烈士陵园于1966年建成，1982年、1983年、1994年分别进行了扩建。1994年5月13日，在焦裕禄烈士逝世30周年纪念日前夕，时任中央政治局常委、书记处书记的胡锦涛受时任总书记江泽民的委托参加了纪念馆落成暨焦裕禄铜像揭幕仪式。2007年7月，焦裕禄烈士陵园更名为焦裕禄纪念园，近年又进行了局部改扩建，主要建有焦裕禄纪念碑、焦裕禄烈士墓、焦裕禄同志纪念馆等。

焦裕禄纪念碑位于纪念园南部的中心，1993年5月建成。碑高19.64米（寓意纪念焦裕禄同志1964年逝世），纪念碑由碑体和碑座两部分组成，碑正面镌刻毛泽东题写的“革命烈士永垂不朽”8个大字，正面3块浮雕分别刻有“解放兰考”“访贫问苦”和“查三害”画面，背面为碑记。

焦裕禄烈士墓区广场平整开阔，烈士墓坐落在堤顶中间，用汉白玉长条石

兰考焦裕禄烈士陵园焦裕禄同志纪念馆

砌成，长4.9米，宽2.3米，高1米。墓前立有石碑，正面镌刻“焦裕禄烈士之墓”，碑阴记载烈士生平简介。墓北面为高7米的屏风墙，上面镶有毛泽东题写的“为人民而死，虽死犹荣”金字。墓区和广场周围广植松柏花草，外面是泡桐林。

焦裕禄同志纪念馆位于墓区西侧，建筑面积2100平方米。馆正面3层，大门正上方镶嵌的是江泽民同志亲笔题写的“焦裕禄同志纪念馆”馆名。纪念馆正门前的群雕为焦裕禄事迹群雕。该群雕重达4吨，净高3.6米，加上基座近4.2米，2010年8月16日落成。群雕反映了焦裕禄同志在兰考心系百姓、根治“三害”的革命精神。馆内分序厅、展览厅、贵宾室和放映厅等。序厅正面立焦裕禄半身铜像一尊，两侧分别有焦裕禄当年带领广大人民战天斗地的劳动情景画面。展厅建筑面积1300平方米，展室内容分前言和序篇；第一部分：神州赤子，民族英才；第二部分：人民公仆，干部楷模；第三部分：人逝苍穹，精神永恒；今日兰考等。陈列有焦裕禄同志生前办公室两间及遗物89件，展出画面、照片300余幅，生动地展示了焦裕禄同志全心全意为人民服务，鞠躬尽瘁、死而后已的光辉一生。为了使更多的参观者学习焦裕禄同志事迹，后来又在兰考展览馆设立了与此处展览馆内容大致相同的焦裕禄同志事迹展览，并增加了声光电和实景效果。

2009年4月1日，2014年3月17日至18日，2014年5月9日，习近平同志5年3次赴兰考考察，赴焦裕禄纪念园瞻仰、参观，调研指导党的群众路线教育实践活动，与兰考县的干部群众进行座谈，并亲手种下一棵泡桐。他把焦裕禄精神总结为“亲民爱民、艰苦奋斗、科学求实、迎难而上、无私奉献”20个字，号召党员干部向焦裕禄看齐，在全国掀起了学习焦裕禄新热潮。

近几年，焦裕禄纪念园每年接待量都在100万人次以上，生生不息的焦裕禄精神在神州大地永远传承、永放光芒！

开封中国翰园碑林

中国翰园碑林位于开封市龙亭北路15号（开封龙亭湖风景区西北隅），是一座融山水艺术景观和古典园林建筑艺术为一体，集古今中外诗词、书画、碑刻艺术之大成的中国最大的民办碑林，园区占地120亩，展出书画碑刻3800余块，碑廊达6里长，内容以朝代为序，镶嵌了历代书法名家的代表碑帖，为国家4A级旅游景点，河南省爱国主义教育示范基地。

中国翰园碑林是被开封市人大常委会授予“当代文化愚公”称号的李公涛先生为弘扬民族文化艺术带领全家自筹资金发起创建的，碑林也得到了当地政府和社会各界的大力支持和鼎立相助。古朴典雅、雄伟壮观的碑廊以书法艺术为主，集诗、书、画、印精华之大成，集中表现了中国文字发展史和书法史，从殷商甲骨文开始，汇集历代名碑名帖和著名书法家的代表作。当代名家作品之丰富，尤为碑林一大特色。这里不定期举办各类书画展览、书画大赛、笔会交流、书画教学、藏品交易等各类文化艺术活动，并先后出版了《中国翰园碑林》《中国翰园碑林诗词集粹》《翰园魂》《中国翰园碑林碑帖集粹》《中国翰园碑林碑帖集》《翰园之父》等书籍，记录了翰园发展历程，展示了翰园艺术精神。每月一期的《翰园书画报》更为全国乃至世界各地的书画艺术爱好者提供了艺术交流、欣赏学习的理想园地。中国翰园近年还新建了开封名人翰园碑林馆，及以中国古代教育、中国科举制度、二十四孝、状元榜等为主题的文化展厅。通过文字介绍、图片展示及动漫效果，服务了园区

开封中国翰园碑林正门

教育功能的发挥。

景区分为碑廊、园林两大景观区。

北部以碑廊建筑为主，这里设立有历代书法碑廊、中山碑廊、现代书法碑廊、国际友人碑廊、绘画碑廊、篆刻碑廊、少数民族书法碑廊等十大碑廊，主要以书法为主，加之诗书画印之精华，如同一部刻在石碑上的中华文化发展史和书法艺术进化史，展现了中国书画艺术的源远流长和博大精深。

由楷书名家写的翰园碑林前言，主要介绍了翰园碑林的创建过程。由南向北依次建有碑坛、无字碑、榕树亭、义虹桥、翰园艺术馆、创业史展厅、文昌阁、元首碑廊等。

碑坛是根据北京天坛而设计的一座圆形古典建筑，其外部由白色大理石建成。四面均有 31 级台阶，分上、中、下三层，其中一层为一穹顶形大型展厅，面积 260 平方米，常年不间断举办书画、摄影等艺术展览。上层为 8 根蟠龙石柱撑起的重檐圆顶碑亭，并设有观光平台。平台中间竖有一通高达 3.5 米的石碑，

开封中国翰园碑林景区一角

名曰无字碑。碑坛是中国翰园文化交流活动的基地，也是中国翰园的标志性建筑之一。中国翰园碑林常年开展有多种表演节目，如“山西老腔”“舞狮”“大鼓”“移动人体雕塑展”“大型水上舞蹈”等。现代书法碑廊按照篆、隶、楷、行、草等书体排列，反映了自新中国成立以来现代书法的发展史，这里刻有毛泽东、郭沫若、王学仲以及港澳台等书法名家墨宝。

南部以园林风景为主，由南向北依次建有南牌楼、玉带桥、轩辕黄帝塑像、家训碑、盘龙岭、高风亭、文萃山、翰园湖、赛诗台、仰圣山、九曲桥、孔子像、金石岛等。

中国翰园碑林根据自己的文化特色，每年还举办有春夏之交的花鸟鱼虫博览会、10 月份的翰园金秋文化旅游艺术节和春节期间的大型祭祖庙会等。

中国翰园碑林现已名扬海内外。多年来海内外新闻界有 1000 多家媒体报道了 6000 多次，拍摄专题片 20 多部，已成为国内外有影响的书画活动交流基地、精神文明基地和文艺演出活动基地。

开封市烈士陵园

开封市烈士陵园位于开封市顺河回族区陵园路1号，占地面积210亩，是全国重点烈士纪念建筑物保护单位，河南省爱国主义教育基地。

开封市是一座有光荣革命历史的城市。辛亥革命时期，当武昌起义胜利的喜讯传到河南，省城开封的革命党人密谋响应，起义联军公推张钟端为河南起义军总司令，定于1911年12月23日凌晨3时举火为号发动武装起义。12月22日，豫东红枪会、仁义会等民间武装赶至开封城郊，城内向巡抚衙门攻击的大炮和数千名起义人员准备就绪，但由于奸细告密，12月22日晚11时，清军巡防统领柴得贵率军包围了革命军总司令部，逮捕了张钟端等领导人，而后全城大搜捕，逮捕革命党400余人，不久张钟端等11人英勇殉义。省城开封起义虽告失败，但全国各地反清斗争却如火如荼展开。五四运动和马克思主义在开封的传播，唤起了古城人民的觉醒，1922年中共开封车头厂支部诞生，1924年国共实现第一次合作，共产党人李大钊、肖楚女等相继来汴，传播马列主义。1925年6月中共开封地方执行委员会建立，唐际盛任书记，同年10月中共豫陕区委在开封市建立，王若飞任书记。1927年5月，党领导了以杞县为中心的豫东农民武装起义，一举攻占杞县、通许、陈留等5座县城，第一次建立了民主政权，成为民主革命时期豫东农民运动史上的伟大壮举，有力地配合了北伐战争。在党的创立和大革命时期，革命先烈李大钊、肖楚女、王若飞、江梦霞、王克新、马沛毅、何心榕、曹鼎新等在开封开展一系列革命活动，有力推动了全国革命形势的发展。全国解放战争时期，在中国共产党领导下，开封杞县、通许、尉氏、考城等县军民，坚持武装斗争和自卫战争，经过艰苦卓绝的浴血奋战，粉碎了数倍于我军的国民党军队的多次“围剿”和“清剿”，保卫了豫东解放区。冀鲁豫军区三十团一个月打 28 仗的英勇事迹就发生在这个时期。人民解放战争进入战略反攻后，开封人民配合刘邓、陈粟、陈谢大军逐鹿中原，尤其是豫东战役，共歼灭国民党军 4 万人，我华东野战军伤亡 1.16 万人，使古城开封获得第一次解放，成为关内第一个被解放的省会城市，彻底粉碎了蒋介石在中原的战略防御体系。在解放战争中，开封人民踊跃参军，支援前线，黄樵松、李公然、胡万杰、郭杰等数千名优秀儿女献出了宝贵生命，为全国的解

开封市烈士陵园

放事业谱写了永垂千古的壮丽篇章。

为深切缅怀革命先烈英勇献身的丰功伟绩，开封市于 1952 年修建了烈士陵园，1975 年，陵园由开封市西北郊孙李唐庄迁至东郊百塔村南，其中烈士纪念建筑物面积 7460 平方米，其他建筑物面积 5530 平方米。主要纪念建筑物有革命烈士纪念碑、革命烈士事迹陈列馆、革命烈士英名碑、解放开封战役无名烈士公墓、革命烈士墓区、革命烈士纪念堂、粟裕将军骨灰敬撒纪念处、胡万杰烈士塑像、郭向新烈士塑像、国际和平战士夏理逊大夫墓碑等，载入史册的革命烈士共有 4942 位。

位于开封市烈士陵园内的开封革命烈士事迹陈列馆建于 1975 年，由张爱萍将军题写“开封革命烈士事迹陈列馆”馆名。陈列馆展厅面积 800 多平方米，展墙面积 600 平方米，分为正厅和序厅两部分，展墙镶贴高清度背胶相纸图片 300 余张，高清写真喷绘、高清油画面积 290 平方米，展出烈士遗物 168 件。序厅制作有 24 平方米的开封战役沙盘，影壁墙上绘有反映开封战役的油画。按照以时系史、以史系人、以人系事的原则，正厅按时间顺序分六个不同的时期展出从辛亥革命至今 104 位著名烈士的事迹。整个展厅图文并茂，立体感强，生动再现了革命先烈无私的奉献精神和崇高的人格魅力。开封市烈士陵园已成为对群众特别是青少年学生进行革命传统教育的重要场所。

开封（市）博物馆

开封市博物馆位于河南省开封市郑开大道第六大街，占地面积 76 亩，建筑面积 5.42 万平方米，属综合性历史艺术类博物馆，是国家一级博物馆，河南省爱国主义教育示范基地。

开封是八朝古都，国家历史文化名城，具有文物遗存丰富、城市格局悠久、古城风貌浓郁、北方水城独特四大特色。开封市博物馆馆藏文物 8 万余件，包括陶器、瓷器、铜器、书画、雕刻、石刻、货币、玉器、漆器、服饰及杂项等，有国宝级文物数件，一级文物数十件，二级文物 1000 余件。

开封市博物馆始建于 1962 年 3 月，其前身为开封市展览馆。原址位于三胜街，是在河南省博物馆迁往郑州后的原址上筹建起来的。1986 年在开封市包府坑中路进行扩建，于 1988 年 9 月建成开放。2014 年 3 月开封市博物馆新馆正式开工建设，2018 年 3 月 5 日新馆建成开放。新馆总体平面设计突出北宋开封城“三重城”格局特点，由外围、环形内院和中心主体三部分组成，造型遵循开封城市建设“外在古典，内在时尚”的原则，四周以较低建筑拥簇中央高耸的殿阁，体现宋代建筑组群的特征。

新馆共分 16 个展厅，其中 12 个为基本陈列，系统讲述开封 4000 多年的悠久历史文明。主要有“八朝华章——开封古代文明陈列”、“东京梦华——北宋东京城历史文化陈列”、朱仙镇木版年画展、馆藏精品石刻展等。

博物馆一楼由公共服务区、陈展区、文物修复区组成。其中公共服务区包

开封博物馆

括游客服务中心、学术报告厅、教育体验区、文创展示中心、4D 影院等。陈展区包括开封朱仙镇木版年画展、馆藏书画精品展、石刻精品展、明清佛像展、明清皇家用品展和宋代科技展 6 个专题展厅以及 2 个临展厅，总面积为 5000 平方米。二楼由基本陈列区、会议室、办公区组成。二楼陈列区共有 7 个展厅，包括 5 个开封古代历史文明展厅（常规陈列展）、近现代开封史展厅以及大晟乐舞演出厅。其中开封古代历史文明展面积为 4840 平方米，突出展示北宋在此建都 167 年的历史，在其范围内辟出约 700 平方米的清明上河图专题展厅，展示各时期不同版本、不同创作形式、不同材质的有关《清明上河图》的文物及史料。

开封市博物馆曾举办过数百次各类展览，取得了大批科研成果，先后出版了《古都开封》《开封战役资料记编》《解放开封》《汴景八景》《包公正传》《宋都御街春秋》和《开封犹太春秋》等著作，后又创办了专业性刊物《开封文博》，在文博界和社会学术界产生了广泛影响。同时，开封市博物馆还根据当前形势和社会热点推出紧扣时代主题的展览和一些科普展览，深受社会各界的注目，为开封的文明建设做出了贡献。

开封市朱仙镇岳飞庙

开封市朱仙镇岳飞庙，俗称岳王庙，位于开封市祥符区朱仙镇岳庙大街，占地 12320 平方米，为全国重点文物保护单位，河南省爱国主义教育示范基地。

朱仙镇是我国古代四大名镇之一。相传朱仙镇是战国时魏国义士朱亥的故里，也是当代“中国十大最美的村镇”之一。朱亥本是一屠夫，因勇武过人，被信陵君聘为门客后，曾在几次战役中立下汗马功劳，后世屠者尊朱亥为仙人，此地故名朱仙镇。

朱仙镇是岳飞建功立业、班师回朝之地。岳飞，字鹏举，宋相州汤阴（今河南汤阴县）人。中国历史上著名的军事家、战略家、书法家、诗人、抗金名将，位列南宋中兴四将之首。他自幼聪明过人，少时拜师习武，20 岁从军。其母曾在他背上刺“尽忠报国”为其励志。作为南宋著名军事家、抗金名将，岳飞率军抗击金兵，六战六捷屡建战功，在人们心目中立下了一座丰碑。绍兴十年（1140），完颜兀术毁盟攻宋，岳飞挥师北伐，先后收复郑州、洛阳等地，又于郾城、颍昌、朱仙镇大败金军。赵构、秦桧却一意求和，以十二道“金字牌”下令岳飞班师。岳飞后遭秦桧、张俊等人的诬陷入狱。1142 年 1 月，岳飞以“莫须有”的罪名，与长子岳云和部将张宪一同被害。宋孝宗时岳飞冤狱被平反，改葬于西湖畔栖霞岭。岳飞治军，赏罚分明，纪律严整，又能体恤部属，以身作则，金人流传有“撼山易，撼岳家军难”之语，其代表词作《满江红》成为千古传诵的爱国名篇，特别是“三十功名尘与土，八千里路云和月”的诗句，

开封市朱仙镇岳飞庙大殿岳飞像

蕴藏着岳飞深厚的爱国情怀。

开封市朱仙镇岳飞庙始建于明成化十六年（1480）秋，经明、清多次整修和重建，1986—1990 年，又对山门、配殿、碑楼、大殿和围墙进行了大修，基本上恢复了旧观。现庙占地 12320 平方米，坐北朝南，外廊呈长方形，三进院落。有各种殿房 40 余间，雕梁画栋，古色古香；塑像完整，形态逼真。整个殿堂恢宏庄严，碑亭林立，与汤阴、武昌和杭州岳飞庙统一称为全国四大岳飞庙，享誉中外。

该庙由山门、东西配殿、拜殿、大殿、五子祠、五将祠、岳庙碑林组成。门前有巨大照壁，山门 3 间，进深 2 间，绿色琉璃瓦歇山顶，青石台阶，古朴庄重。进山门两侧，即新修复之东西配殿，中轴线上一高台基原为拜殿址，今已不存。有铁铸五奸跪像，五奸是秦桧、王氏、万俟卨、张俊、王俊，此 5 人狼狈为奸，诬陷岳飞，以“莫须有”的罪名置岳飞于死地，受到后人的唾骂。再向北为 4 座碑楼，其中“满江红”和“送紫岩张先生北伐”两块碑，字体奔放，苍劲挺拔，是书法艺术中的珍品。其余两块一为“重修穆王庙落成碑”，一为“朱仙镇岳鄂武穆王庙记”。大殿面阔 5 间，进深 3 间，绿瓦盖顶，飞檐凌空，雕窗画栋，檩上尚存天启二年（1622）墨记，今经翻修，重现了昔日之威武气势。殿中央为新塑高大的岳飞坐像，端庄威严，正气凛然。大殿后为寝殿，内有岳飞夫妇便装铜像，淳朴憨厚，和蔼可亲。庙东侧新修碑林，诗词歌赋题咏岳飞的功绩，表达了人们对岳飞的敬仰。

开封辛亥革命纪念园

开封辛亥革命纪念园位于开封市繁塔东一街 38 号禹王台公园内，这里长眠着 1911 年 12 月 22 日河南辛亥革命起义牺牲的 11 位烈士，因此也称“河南辛亥革命十一烈士墓”，为河南省文物保护单位，河南省爱国主义教育示范基地。

辛亥革命是指 1911 年（清宣统三年）中国爆发的资产阶级民主革命，其目的是推翻清朝的专制统治，挽救民族危亡，争取国家的独立、民主和富强。这次革命结束了中国长达两千多年之久的君主专制制度，是近代中国比较完全意义上的资产阶级民主革命。它在政治上、思想上给中国人民带来了不可低估的解放作用。辛亥革命时期河南是南北通衢的战略要地，开封是当时河南省会所在地，也是响应武昌起义发动河南起义的中心。据相关史料记载，辛亥革命时期河南牺牲的仁人志士有 4000 余人，为民主共和做出了巨大贡献。

1911 年 10 月武昌起义的胜利消息传出后，全国各地纷纷响应，当时河南省城开封也点燃了革命烈火，以同盟会成员张钟端为首准备武装起义，决议于 12 月 22 日（农历十一月初三）举火为号，进行武装起义，开封的这次起义因准备不足，队伍不纯，终因机密泄露宣告失败，张钟端、王天杰、张照友、刘凤楼、单鹏颜、徐振泉、张得成七烈士和李干公、王梦兰、李鸣绪、崔得聚四烈士分别英勇就义于开封西郊和南关。1934 年，当时的河南省政府将 11 位烈士遗骨合葬于南关铁路北侧。由于环境变迁，1981 年，开封市人民政府又将墓葬照原样迁于历史上同盟会成员的自由活动中心禹王台公园内，命名为“河南

河南辛亥革命十一烈士墓

辛亥革命十一烈士墓”。后又将原在龙亭公园大殿前的孙中山铜像也移至此处，该铜像是 1929 年冯玉祥在河南主政时所立，像高 1.96 米。2011 年 7 月，开封市人民政府再次对其进行修缮。

辛亥革命十一烈士墓坐北朝南，是座庄严肃穆的青石陵墓。墓为圆顶，青石条砌成八角形图案，每面镶石刻两块，建在面积为 225 平方米的台座上，墓前树碑一座，上刻“辛亥革命十一烈士墓”。墓壁上，镌刻着起义的经过和烈士牺牲的详情，字里行间笼罩着英勇悲壮的氛围。墓周嵌题词及烈士传略石刻 16 方。辛亥革命十一烈士被害后，沈竹白先生为他们安葬。沈竹白，原名嘉炎，号明甫，祖籍浙江绍兴，后迁河南许昌。1878 年生，在东京加入中国同盟会，并结识了张钟端等人，积极参与革命活动。1911 年张钟端组织河南起义惨遭杀害，暴尸荒野，无人敢收殓。沈竹白不计个人利害，冒险收殓遇难同志的尸体。1914 年沈竹白响应孙中山先生发动的“二次革命”，被袁世凯的表弟豫督张镇芳逮捕，于 1 月 28 日（农历正月初三）被害于开封孝严寺寺后。2000 年清明节前夕，开封市有关部门在十一烈士墓西侧又树起了一座汉白玉的沈竹白纪念碑。陵园内庄严肃穆，翠柏常青，前来瞻仰凭吊祭奠者络绎不绝。

刘青霞故居纪念馆

刘青霞故居纪念馆位于开封市顺河回族区北土街刘家胡同，这里是我国近代教育家、社会活动家、辛亥革命志士刘青霞女士当年居住和从事革命活动的重要场所，为目前河南省保存最为完整的中原古典建筑风格四合院之一，全国重点文物保护单位，河南省爱国主义教育示范基地。

在辛亥革命波澜壮阔的历史上，有两位女性声望极高，一位是秋瑾，另一位就是刘青霞，时称“南秋瑾，北青霞”。刘青霞（1877—1922），河南省安阳蒋村人，出身官宦门第，原姓马。其父马丕瑶曾任“帝王之师”，教授过光绪皇帝，后外任两广总督，次兄为晚清翰林。刘家富冠中原，外号刘半县，田产、银庄、当铺无数。刘青霞 18 岁嫁河南尉氏刘耀德为妻，人们因此称其为刘青霞。她 25 岁开始步入社会，追求变革，投身革命，全身心投入推翻清王朝和建立民国的事业中，并捐出大量财产支持革命事业。她作为同盟会成员，创办了河南的第一所女校华英女校，另创办《中国新女界》，捐资办《河南》杂志，修建桥梁，开办“孤贫院”“平民工厂”，被选为北京女子参政同盟会会长。1923 年刘青霞病逝于娘家安阳蒋村，享年 45 岁。孙中山曾亲笔题写“巾帼英雄”“天下为公”盛赞刘青霞。

开封刘青霞故居，坐北朝南，建于清光绪六年（1880），距今已 140 年，是典型的并排两座三进四合院。左右对称，共 6 个小院构成一个整体，共有房 70 余间。东西两宅各有大门，互不统属，仅有一耳室相连。院后是一座花园，

刘青霞故居纪念馆内景

将东西两宅连为一体。建筑布局以上房中轴为主线，左右对称，层次分明，布局严谨，是一座封闭式的四合院建筑。整个建筑从南向北，房屋檐口与屋脊逐步升高，中厅脊高于配房脊，主次明显。最后的第三进院为正宅，正厅五大间（前两进为三间），东西厢房虽然也是三间但面阔均较一、二进院稍宽，同样可以让人感到主次的不同，整个院落除了沿这条中轴线可直至上房，院东侧还有一条贯通南北的通道直达后花园。西院里有一棵百余年树龄的海棠树，树干粗壮，苍劲有力，据说是当年刘青霞亲手栽种。刘青霞故居建筑雕饰素雅，门敞窗明，虽无雕梁画栋之华美，却也碧玉素装，雅而不俗。它作为刘青霞生活及奋斗的实物载体，让人们能够更加了解她传奇的一生。2009 年，开封市有关部门对刘青霞故居进行了保护维修，使这座百年建筑得以保留，2011 年正式对外开放。

目前，河南现存的刘青霞故居还有两处，一处是安阳的马氏庄园，是刘青霞的娘家，另一处是尉氏县的师古堂，是刘青霞的婆家，也都已成为爱国主义教育基地。

洛阳市

八路军驻洛办事处纪念馆

八路军驻洛办事处纪念馆简称“洛八办纪念馆”，位于洛阳市老城区南关贴廓巷九都东路222号，是为了纪念八路军驻洛办事处而以其旧址为依托建立的一座革命纪念馆，为全国重点文物保护单位，红色旅游经典景区，全国和河南省爱国主义教育示范基地。

八路军驻洛办事处是第二次国共合作的成果，也是抗战时期中共中央和八路军总部在豫西设立的重要联络机关。“七七事变”爆发后，日本帝国主义发动了全面侵华战争。1938年夏，黄河以北区域相继沦陷。中共中央预测日军可能从洛阳一带渡河南侵，决定在洛阳建立办事处，一旦日军侵占豫西，就以该办事处为基础，联络地方武装，发动当地群众在伏牛、桐柏山区建立敌后根据地，开展抗日游击战争。1938年10月，时任中央军委统战部负责人的刘向三率50余名军事干部从延安来到洛阳，建立了第十八集团军驻洛通讯处。1939年1月，卫立煌调任第一战区司令长官，通讯处改为办事处。八路军驻洛办事处在筹备期间，毛泽东同志十分重视，在延安同负责此事的刘向三谈话，并提出了具体要求，此后又多次进行指示。刘少奇、朱德、彭德怀等同志多次到八路军驻洛办事处指导和部署工作，特别是刘少奇同志，曾三次前来办事处，主持召开了重要的豫西省委会议，传达了党的六届六中全会精神和毛主席的《反投降提纲》，并在此撰写和修改了《论共产党员的修养》。为了发动群众进行抗日，八路军驻洛办事处做了大量宣传我党抗日政策的工作，印发过《八路军战报》《拂晓报》，摘编《新华日报》《群众》等报刊上的重要文章，转发给各地党组织。另外，还秘密向国统区发行了毛泽东《论持久战》《新民主主义论》，以及《群众》《新华日报》和有关游击战的小册子等，这些读物有力地发动了群众，为抗战工作做出了较大的贡献。

八路军驻洛办事处是全国坚持时间较长的八路军办事处之一，按照洛阳所处的国民党一战区司令长官卫立煌的机要秘书、地下党员赵荣声的说法，当时的洛阳是中国北方地区未沦陷的最大城市，因此，这里也成了人员来往、物资运输的中转站，在八路军驻洛办事处存在的 3 年多时间里，经其转送的我党我军人员约 70 批 1400 余人，护送进步青年 2700 余人，成为连接延安与华北、华中抗日根据地的重要交通枢纽，为抗日战争的胜利做出了杰出贡献。1942 年 2 月，鉴于洛阳形势紧张、国共两党关系恶化，办事处全体工作人员撤离。

八路军驻洛办事处纪念馆于 1985 年 5 月开始筹建，1987 年 4 月部分对外

八路军驻洛办事处纪念馆

开放，占地面积 4200 多平方米，拥有房屋 150 多间。坐南朝北并肩的三所清代民居院落建筑结构相同，均建造于清道光十一年（1831），是南关富豪庄延珍家的宅院，系砖木结构。每所院落都分三进，前有临街房，中有一、二厅堂，后有上房，旁边留有过道，每进院落两旁对称建有二层结构的厢房。门、窗上附有雕刻花纹装饰，主要有梅、竹、兰、菊、牡丹、松柏等传统的花卉图案和神化人物图案等，雕刻细腻，栩栩如生。整个建筑气派大方，古色古香，具有较高的建筑水平和艺术欣赏价值。

纪念馆现有革命文物 85 件（套）及部分照片、书籍等。文物主要有手枪、证章、手雷、子弹、炮弹、引信、军用锹、铺等军用物品和生活用品。在所有文物藏品中，最主要的当属从办事处旧址水井中淘出的一批军用证章，共 43 种 59 枚，大多是抗日战争时期我地下党组织、进步团体、救亡协会等与我办事处联系时留下的遗物。

纪念馆基本陈列分综合陈列和旧址复原陈列两部分。综合陈列以文字、图表、照片、文物等相结合的形式，系统地介绍了八路军办事处的建立、工作和撤退情况，旧址复原陈列有刘少奇住室、电台室、处长室、豫西省委会议室、警卫排住室等。

纪念馆歌颂了八路军驻洛办事处在抗日战争胜利过程中发挥的重要作用及所做的突出贡献。如今，一批又一批的新老党员在这里进行入党宣誓或重温入党誓言，数百万游客来到这里追寻红色记忆，接受革命教育。

洛阳龙门石窟

洛阳龙门石窟位于河南省洛阳市洛龙区龙门中街13号，洛龙区龙门镇伊河两岸的龙门山（西山）与香山（东山）上，与甘肃敦煌莫高窟、山西大同云冈石窟并称为我国三大石窟，也是中国现存窟龛最多的石窟，为世界文化遗产、全国重点文物保护单位、国家5A级旅游景区，河南省爱国主义教育示范基地。

龙门石窟展现了中国北魏晚期至唐代期间最具规模和最为优秀的造型艺术，代表了中国石刻艺术的高峰。石窟开凿于北魏孝文帝年间，之后历经东魏、西魏、北齐、北周、隋、唐、五代、宋等朝代，连续大规模营造达400余年之久。南北长达1公里，今存有窟龛2137个，造像9.7万余尊，最大的佛像高达17.14米，最小的高度仅有2厘米，碑刻和题记2800余品。龙门石窟以大量的实物形象和文字资料从不同侧面反映了中国古代政治、经济、宗教、文化等许多领域的发展变化。

龙门石窟主要的龛窟造像，多是唐代开元（713—741）以前的作品，重要的大型洞窟，多开凿在西山，有古阳洞、宾阳洞、莲花洞、药方洞、万佛洞、奉先寺等，在东山分布的多是唐代开凿的窟龛，其中大、中型洞窟有20个，如二莲花洞、看经寺洞、大万伍佛洞（又名擂鼓台三洞）、高平郡王洞等。

位于龙门西山南部的古阳洞，是支持北魏孝文帝迁都的一批王公贵族和高级官员为孝文帝而雕凿的，从时间上来说，是龙门石窟中开凿最早的洞窟。中间是释迦牟尼坐像，身旁二菩萨头戴宝冠，身着衣裙，饰璎珞宝珠，右手持摩尼宝珠，左手握净瓶，立于莲座上，颇有文静风度。该洞南北两壁上，各有上下三列大龛，另有许多小龛和千佛，一个个雕凿得十分精美。尤其吸引国内游客的是这里的造像题记，其内容是表达造像人为“君主”“父母”等祈福禳灾的心愿，就字体来讲，堪称北魏书法艺术的代表作，字形端庄大方，气势刚健质朴，结构用笔介于隶楷之间，在中国书法发展史上具有承前启后的意义。后人曾从龙门石窟中精选出北魏时期写刻的20则造像题记，冠誉为“龙门二十品”，除慈香窟的慈香一品外，其余十九品全都出于古阳洞。

宾阳三洞位于龙门西山北部，分为中、南、北三洞，宾阳洞是北魏宣武帝为孝文帝和文昭皇太后做“功德”而营建的。三洞之中，中洞最为富丽堂皇，平面为马蹄形，穹隆顶，顶中间是一朵盛开的大莲花，围绕莲花装饰成莲花宝盖，中有八个伎乐天和两个供养天人。地面饰以莲花图案。洞口两旁有两个金刚力士，后壁的主像释迦牟尼，火焰纹背光，身穿褒衣博带式袈裟。旁有

迦叶、阿难二弟子，文殊、普贤二菩萨手持法器侍立。在前壁入口的两侧，原有四层浮雕，上层为文殊问疾，二层是宣扬“因果报应”的佛本生故事，三层即有名的帝后礼佛图，构图谨严，雕刻生动，是我国雕刻艺术的杰作。最下一层是浮雕十神王。这四层浮雕大部被外国不法商人盗卖，《皇帝礼佛图》和《皇后礼佛图》现分别藏于美国纽约大都会艺术博物馆和堪萨斯纳尔逊艺术博物馆。

莲花洞是北魏晚期开凿的，在龙门西山中部偏南，因洞中藻井为一精美的高浮雕大莲而得名。窟内大佛龛甚多，遭人破坏严重。该洞一佛二弟子均呈立姿，为释迦牟尼率二弟子讲经说法之像。龛内雕有两幅精美的佛传故事。另外，南北两壁上方各有似为《法华经》所指的十方分身佛的小千佛，每个仅高2厘米，可称是当时的“微雕”了。

位于龙门西山奉先寺和古阳洞之间的药方洞，因窟门两旁刻有古代药方而得名，窟内造像为一佛、二弟子和二菩萨，从造像特征看，为北齐时期所雕造。

洛阳市龙门石窟全景

该洞最引游人注意的是刻有140多种中药方，据考这些药方刻于唐初，治疗疾病40多种。这批药方在制剂上有丸、散、膏和汤等，涉及的药物有动物、植物、矿物，计110多种。药方中提及的40多种病名，分属内科、外科、妇科、儿科、五官科和神经科等，特别珍贵的是药方中有治疗癌症的“疗噎方”以及治疗传染病的疗方等。它们反映了唐初在医疗学、药物学上的杰出成就。

龙门石窟中有确凿纪年的唯一洞窟是万佛洞，它位于龙门西山中部，凿成于唐永隆元年（680），分内外龛，因外龛南北两壁整齐地刻着15000尊小坐佛，故名万佛洞。内龛雕有主像阿弥陀佛，高4米，两侧为二弟子、二菩萨。主佛背光外侧有分枝莲花梗，54个枝杈上各盛开莲花一朵，莲花上各坐一供养菩萨，形体各异，情趣横生。

在龙门所有的石窟中，位于龙门西山南部山腰的奉先寺为最大。进深约38.7米，南北宽约33.5米。主像卢舍那大佛，得当时的帝后武则天“助脂粉钱两万贯建造”，通高17.14米，头高4米，耳朵长1.9米，是龙门石窟中最大的佛像。卢舍那佛像头饰螺纹发髻，身披通肩式袈裟，面部丰满秀丽，目光安详宁静，嘴角微露笑意，既庄严雄伟又睿智慈祥。按照佛经的说法，卢舍那为佛的报身形象，梵语卢舍那的译意为光明普照，是表现佛的智慧的。在卢舍那佛的两旁有二弟子、二菩萨立侍，二天王、二力士护法、二供养人礼群供养雕像。整个洞窟雄伟壮观，具有群星拱月的艺术效果，体现了唐代强大的物质力量和精神力量，显示了唐代雕刻艺术的最高成就。

东山诸窟都是武则天时代及以后开凿的，看经寺洞有29尊神态各异的罗汉像，是现存较早的罗汉群像，东山万佛沟北崖有千手千眼观音像龛和救苦观世音菩萨像龛。另外东山、西山还有少数龛窟为到中国求佛传法的外国僧人凿造。

古人建造龙门石窟，固有其自然地理因素，但更重要的是社会、政治和宗教的影响所致，具有浓厚的国家宗教色彩。但这客观上又为后人了解和研究历史上不同时代的宗教、建筑、服饰、艺术、民族传统造像技法等提供了条件。自古至今，历代不少诗人和名流学者，诸如李白、杜甫、白居易、刘禹锡、欧阳修、司马光等，都在这里留下了美好的诗篇。如今，每年到龙门石窟游览的人数以几十万计，古老的中国石窟艺术被愈来愈多的中外游客所赏识。

小浪底水利枢纽工程

小浪底水利枢纽位于河南省洛阳市以北、黄河中游最后一段峡谷的出口处，上距三门峡水利枢纽 130 公里，下距郑州花园口 128 公里，是黄河干流上的一座集减淤、防洪、防凌、供水灌溉、发电等为一体的大型综合性水利工程，是治理、开发黄河的关键性工程。坝址所在地南岸为孟津县小浪底村，北岸为济源市蓼坞村。控制流域面积 69.4 万平方公里，占黄河流域面积的 92.3%，属国家“八五”重点项目。同时，这里也已成为国家 4A 级旅游景区，河南省爱国主义教育示范基地。

新中国成立 70 年来，虽然黄河下游防洪取得了巨大的成就，为国家建设和人民生活提供了安定的环境，但黄河下游洪水、泥沙尚未得到真正有效的控制，河床不断淤积提高，水患威胁日益严重。目前的黄河滩面比新乡市地面高出 20 米，比开封市高出 13 米，比济南市高出 5 米，一旦泛滥，北决乱海河，南决乱淮河，一次决溢，受害面积为 3 万至 4 万平方公里，数千万人的生命安全会受到威胁。黄河下游淤积泥沙大部分来自中游，所谓“利在中游、害在下游”即缘于此。若在处于中下游之间的小浪底建坝泄洪，这样既能控制洪水泥沙，又有利于中游水土保持，如一些专家预测的那样“能控制黄河百分之百的泥沙和近百分之九十一的水量”，“从整个治黄规划看，兴建小浪底水库是其他方案难以代替的关键性工程”。小浪底工程作为解决黄河下游防洪和水资源开发问题的重大措施，自 1959 年以后就提上了议事日程。但由于当时国力还不够雄

厚，几代人的梦想迟迟未能如愿。20 世纪 70 年代黄河出现断流，20 世纪 90 年代以来，黄河流域降水量连年偏少，干旱频繁降临中下游地区，断流现象越发严重。黄河水资源紧缺给中下游的国民经济发展带来严重制约。这种情况下，1991 年 4 月，第七届全国人大第四次会议把小浪底工程列入了第八个五年计划纲要。小浪底水利枢纽工程的开发目标是：以防洪、防凌、减淤为主，兼顾供水、灌溉和发电。同年 9 月 1 日，小浪底前期准备工程开工。1994 年 9 月 12 日，时任国务院总理李鹏亲临现场宣布小浪底主体工程开工。1997 年 10 月 28 日，小浪底工程胜利实现截流。2001 年 1 月 9 日首台机组正式并网发电，同年 12 月 27 日主体工程以第 6 台机组投产发电为标志按合同工期完工，总工期 11 年。小浪底水利枢纽工程动态总投资 346.75 亿元人民币，建设规模堪称我国水利建设的"天字号"工程。小浪底水利枢纽工程的组织者和建设者在工程建设过程中克服了种种难题：一是较好地解决了数量巨大的移民问题，移民涉及河南、山西 2 个

小浪底水利枢纽工程

省8个县（市）29个乡（镇）174个行政村，淹没面积约133平方公里，为了保障工程的顺利进行，共动态移民约20万人，静态移民约18万人；二是解决了水利建设上的诸多世界级的技术难题，在中外建设者的共同努力下，解放思想，勇于开拓，积极探索，大胆实践，使小浪底工程成了国际国内团结协作的典范。

建成的小浪底水利枢纽工程由拦河大坝、泄洪排沙系统和引水发电系统3部分组成：拦河大坝为壤土斜心墙堆石坝，最大坝高154米，坝顶长1667米，坝顶宽15米，最大坝底宽864米，坝体总填筑量51.85万立方米。位于壤土斜心墙底部的混凝土防渗墙宽1.2米，最深处80米，是国内最深最厚的防渗墙；泄洪排沙系统分进水口、洞群和出水口3个部分。进水口由呈“一”字形排列的10座进水塔组成；洞群由3条明流洞、3条孔板消能泄洪洞（由导流洞改建）、3条排沙洞和1条溢洪道组成。出水口由3个集中布置的消力塘组成，总宽356米，总长210米，深25米，为目前世界上最大的出水口建筑物。引水发电系统由 6 条引水发电洞、1 座地下厂房、1 座主变室、1 座尾闸室和 3 条尾水洞组成。主厂房高 61.44 米、宽 26.2 米、长 251.5 米，是目前国内跨度和高度最大的地下式厂房之一。

小浪底水库总库容 126.5 亿立方米，长期有效库容 51 亿立方米，它与三门峡、陆浑和故县水库联合运用，可使黄河下游防洪标准从 60 年一遇提高到 1000 年一遇，并可基本解除下游凌汛的威胁；工程采用蓄清排浑运作方式，以 75.5 亿立方米的淤沙库容拦蓄泥沙，使下游河道可保持 20 年不抬高；每年可增加 20 亿立方米的供水量，改善下游工农业和城市供水条件，电站装机 30 万千瓦混流式水轮发电机 6 台，设计平均发电量 51 亿千瓦时，是河南电网中理想的调峰电站。

小浪底水库截流后，形成了 272 平方公里的浩瀚水域，成为由山水自然风光和水利工程组成的大型旅游区。小浪底景区分为四大精华景区：西霞湖、大坝湿地公园、张岭半岛度假区、黄河三峡。四大景区特色各异，东西相映，恰如镶嵌在母亲河上的四颗珍珠，成为令世人瞩目的旅游热点。其中总面积 40 平方公里的黄河三峡，因其可与长江三峡相媲美的大峪峡、孤山峡、龙凤峡而得名，是小浪底风景区的精华所在。风景区还有隋唐古栈道、陈谢大军黄河渡等多处丰富的文化遗迹，自然人文景点有 60 余处，是我国北方少有的山水景观。济源市小浪底景区内的西滩是万里黄河唯一有人居住的河心绿洲；张岭半岛离大坝直线距离仅 2 公里，四周碧波荡漾。小浪底景区还保存有龙山文化、仰韶文化、新石器早期文化遗址，建有著名的留庄“英雄民兵营”陈列馆及抗日战争时期济源县委所在地泰山庙纪念园。景区先后获得荣誉有“国家级水利风景区”“国家 4A 级旅游景区”“国家级环保样板工程”“全国一流生态旅游精品”“中国最具吸引力的地方”等。

小浪底水利枢纽工程不仅是中国治黄史上的丰碑，也是世界水利工程中的杰作。黄河作为中华民族的母亲河，以占全国河川径流 2% 的有限水资源，担负着全国 12% 的人口、17% 的耕地和沿黄 50 多座大中型城市的供水任务。小浪底工程投运以来，发挥了巨大的社会效益、经济效益和生态效益，为保障黄河中下游人民生命财产安全、促进经济社会发展、保护生态与环境做出了重大贡献。

洛阳博物馆

洛阳博物馆位于河南省洛阳市洛龙区聂泰路，北临洛浦公园，南接隋唐城遗址植物园，占地300亩，是一座集文物收藏、科学研究、陈列展览、社会教育与文化交流诸功能为一体的综合性博物馆，为国家一级博物馆，河南省爱国主义教育示范基地。

洛阳博物馆始建于1958年，2009年3月博物馆新馆竣工并正式对外开放，建筑面积6.2万平方米，其中地上面积4.2万平方米，由主楼和附楼两部分组成，地下2万平方米。建筑外形如方鼎屹立，寓意“定鼎洛邑”“鼎立天下”。

洛阳博物馆新馆藏品40余万件，可供陈列展览文物约3.5万件，展览面积1.7万平方米。基本陈列陈展主题为“河洛文明”，全方位、多角度展示了河洛文化的形成与演进轨迹，展出文物2000多件；专题展览分为“洛阳珍宝馆”“汉唐陶俑馆”“唐三彩馆”“宫廷文物馆”“古代石刻馆”和“书画馆”6大专题。主楼一层、二层还设有壁画展临时展览和多种类型的机动展览。

“河洛文明”专题展览是该馆最具代表性的陈列，展出面积5000多平方米，藏品涵盖石器、玉器、陶器、铜器、铁器、瓷器、骨角牙器等诸多门类。从时期上，分为史前时期、夏商周时期、汉魏时期、隋唐时期和五代北宋时期5大部分。陈列以洛阳夏代都城、商代都城、东周王城、汉魏故城、隋唐洛阳城5大都城为主线，全面展示洛阳作为十三朝古都的辉煌历史，突出了“河洛文明”是中国文明象征的特殊历史地位。此专题展览曾被评为2011年度全

洛阳博物馆

国十大陈列精品。

珍宝馆展出的是从馆藏的数十万件文物中撷取的一批珍品。洛阳博物馆镇馆之宝有 5 件：第一件国宝是夏代乳钉纹青铜爵，饮酒器；第二件国宝是东汉石辟邪，高 1.9 米，长 2.97 米，重达 8 吨；第三件国宝是曹魏白玉杯，采用名贵的和田美玉琢制而成；第四件国宝是唐代三彩黑釉马；第五件国宝是清代三层金丝楠木塔，位于洛阳博物馆宫廷文物展馆内。

宫廷文物馆集中展示清代宫廷收藏的明清皇家生活用器和宫廷佛教法物。佛教法物有各类质地的佛造像、佛龛、法器、供器和礼佛用具等，是清代皇室礼佛的御用之物。宫廷生活用具有家具、插屏、挂屏、书画、瓷器等，多为皇太后、皇后、嫔妃所用，家具的材质多为檀木、楠木、黄杨木、海南黄花梨木等珍贵木材，造型优美，制作精良，纹饰繁缛富丽。这批宫廷文物多为清代全国各地进贡之品，数量多、规格高，用料讲究、工艺精湛，原属北京故宫慈宁宫大佛堂，1973 年经周恩来总理批示，由故宫博物院调拨给洛阳博物馆。

唐三彩馆集中展示唐三彩器。唐三彩是一种流行于唐代两京地区的多彩低温釉陶器，20 世纪初最早在洛阳邙山的唐墓中发现，因其釉色以黄、绿、白三种颜色为主而得名。洛阳唐三彩以高岭土为原料，胎质洁白细腻、器类丰富、造型优美、釉色艳丽，代表了中国多彩釉陶的发展高峰。展厅面积为 800 平方米，共展出唐三彩 200 余件，全都是国家二级以上文物，主要发现于隋唐洛阳城的四周，从不同维度再现了唐代东都洛阳地区丰富多彩、欣欣向荣的社会生活图景，体现了开放多元的盛唐气象。

汉唐陶俑馆集中展示汉唐陶器。陶俑作为古代陪葬的明器，是希冀死者在冥世继续过着和生前在人间一样的生活。展出的 200 余件洛阳汉代至唐代的陶俑集中地向人们展示了这一时期汉俑的古拙质朴、晋俑的拘谨呆板、北魏俑的秀骨清像、唐俑的高贵华丽，不仅为我们勾勒出古代雕塑艺术的发展脉络，也为我们了解中国古代雕塑艺术史提供了不可或缺的珍贵实物资料。

书画馆以宋、明、清及近现代作品为主，藏品涉及宋代的苏轼，明代的张宏，清代的王铎、赵之谦、查士标、恽寿平、康有为、吴昌硕、任伯年、翁同龢、何绍基等，近现代的齐白石、溥儒、于右任、郭沫若等。虽然这里只有 84 件作品，但它们个个是真品，是精品，其鲜明的艺术风格和所具有的人文精神在世界绘画发展史上独树一帜。

洛阳博物馆充分发挥并积极拓展宣传教育职能，经常举办丰富多彩的临时展览。同时还走出国门，先后赴日本、韩国、美国、比利时等国家举办文物展览，将古都洛阳灿烂的古代文化推向世界。如 2009 年 4 月举办了 2009 年世界邮展；2009 年 10 月举办大遗址保护洛阳高峰论坛国际大型展览，秦汉 – 罗马文明展、中国古代都城文明展、洛阳珍宝展等系列活动在国内外产生了积极影响。多年来还出版有《河洛文明》《洛阳唐三彩》《洛阳文物精粹》《洛阳博物馆建馆四十周年纪念文集》等大型专集和画册等，得到社会和学界的广泛认可。

中国一拖东方红农耕博物馆

中国一拖东方红农耕博物馆位于洛阳市涧西区建设路 154 号，中国一拖集团有限公司（简称中国一拖）厂前广场西侧，占地面积约 5000 平方米，是一个集收藏、展陈、宣传、教育和研究等多种功能为一体的大型专业类博物馆。馆内收藏的新中国成立初期进口拖拉机、国产拖拉机代表机型等完整展现了中国农耕机械的发展历程。为河南省爱国主义教育示范基地。

中国一拖东方红农耕博物馆是由中国一拖于 2010 年在原有一拖展览馆的基础上投资 2000 万元全面改扩建而成，2012 年 4 月正式对外开放。中国一拖是国家“一五”时期 156 个重点建设项目之一，属于苏联援建项目。1955 年开工建设，1959 年建成投产，是中国特大型机械制造企业，曾制造出中国第一台拖拉机、第一台压路机和第一台军用越野汽车，拥有的“东方红”商标为“中国驰名商标”。经过 60 多年的发展，中国一拖公司已成为以农业装备、工程机械、动力机械、汽车和零部件制造为主要业务的大型综合性装备制造企业集团。由于该集团建于 20 世纪 50 年代的洛阳涧西苏式建筑群保存较好，体现出计划经济时期工业遗产的特点，2013 年被国务院定为第七批全国重点文物保护单位，所在的街区被评为第三届“中国历史文化名街”。

中国一拖东方红农耕博物馆通过珍贵的历史图片、文物史料，配以声、光、电等现代化手段，再现了中国一拖公司的发展历程和中国及世界农耕发展的历史画卷。

东方红农耕博物馆展览一角

中国一拖东方红农耕博物馆馆区共有两层，收藏展出的有毛泽东对一拖的重要批示，周恩来总理对一拖领导的任命书，还有中华人民共和国成立之初引进的拖拉机、国产第一代履带拖拉机、国产第一代水旱两用轮式拖拉机、国产第一代小功率轮式拖拉机、国产第一代大功率轮式拖拉机、国产最先进的拖拉机等众多有历史意义的农业装备，见证了中国现代农耕的沧桑巨变。

展览馆一层主题为“中国现代农业之路”，共分为5个展区，分别为“华夏农耕”“奠基中国农机工业”“走进市场”“全面建设新一拖”“社会责任”，反映了中国农耕由领先世界2000年到落后世界100年，之后不断缩小差距，终于与世界先进国家同步发展的巨大变化。

展览馆二层主题为“世界农耕文化变迁”，共有3个展区，分别是“东方红演绎中国红”“世界农机版图经典制造”“土地上移动的文明”，反映了“农业机械”对人类文明进步所产生的深远影响。

中国一拖东方红农耕博物馆归属的中国一拖被列入我国首批“全国工业旅游示范点”，以东方红农耕博物馆为核心的“东方红工业游”已经初步形成了包括厂区参观、生产制造过程参观等在内的完整线路，苏联援建的156项目老设备主题公园等后续景点建设正在启动。作为国内第一个以“现代农耕”为主题的博物馆，已成为广大青少年接受爱国主义教育的特色基地。

洛阳民俗博物馆

洛阳民俗博物馆位于河南省洛阳市老城区新街433号，是一座以弘扬河洛文化、展示民俗风情为主的专题性博物馆，占地面积15750平方米，建筑面积2949平方米，为国家二级博物馆，又为国家3A级旅游景点，河南省爱国主义教育示范基地。

洛阳民俗博物馆是在潞泽会馆古建筑群的基础上建成的。潞泽会馆因祀关羽又名关帝庙，为清乾隆九年（1744）所建，当时系山西潞安府（今山西长治）、泽州府（今山西晋城）两地商人集资所建，主要用于同乡商人传递信息和物资集散，是晋商文化的产物，民国期间更名“潞泽会馆”。整个建筑群层次分明，结构严谨，是中原地区清代地方建筑的杰出典范。1981年改建为豫西博物馆，1987年改为洛阳民俗博物馆，1988年对外开放。

洛阳民俗博物馆东依瀍河，南临洛河，风景优美，交通便利，现有前殿（背为舞楼）、钟鼓楼、穿房、廊房、正殿、后殿、配殿等。该馆建筑雄伟，雕琢精良，整个建筑为青瓦覆盖，琉璃瓦剪边，琉璃龙凤花脊饰顶，方砖铺地，青石镶边。正殿彩绘以蟠龙为主，舞楼以龙凤为主，穿房、钟鼓楼、后殿、配殿以花卉为主，廊房则以关羽生平为主。木雕主要表现在斗拱和雀替上，以正殿舞楼最为精彩。柱础极具特色，前殿柱础为麒麟驮莲，正殿柱础则分三层，底层为飞鸟图，中层为群兽图，上层为蟠龙图，尤以中层图最为精妙，表现了小动物天真活泼的自然本性，令人赞不绝口。

该馆现有各类藏品3053件，其中三级以上文物1246件，以竹木类、钱币类、骨类、书画类、金银器类、刺绣类为主。其中，馆藏一级文物“三世佛”为明代夹贮贴金工艺，高4米，相貌肃穆，背光华繁，弥足珍贵。清初金丝楠木塔，高6米，八面三级重檐，共307龛，每龛一佛，也是不可多得的艺术珍品。

馆内基本陈列有信俗、婚俗、寿俗、民间艺术、刺绣5大部分。

信俗厅展示的是洛阳一带民间信仰较为普遍的60位神，其中“三世佛”为复原型陈列，其余诸神以卷轴的形式展出，对于诸神的来历，则以史料为基础，结合民间特点进行较为详细的介绍，使人们对中原民间信仰有一个系统全面的了解。

婚俗厅为清末拜堂、洞房复原陈列，彩塑婚俗人物21个，唢呐乐队身着行业服装，新娘、新郎在亲朋的簇拥下共行拜堂之大礼，洞房内古色古香，陈设高雅，生动地再现了当时洛阳书香门第的婚俗场面。

洛阳民俗博物馆

寿俗厅以封建社会末期洛阳中等家庭寿堂为模式，复原陈列，真实地反映了当时寿俗的情景。

民间艺术厅则主要分工艺、雕刻、剪纸、皮影4大部分，内容多取材于神话传说、民间故事、花鸟虫鱼、寓言笑话等，手法多样，造型生动，给人以形象逼真、感情动人的印象。

刺绣厅以洛阳刺绣陈列为主，洛阳刺绣源远流长，该厅陈列有云肩、罗裙、荷包、香袋、腰镜、扇盒、挂件、绣条、服饰等刺绣400余件，构思巧妙，寓意深刻，做工讲究，风格多样，令人目不暇接。

除此之外，还有皮影表演、婚俗表演、民俗服饰表演等演示活动，这些陈列和活动，不仅具有浓郁的中原地方特色，还处处洋溢着强烈的时代气息。特别是一年一度在这里举办的洛阳民俗文化庙会，为弘扬河洛文化、展示民俗风情、丰富群众文化生活发挥着重要作用，深受中外游客青睐。

平顶山市

平顶山中国神马帘子布集团公司

平顶山中国神马帘子布集团公司（现中国平煤神马能源化工集团有限责任公司，以下简称“中国平煤神马集团”）位于河南省平顶山市建设中路 63 号，是全国 512 家、河南省 13 家重点企业之一，河南省首批建立现代企业制度试点企业，目前为三方持股的企业集团。在“2006 中国制造业 500 强”中列第 280 名，列中国石油化工企业第 25 位，化学纤维制造业第 7 位。为河南省爱国主义教育示范基地。

神马集团前身为平顶山锦纶帘子布厂，是 1981 年引进日本成套设备与技术建成投产的国内第一家生产橡胶轮胎优质骨架材料——尼龙 66 浸胶帘子布的现代化企业。公司现有全资子公司、控股子公司、参股公司共 17 家，其中控股子公司神马实业股份有限公司为河南省首家在上交所挂牌交易的上市企业。集团主导产品年生产能力为：尼龙 66 帘子布（工业丝）10 万吨，尼龙 66 盐 20 万吨，工程塑料 8.5 万吨，烧碱 20 万吨，树脂 20 万吨，橡胶轮胎 100 万套，纺纱、印染布、地毯丝、热电等产品也都具有一定生产规模，已经形成了以尼龙 66 盐、帘子布（工业丝）、氯碱化工、工程塑料为四大支柱，相关多元的产业集群，其中尼龙 66 帘子布（工业丝）生产规模世界第一，尼龙 66 盐生产规模位居亚洲第一、世界第四，尼龙 66 工程塑料生产规模居于全国首位、世界第四。神马集团企业文化精神是“团结、实干、进取、奉献”，六个坚持是：坚持加快发展，坚持改革创新，坚持扩大开放，坚持加强管理，坚持以人为本，坚持党的领导

中国平煤神马集团

和全心全意依靠工人阶级。

2008 年 12 月 5 日神马集团与平顶山煤业集团有限责任公司重组，成为中国平煤神马能源化工集团有限责任公司。如今产业遍布河南、湖北、江苏、上海、陕西等 9 个地区，产品远销 30 多个国家和地区，与 40 多家世界 500 强企业及跨国集团建立战略合作关系。旗下拥有平煤股份、神马股份、易成新能 3 家上市公司和 5 家新三板挂牌公司。

平顶山市宝丰县尖山坡

平顶山市宝丰县尖山坡位于宝丰县观音堂境内，总面积近5000亩，是20世纪60年代全国劳动模范李禄、李海水兄弟艰苦创业、无私奉献、绿化荒山的地方，为河南省爱国主义教育示范基地。

从20世纪60年代起，李禄、李海水兄弟积极响应毛主席“植树造林，绿化祖国”的号召，在尖山坡奋斗了半个世纪，绿化荒山2000多亩，实现了“意志坚，荒山绿”的目标，充分体现了“艰苦创业，无私奉献”的时代精神。《人民日报》在20世纪70年代先后两次报道了李禄、李海水的事迹，二人曾双双荣获全国劳动模范称号。1975年，哥哥李禄还当选为第四届全国人大代表，受到毛主席、周总理的亲切接见。如今他们的事业并没有中断，平顶山市劳动模范李洪彬不负老劳模的重托，接过接力棒，改革开放后在尖山坡进行二次创业，通过土地流转，利用科技手段，绿化荒山，大力发展林果业、养殖业和现代农业，取得了突出成就，林地估值达到1.5亿元，发展势头良好。尖山坡前后两代人绿色接力半个多世纪的壮举全国罕见，十分感人，《人民日报》对此再次进行了报道。

目前，尖山坡爱国主义教育示范基地包括劳模事迹展览馆、劳模纪念碑、劳模故居、劳模林、长春亭、长春树、观音堂劳模纪念馆等，设有20多个展板、展柜。尖山坡正在积极实施省级爱国主义教育示范基地红色旅游景区、劳模精神展示园、生态农业示范园、珍稀林果观光采摘园、生态养殖园为主题的

人民网河南频道报道平顶山市宝丰县尖山坡李禄、李海水事迹

“一区四园”建设，以“艰苦创业，时代先锋”为内涵，以“劳模圣地，花果山乡”为目标，打造独树一帜的劳模文化品牌，使老一辈的艰苦奋斗精神代代相传。

豫西革命纪念馆

豫西革命纪念馆位于河南省鲁山县老城大街中段（县委大院西侧），总面积1200平方米，展厅面积320平方米，是一座革命历史纪念馆，为河南省红色旅游经典景点，全国重点文物保护单位，河南省爱国主义教育示范基地。

鲁山是革命老区。1929年3月，中共鲁山小组建立，后领导民众成立了革命武装铁血团和农民协会，向地方封建势力和国民党反动派开展了不屈不挠的斗争。1932年11月，贺龙率红军实施战略转移时经过鲁山；1934年11月，红二十五军长征途经鲁山。抗日战争时期，建立了县、区党组织和县、区抗日民主政权，开展了轰轰烈烈的抗日救亡活动。解放战争时期，豫陕鄂、豫西解放区的党政军领导机关先后设在鲁山。鲁山一度成为豫陕鄂、豫西解放区政治、经济、军事、文化活动的枢纽。刘伯承、邓小平、陈毅等曾在鲁山多次主持重要会议，1948年4月至10月，他们在鲁山运筹帷幄，指挥千军万马，在中原战场取得了一系列重大战役的胜利。

豫西革命纪念馆所在的楼房始建于1891年。当时，挪威一些基督教人士来到鲁山传教，在这座楼相邻的西南建了一座教堂，取名“福音堂”。此楼为配房，是牧师和传教士居住的地方，时人称它为“牧师楼”。1947年鲁山解放时，传教人员离去。此楼成为豫陕鄂行政公署及豫西行政公署办公处。1948年4月25日，邓小平同志曾在此楼房西南的福音堂召开了豫陕鄂前委和后委联席会议，并做了《跃进中原的胜利形势与今后的政策策略》的报告，由于邓小平同志在此报

豫西革命纪念馆

告中以鲁山县西关街上的小市场为参照，提出了在广大解放区开展市场经济、巩固解放区经济建设的指导思想，为中原解放区的建设起到了重要的指导意义。邓小平的这一报告，1987 年由时任中央文献研究室主任冷溶深入调研，认为具有特殊的重要性，并经邓小平本人选定，于 1988 年收入《邓小平文选》第一卷，引起了理论界的广泛关注。经过中央、省、市有关部门专家的研讨，基本形成了“邓小平早期市场经济理论在鲁山萌芽”的论断。2002 年，当地政府对牧师楼进行保护和开发，2004 年 2 月，中央政治局原常委、中央军委原副主席刘华清同志题写“豫西革命纪念馆”馆名，2004 年 8 月 18 日正式对外开放；2006 年元月，中央军委原副主席迟浩田题名“鲁山邓小平旧居”。

豫西革命纪念馆共两层，砖木结构。全楼有 4 厅、4 廊、8 室。楼房前安放着解放战争时期邓小平的半身铜像。铜像高 0.89 米，基座高 1.54 米，头戴军帽，身着戎装，目光炯炯。馆内共设 8 个展室，纪念馆展出展品 2000 余件，包括四大类：

一是实物。共 20 余件。主要有邓小平在此居住时用过的床、桌、椅、书架、电话、被褥、厨具以及当年在鲁山生活战斗过的老首长、老战士提供的衣物、用具等，另有邓小平 1948 年 4 月 25 日在鲁山的报告原稿复印件。

二是图片。共有图片 800 余幅。涉及鲁山土地革命、抗日战争、解放战争、社会主义建设等时期的重大事件、重要人物和重要革命遗址等。这些图片大多以展板的形式呈现，并配以文字说明。板块主要有邓小平生平简介，红二十五军长征途经鲁山，鲁山的早期革命活动，抗日战争、解放战争时期鲁山重要事件等。

三是沙盘。沙盘按照 1∶5000 比例制作，展示了鲁山县的地形地貌以及重要革命遗址等。

四是书画。展示有当年曾在鲁山工作和战斗过的老领导题词，当代鲁山籍书画家反映鲁山革命历史的书画作品。

与豫西革命纪念馆相配套的展览建筑还有：

邓小平市场街，即原西关大街。东接向阳路中段，西至西睦路。1948 年 4 月，邓小平在鲁山期间曾在此调查研究。2008 年改名为“邓小平市场街”，并立牌楼纪念，街名由中央军委原副主席迟浩田题写。

豫陕鄂军政大学和豫西军区司令部旧址。旧址即位于鲁山县第一高级中学院内的文庙大成殿、崇圣祠，占地面积 300 平方米。刘伯承、陈毅曾在此主持召开军事会议。

中共豫西区党委和行署旧址。1948 年 6 月至 1949 年 2 月，豫西区党委旧址在县城花门楼；区行政主任公署机关旧址在县城西门大街，为原国民党保安团团部。

中共豫西区党委扩大会议旧址。该旧址位于张店乡程村程家祠堂，房屋 3 间，建筑面积 84.66 平方米。

中共河南区委员会及河南军区、河南抗日人民军司令部旧址。该旧址位于鲁山县二郎庙村（今称尧山）。1945 年 6 月 4 日—22 日，中共河南区委员会及河南军区、河南抗日人民军司令部曾在这里驻扎。

豫西日报社旧址。1948 年 1 月，豫陕鄂边区行署筹办《豫陕鄂日报》。报社设在县城天主堂院内，印刷厂设在城北宗庄。4 月《豫陕鄂日报》试刊，6 月改为《豫西日报》，毛泽东为《豫西日报》题写了报头。1949 年 3 月，豫西日报社由鲁山迁至开封，后与开封日报社合并为河南日报社，出版《河南日报》。

烈士陵园。鲁山烈士墓地 13 处，已建成陵园的有西马楼烈士陵园、岳村烈士陵园、伏岭烈士陵园、张良烈士陵园、团城烈士陵园、赵村烈士陵园、张店烈士陵园、霍庄烈士陵园。

郏县广阔天地知青园景区

郏县广阔天地知青园景区位于河南省郏县广阔天地乡吴堂村，占地面积约34亩，主体建筑面积2200平方米，是为了纪念毛泽东“广阔天地，大有作为”批示，展示当年广大知青在农村“广阔天地，大有作为”的历史真貌而建，其所在的知青园景区被评为国家3A级旅游景区，河南省爱国主义教育示范基地。

1955年，河南省郏县大李庄乡组织32名回乡知青参加农业合作化工作，在全国开创了青年知识分子参加农村工作的先例。毛泽东主席对《在一个乡里进行合作化规划的经验》一文亲笔批示：“一切可以到农村中去工作的这样的知识分子，应当高兴地到那里去，农村是一个广阔的天地，在那里是可以大有作为的……”从而引发了一场波及全国、震撼世界的知识青年上山下乡运动。1968年7月15日，原属大李庄乡的大李庄、吴堂、杨庄3个大队从渣园公社划出，成立“广阔天地大有作为人民公社”。1984年恢复大李庄乡，1993年改广阔天地乡。在当年那场运动中，大李庄乡作为知识青年上山下乡运动的发源地，以特殊的地位成为知识青年心目中的圣地。除了32名返乡知青，从1968年开始到1982年止，他们还先后接纳了郑州、洛阳、许昌、北京等地6批插队知青共668名，到村里与农民同吃同住同劳动，其中不乏后来在全国具有较高知名度的代表人物。如卢忠阳，返乡知青，历任中共第九次、第十一次党代会代表，十大、十一大中央候补委员；薛喜梅，1968年插队知青，曾任第四届全国人大常委、团省委副书记、公社副书记兼大李庄大队党支部书记；等等。当时可谓

郏县广阔天地大有作为纪念馆

村村有知青、家家有故事，历史的积淀，形成了丰富的知青文化。

为了纪念毛主席批示，展示知青文化，2001 年郏县筹建知青纪念馆，2010 年，纪念馆进行改造升级，2012 年 12 月正式建成广阔天地大有作为纪念馆并对外开放。纪念馆由展厅、放映厅、接待室、购物厅等几部分组成，通过上千幅图片、400 件实物，结合雕塑、文字、声像等，以纪念毛泽东批示为主题，以“广阔天地，大有作为”为主线，全面展示 20 世纪六七十年代知识青年生产、生活在“广阔天地，大有作为”的历史真貌，再现“知青运动的圣地”“知青运动的发源地”的历史风云，记录了一代知青为建设社会主义新农村艰苦奋斗的历史事实。纪念馆共有六个展厅，陈展分为四部分，即广天缘起（展示大李庄经验、毛主席批示、知青运动发端）、广天风云（展示公社成立、首批知青落户广天）、广天洗礼（展示知青战天斗地、参与建设的历史风貌）、广天展望（从广阔天地看全国，展示全国知青群体的精神风貌）。

为了弘扬毛主席关于知识分子走与工农相结合道路的光辉思想，发展乡村旅游，郏县近年来又筹建了面积为 6 平方公里广阔天地知青园，包括广阔天地大有作为纪念馆、广阔天地博物馆、毛主席批示手迹碑、毛主席塑像、70 年代新农村样板房、知青游乐园、知青之家、知青旧居、知青坝、知青井、知青桥、知青厂等景点。目前正在建设知青广场和广阔天地大有作为纪念馆新馆。

平顶山市文化艺术中心

平顶山市文化艺术中心位于平顶山市新城区长安大道与清风路交叉口，场馆占地约 54 亩，建筑面积 28403 平方米，是一个多功能综合性市民文化艺术活动场所，为河南省爱国主义教育示范基地。

2006 年 12 月 28 日，为推动平顶山经济社会协调发展，平顶山文化艺术中心与平顶山博物馆同时举行了开工典礼。平顶山市文化艺术中心自 2011 年 12 月 30 日开始试运行，以“大众化、群众化、社会化”为原则，为该市人民搭建了一个文化娱乐、信息交流、科学知识传播的综合文化艺术平台。

平顶山市文化艺术中心地上四层，面积为 24117 平方米，地下一层，面积为 4286 平方米。其主要功能为：

一、文化艺术展览。举办诸如书法、绘画、摄影、烙画、剪纸等作品的展览。

1. 多功能展厅：位于文化艺术中心一层西南部，面积约 800 平方米，内设展台排列有序，能够完美呈现各类题材、形式艺术作品的展览。展厅可同时容纳 500 名参观者。

2. 艺术长廊：位于文化艺术中心一层大厅南北两侧。北长廊实用面积为 700 平方米，南长廊为 715 平方米，两条长廊共能容纳千余名参观者。

3. 平顶山美术馆：位于文化艺术中心四层东南角，面积约 800 平方米，可在其中进行各类美术作品的陈列、展示等。

二、文艺演出。音乐厅位于文化艺术中心一层，是举办音乐会、歌舞戏

平顶山市文化艺术中心

曲晚会、综合文艺演出等专业一流的演出场所。场内有观众席15排419位，设置的升降舞台，配备的三脚钢琴、马林巴、LED多媒体屏幕后台、专业音响、舞台灯光等均为国内外一流产品。

三、图书阅览。为广大市民提供公共阅览、电子阅览、自修等服务。

1. 图书借阅室：位于一层西北角，配备图书22类，2万余册；电子借阅器2台；阅览桌椅50套。

2. 电子阅览室：位于一层东南角，配备电脑及阅览桌椅50套。

3. 报刊阅览室（自修室）：位于二层西大厅，内设各类报刊200余种，11套大型阅览桌椅，共44座。

另设有儿童阅览室和书库、地方文献阅览室、视听文献阅览室、文献开发室、外文期刊阅览室、自然科学阅览室、工具书阅览室等。

四、非物质文化遗产保护。为非物质文化遗产的传承、传播、交流及搜集、整理、编纂、修复等活动提供良好的平台。设有非物质文化遗产培训室，资料搜集、整理、编纂室及非物质文化遗产展厅（3个）等，位于地下一层。

五、艺术培训及群众文化活动。设有各类培训教室22间，专业排练厅2个，在其中进行的艺术培训及群众文化活动，涉及曲艺、声乐、器乐、舞蹈、美术、书法、摄影、电影等多种类别。

中共豫西抗日根据地曹沟革命纪念馆

中共豫西抗日根据地曹沟革命纪念馆位于河南省平顶山市安良镇塔林坡村，展馆面积3000余平方米，是为纪念中共豫西抗日根据地军民抗击日寇侵略的光荣历史而建，为河南省爱国主义教育示范基地。

1944年4月，日本帝国主义为了援助其深入南洋的孤军，发动了打通中国大陆交通线的豫湘桂战役，驻守河南的国民党汤恩伯部一触即溃，河南大部分地区沦陷。为了收复失地，解放河南人民，1944年7月，中共中央发出了向河南日寇敌后进军的命令。八路军共组建了六个支队，南渡黄河，挺进豫西，创建了北抵黄河，南接伏牛，西起崤山，东邻平汉，雄踞中原的豫西抗日根据地，曹沟成了豫西抗日根据地腹地。1944年10月延安杨家岭会议决定成立中共河南区党委，辖六个专区，计三十五个县署。其中，第六专区辖禹郏、临登、襄城、宝丰等县。1945年7月，第三次神垕保卫战胜利后，中共河南区第六地委、第六专署、第六军分区和中共禹郏县党政军机关进驻曹沟。在这里，中国共产党领导抗日军民，浴血奋战，组织开展了禹郏边战役、伏牛山战役等抗击日伪顽的重要战事，谱写了许多抗日军民鱼水深情的史实，开辟了八路军豫西抗日主战场，贯通了大别山新四军根据地与延安后防之间的链接，组建了稳固的县乡村地方政权。抗战胜利后，按照党中央和八路军总部的指示，六专区党政军及县区干部撤离曹沟，南下与新四军会师。

曹沟抗日革命纪念馆是中原地区一个独具特色的规模性八路军豫西抗日旧

中共豫西抗日根据地曹沟革命纪念馆

址群。原有三个院落三十三间房屋，二十一孔窑洞，三座炮楼，一处暗堡。南院驻扎禹郏县独立团；前院设禹郏县抗日民主政府；后院为六专区党政军机关办公地，设司令部、政治部、区专署等机构。另有医护所、枪械所、抗日宣传队的院落和窑洞点缀左右，大多为清末建筑，经百年沧桑，历战火洗礼，保存尚好。2014 年，当地政府对曹沟旧址实施保护工程，2015 年 9 月建成开馆，现有两个馆区。纪念馆以八路军豫西抗日斗争历史为主题，共分豫西沦陷、挺进豫西、抗击日寇、红色曹沟、走向胜利、风云人物、情系豫西和铭记历史等八个展区。

平顶山博物馆

平顶山博物馆位于平顶山市长安大道与怀仁路交叉口的平安广场西侧，占地面积约 54 亩，总建筑面积 3 万平方米，是一座综合性博物馆，为国家二级博物馆，国家 4A 级旅游景区，河南省爱国主义教育示范基地。

平顶山博物馆设计外形理念源自我国古书竹简的形象，墙体由一片片抽象的“竹简”造型构成，雄浑大气，古韵盎然，同时也寄寓着博物馆作为文明使者的传播功能。馆舍周围绿树成荫，四季常青，三季有花，两季有果；22 亩的牡丹园里种有 17000 余株牡丹，包含九大色系，166 个品种。

平顶山博物馆馆藏文物 3 万余件，3 级品以上珍贵文物 2000 余件。一层、二层是以鹰城文化历史为背景的平顶山市文物陈列展览区域，分为四个展厅，分别是一层南侧的一号展厅——山下故原展厅、北侧的二号展厅——应国印象展厅，二层北侧的三号展厅——楚汉文明展厅、南侧的四号展厅——唐宋遗韵展厅。

第一展厅“山下故原”。展示了平顶山历史沿革的图版、石核、石磨盘、石磨棒、石镰等实物。大约 100 万年前，在汝州市张湾村，人类的祖先就已经在这片土地上繁衍生息；7000 年前，原始先民在郏县水泉创造了先进的农业文明；6000 年前，平顶山境内多地都出现了人类聚居点，并进入了多姿多彩的彩陶文明时代；4300 年前，平顶山境内就有了城市。从旧石器时代的张湾遗址到新石器时代的中山寨遗址、汝州洪山庙遗址和煤山遗址，共同构成

平顶山博物馆

了平顶山丰富灿烂的史前文明，同时也使平顶山成为中华文明形成和发展过程中重要的一页。

第二展厅“应国印象”。分为应国故地、青铜载史、应国遗珍三个单元。展示了古应国文明的传奇，解释了平顶山别称“鹰城”的来由。此厅尤其值得一看的是镇馆之宝——玉鹰。这是 1986 年在应国墓地 1 号墓出土的一件鹰形玉佩，用新疆上等和田玉雕刻而成。玉鹰的出土揭示了应国先民是以鸟为图腾的氏族，而在古文字中，应国的“应”字与“鹰”字为同一个字，故平顶山别称“鹰城”。

第三展厅“楚汉文明”。分为楚风北渐、汉世民风两个单元。从春秋初年起，楚国从江汉之地进发，走上了问鼎中原的强盛之路，应国以及周文化范畴的汉淮诸国，均为其所灭。在展厅内，无论是父城故城、叶邑故城的图版，还是孔子、叶公、墨子等历史名人的故事，抑或束腰垂鳞纹升鼎、跽坐铜人、编钟等精美文物和可考证的考古史料，都能印证这段历史的璀璨辉煌。

第四展厅“唐宋遗韵”。分为名瓷名窑、人文脉度、文集世景、名人名墙四个单元。通过考古发掘成果，集中展示了平顶山是名窑名瓷的“圣地”。到2012年，全市共发现唐、宋、金、元时期各类窑口100多处，其中鲁山段店窑、宝丰清凉寺汝官窑、汝州张公巷窑是典型代表。另外，还展示了一代代艺人、文人所留下的遗迹、遗物及其艺术魅力，昔日集镇人口稠密、工商业繁荣的景象，以及在这块土地上哺育出来的历史名人。

平顶山博物馆三、四层为“生态鹰城，和谐家园”——平顶山城市规划展示馆。三层有印象平顶山、记忆平顶山、辉煌平顶山、规划平顶山和发展平顶山五个展区，四层有解读平顶山、和谐平顶山两个展区。展馆采用大量高科技手段，将数字沙盘、3D影院、VR自驾等现代声光电技术融入多项展示环节，是集规划展示、科普教育、特色旅游等多功能为一体的专业规划展示馆。

2018年5月18日，平顶山博物馆与河南博物院签署战略合作框架协议，成立河南博物院平顶山分院，在收藏、研究、宣传、推介、利用文化遗产，塑造平顶山形象方面发挥独特作用。

新四军抗日虎头山烈士陵园

新四军抗日虎头山烈士陵园位于河南省舞钢市尹集镇苇子园村，是为纪念抗日战争时期挺进豫南的新四军五师连续粉碎敌三次扫荡中牺牲的烈士而建，为河南省爱国主义教育示范基地。

1944年4月18日，日军为了尽快结束亚洲战场的作战，摆脱即将灭亡的命运，调集侵华日军精锐部队19万人，悍然发动了第二次河南战役。国民党驻河南的40万大军大溃退，37天失去38座县级以上城市。7月25日，中共中央向北方局、华中局和冀鲁豫分局发布了向河南敌后进军的命令。其中，新四军五师奉命沿平汉线北上，进军淮北和豫中地区，开辟以嵖岈山为中心的抗日根据地。1945年2月8日至11日，在虎头山战斗中，共歼灭日伪军1500多人，我军也有27名指战员为了民族解放、国家独立血洒战场光荣牺牲，安葬在山顶。虎头山战斗打响了豫中抗日根据地的第一枪，是一场我军以少胜多的战斗，被誉为中原“平型关”战斗，在军史和党史上有很重要的位置。1945年3月18日，延安《解放日报》以《挺进豫南的新四军五师连续粉碎敌三次扫荡》为题对此进行了专题报道。

为了纪念这场伟大的战斗和死难的烈士，2001年5月，当地政府决定在当年虎头山战斗旧址辟建新四军烈士陵园，陵园一期工程于2002年10月1日竣工。建成宽5米、长1500米的盘山大道，8米高的新四军烈士纪念碑雕塑，1600平方米的纪念广场，12座烈士墓，500级步行登山台阶道和1000平方米的飞机、

新四军抗日虎头山烈士陵园

大炮陈列台和纪念亭等，时任中央军委副主席张万年上将为陵园题名。后当地又对陵园进行二期改造，修建纪念碑、纪念馆，新四军抗日虎头山烈士陵园成为集革命传统教育和红色旅游为一体的“新四军纪念园”。

宝丰县中原解放纪念馆

宝丰县中原解放纪念馆位于河南省宝丰县文峰路中段，建筑面积4800多平方米，是为保存和纪念解放战争时期刘伯承、邓小平、陈毅等老一辈革命家率领中共中央中原局、中原军区、中原野战军等驻守宝丰，指挥中原解放的光辉历史和功绩而建，为国家3A级旅游景区，河南省爱国主义教育示范基地。

据党史记载，解放战争时期，宝丰县曾是中共中央中原局和中原军区所在地。1948年2月，根据中共中央的战略部署，刘邓大军主力从大别山地区转出，5月17日进驻宝丰。邓小平、刘伯承、陈毅等率领中原局、中原军区、中原野战军总部在宝丰半年多，办起了中原大学、豫西行政干部学校，召开了著名的宝丰会议，为淮海战役决战做了充分准备。这里成为邓小平、刘伯承、陈毅等指挥中原人民解放战争的“总指挥部”，开创了中原人民解放战争新局面。

宝丰县中原解放纪念馆于2012年6月23日动工建设，2014年7月1日正式开馆。开馆仪式上，刘伯承、邓小平、陈毅铜像同时落成揭幕。展馆的正门向着东南方向，寓意与大别山遥遥相对。展馆大楼外观是魔方的形状设计，象征着共产党人在中原大地扭转乾坤，由革命党成了执政党，扭转了世界政治格局。纪念馆共分为负一层和地上一、二两层，高度分别为4.7米、4.8米、4.9米，展示了1947—1949年，中国共产党经过3年的浴血奋战，夺取全国解放战争最终胜利的历史。纪念馆东西长55.5米，寓意为淮海战役歼灭国民党军队55.5万人；南北宽36米，代表着中共中央中原局、中原军区和中原野战军领导机关

中原解放纪念馆

在宝丰召开的三次重要会议、运筹指挥的六大战役。纪念馆主要采用文字、照片、历史实物等形式对中原解放历史和红色革命精神进行集中展示，浮雕墙长60米、高3米，主要展现了刘邓大军转出大别山迁入豫西宝丰，到决战淮海前夕在宝丰发生的大事件，包括召开的重要会议场景和重要战斗的场景。展厅分四个部分：

第一部分：“千里跃进，逐鹿中原”。从1947年6月底开始，遵照中共中央“以主力打到外线去，将战争引向国民党统治区”的战略方针，刘伯承、邓小平率晋冀鲁豫野战军主力千里跃进大别山，实施战略展开；陈赓、谢富治率晋冀鲁豫野战军余部协助刘邓大军，开辟豫陕鄂解放区；陈毅、粟裕率华东野战军主力挺进豫皖苏边区。三路大军呈“品”字形阵势，互为掎角，紧逼国民党的长江防线，直接威胁国民党的统治中心南京、武汉，使中原地区成为人民解放军夺取全国胜利的基地，也由此揭开了中国共产党与国民党逐鹿中原的序幕。

第二部分：“运筹帷幄，问鼎中原”。为彻底粉碎国民党军中原防御体系，1948年4月底，中共中央中原局、中原军区和中原野战军领导机关在刘伯承、邓小平率领下，由淮西地区迁驻豫西宝丰县。从此，宝丰成为解放战争时期中原解放区的首府、中原军区和中原野战军的“统帅部”所在地，成为中原解放区的“小延安”。在此期间，中原军区先后召开旅以上干部政治工作会议、团以上干部会议、宝丰会议三大会议，中原部队的整党整军转入了以检查团以上领导作风为重点的阶段。1948 年 5 月至 10 月，刘邓大军在驻宝丰期间共指挥了宛西战役、宛东战役、豫东战役、襄樊战役、桐柏江汉战役和郑州战役等六大战役，为淮海战役的最后胜利奠定了坚实基础。

第三部分：“薪火相传，光耀中原”。为了民族的独立和解放，无数优秀的中华儿女英勇奋战、血沃中原。英魂常眠，丰碑永存。革命先烈的革命精神生生不息、代代相传。这里主要展示的是中原局、中原军区的主要领导及七个纵队的司令员资料。另外，展示了中原解放战争烈士英名录。1948 年驻宝丰期间在六大战役中牺牲的先烈们不顾个人生命安危，为中原解放战争做出了不可磨灭的贡献。

第四部分：“中原首府，魅力宝丰”。在钟灵毓秀的中原大地上，宝丰作为一颗璀璨夺目的明珠，闪耀着迷人的光芒，这里历史悠久，物华天宝，孕育出无数先贤，英雄辈出，一个富强、文明、平安、美丽的新宝丰正阔步走来。

安阳市

林州红旗渠纪念馆

林州红旗渠纪念馆位于河南省林州市任村镇红旗渠分水苑景区，即总干渠枢纽工程分水闸处，是为了纪念林县（现林州市）人民为了改变缺水旧面貌，修造红旗渠这一伟大创举而建立的，是一座收藏、研究、展示、传承红旗渠历史的专题展馆，全国廉政教育基地，全国和河南省爱国主义教育示范基地。

1960 年 2 月至 1969 年 7 月，为了彻底改变当地恶劣的生存和发展条件，林县人民在县委的领导下，发扬愚公移山的精神，修建“引漳入林工程”，在山西省境内的平顺县石城镇侯壁断下设坝截流，将漳河水引入林州。10 万林州儿女以“重新安排林县河山”的豪迈气概，凭着一锤一钎一双手，逢山凿洞，遇沟架桥，苦战 10 年，削平了 1250 个山头，凿通了 211 个隧洞，架设了 151 座渡槽，终于在万仞壁立、千峰如削的太行山腰上建成了全长 1500 公里的“人工天河”——红旗渠。有人做过计算，如果把修建红旗渠挖砌的土石筑成高 2 米、宽 3 米的石墙，它的长度可以从广州一直连接到哈尔滨。红旗渠以浊漳河为源，渠首建在山西省平顺县石城镇侯壁断下。总干渠墙高 4.3 米，宽 8 米，长 70.6 公里。在分水岭分为 3 条干渠，南去北往延伸到林州腹地。第一干渠长 39.7 公里，第二干渠长 47.6 公里，第三干渠长 10.9 公里。红旗渠灌区共有干渠、分干渠 10 条，总长 304.1 公里；支渠 51 条，总长 524.2 公里；斗渠 290 条，总长 697.3 公里，合计总长 1525.6 公里。沿渠还兴建“长藤结瓜”式的一、二类水库 48 座，塘坝 346 座，提水泵站 45 座，并利用红旗渠居高临下的自然

林州红旗渠纪念馆

落差，兴建小型水力发电站45座，形成了引、蓄、提、灌、排、电相结合的大型水利工程，解决了56.7万人和37万头家畜吃水问题，3.6万公顷耕地得到灌溉。红旗渠总投资6865.64万元，其中国家投资1025.98万元，占总投资的14.94%，其余为自筹资金。红旗渠被称为“人工天河”“世界第八大奇迹”。1990年，林州人民依托红旗渠，又投巨资建立了红旗渠风景区。它将盘绕在太行山腰悬崖绝壁之上雄伟险要的红旗渠重要工程与自然风景和名胜古迹巧妙地融合，雕凿加工，相辅相成，浑然一体。整个游览区由“分水苑”“青年洞”“络丝潭”三个景区组成。2011年4月，景区被命名为“全国红色旅游经典景区”。

1975年，林州在红旗渠总干渠枢纽工程分水闸处建立了纪念亭、碑林、浮雕、牌坊等，并开办由210幅珍贵历史照片和修建场景、工程模型、英雄事迹组成的室内展览，定名为红旗渠纪念亭。2000年扩建后，更名为红旗渠纪念馆。2012年6月，新馆建设动工，2014年5月1日新馆开馆。

红旗渠纪念馆建筑面积6300余平方米，布展面积2950平方米。通过采用空间环境、雕塑、绘画、多媒体等艺术手段，营造了再现历史、触摸历史、穿越历史、对话历史的效果与氛围，使人们深刻感悟红旗渠精神，不忘昨天的苦难辉煌，不负今天的使命重托。

红旗渠纪念馆以红色为基调，造型似灵动渠水。展厅由“序厅”“旱魔”“奇迹”“丰碑”“梦想”“精神”六部分组成，用2000多件珍贵文物和声、电、视频，1290平方米真实山体塑型，立体再现了当年10万大军战太行的震撼场景。

主要展览内容分别为：序厅，在黑、红、白三种颜色的强烈对比中，一条红旗修饰的渠，化作纵贯大厅上方的红色飘带，拉开了红旗渠史诗性、时代性、永恒性的轨迹序幕。第一部分，“千年旱魔世代抗争”，以黑白的历史影像、历史画面、场景复原、历史文物等，描述了由于气候和地质原因，导致林州地表常年亢旱，以及缺水给林州人民带来的最深痛的记忆。第二部分，“红旗引领创造奇迹”，再现了1959年6月，林县县委下决心跨地域引水，县委书记杨贵亲自带队实地勘察；1960年2月10日，县委召开广播动员大会，向全县人民发出《引漳入林动员令》。还原了林州人民十年奋战，逐渐形成红旗渠精神的历史时空。第三部分，“英雄人民太行丰碑”，以上升祭坛、蓝天白云、红色碑墙等营造肃然起敬、源远流长的氛围，记述了81名修渠者为实现梦想，坦然面对生死，无悔血洒太行。其中年龄最小的17岁，最大的60岁。他们用自己的身躯矗立起一座卓然不群屹立于天地之间的不朽丰碑。第四部分，“山河巨变实现梦想”，全面展示红旗渠建成后，当地在交通、卫生、旅游等方面取得的巨大成就，发生的翻天覆地的变化，展示了红旗渠承载着林州人民的幸福憧憬，奔流到改革开放时代，进入全面建成小康社会的阳光大道。第五部分，“继往开来精神永恒”，展示了党中央重视红旗渠精神，从红旗渠精神孕育、形成到弘扬和全国巡回展的光荣历程，给人以巨大的精神鼓舞。

红旗渠纪念馆的展览，浓缩了“自力更生、艰苦创业、团结协作、无私奉献”的红旗渠精神，这种精神已成为中国共产党的光荣传统和宝贵财富。习近平总书记指出：“红旗渠精神是我们党的性质和宗旨的集中体现，历久弥新，永远不会过时。”红旗渠精神告诉后人：梦想并非可望而不可即，只要大家心向一处、不懈努力，总有一天会梦想成真。

安阳殷墟博物苑

殷墟博物苑位于安阳殷墟路 1 号（安阳市西北郊小屯村），长约 5.6 公里，宽约 4.5 公里，面积约 25.2 平方公里，因其坐落在“殷墟宫殿区”而得名，为世界文化遗产、国家 5A 级旅游景区、中国考古学的诞生地、甲骨文发祥地，全国和河南省爱国主义教育示范基地。

殷墟博物苑是中国考古学的诞生地、甲骨文发祥地。殷墟，甲骨文卜辞中又称为“大邑商”“邑商”，原称“北蒙”，是中国商朝后期都城遗址。盘庚十四年，商朝第二十位君主盘庚迁都于北蒙（今河南安阳），改“北蒙”名为“殷”。盘庚十五年，开始营建殷都。自盘庚迁殷，到公元前 1046 年帝辛亡国，经历了盘庚、小辛、小乙、武丁、祖庚、祖甲、廪辛、康丁、武乙、文丁、帝乙、帝辛共 8 代 12 位国王 273 年的统治，一直是中国商代后期的政治、经济、文化、军事中心，也是中国历史上第一个有文献可考并为甲骨文和考古发掘所证实的古代都城遗址，距今已有 3300 年的历史。周武王伐纣后，此地逐渐荒废，因而称为“殷墟”。殷墟的发现还有一些传奇色彩。早在清朝光绪年间，安阳市的小屯村民在田间耕作，时常翻掘出一些骨片，有的上面带刻痕。遇到外伤，把骨磨成粉状，附在伤口处有止血、镇痛作用。当地郎中统称其为“龙骨”，药店收购用来治疗疟疾和创伤，一斤仅值六文钱。清光绪二十四年（1898）冬，山东潍县古董商范春清从河南安阳购得许多“龙骨”，作为珍贵药材贩卖到京师一家药店——北京菜市口达仁堂。次年，在京任国子监祭酒的金石学家王懿

安阳殷墟博物苑

荣患痁疾，抓了一帖中药。他在检认药物时，惊奇地发现“龙骨”上有纹道，或像人或像兽，经仔细研究考证，系远古图像文字，多记载商代帝王之名，“始知为商代卜骨”。他追踪寻源，曾与古文学家罗振玉、《老残游记》作者刘鹗一起找到这位古董商，其人故意隐瞒，连贩近千片，大块骨升值到二两银子，捞了一大笔钱。后罗振玉等高价买知“龙骨”的真实产地，并从中释出商代的先公和商王名谥，证明其为商代甲骨，从而证实“龙骨”的产地就是古文献中记载的殷墟，从此“殷墟”引起世界瞩目。从 1928 年至今，殷墟经过 90 多年的发掘，一座座地下“档案库”被陆续打开，人们发现殷墟规模巨大，遗存丰富，分布密集，范围广阔。东起郭家湾，西至北辛庄，南起刘家庄，北至后营，东北至三家庄，长约 6 公里，宽约 4 公里，总面积约 24 平方公里。总体布局以小屯宫殿宗庙区为中心，沿洹河两岸呈环状分布，是一座开放形制的古代都城。这里有雄伟壮阔的宫殿宗庙基址、等级森严的王陵大墓、星罗棋布的居住遗址、家族墓地群，密布其间的手工业作坊，以及以甲骨文、青铜器、玉器、陶器为代表的丰富的文化遗存。它们构成了殷墟独特的文化内涵，展现出殷商王都的宏大规模和王者气派。

殷墟博物苑重点展览内容为都城、甲骨文和青铜器。

一是都城。1973 年以前，殷墟宫殿区发掘的 53 座建筑基址，是殷墟宫殿宗庙区的主体和殷王都全盘规划、布局结构的重心所在，被考古学者划分为甲、乙、丙三组基址。目前，在宫殿宗庙区已发现大型夯土建筑基址 80 余座。这些建筑基址形制阔大、气势恢宏、布局严整，按照中国古代宫殿建筑“前朝后寝、左祖右社”的格局依次排列，分布在以宫殿区为中心的范围内。

二是甲骨文。这是中国目前已知最早的成系统的文字形式，世界四大古文字之一。它集合了象形、指事、会意、形声、转注、假借等造字方法，标志着文字已进入了成熟阶段。殷墟甲骨文是殷王朝占卜的记录，占卜涉及内容包括祭祀、天象、年成、征伐、王事等，甚至涵盖商王游猎、疾病、做梦、生子等内容。目前殷墟发现有大约 15 万片甲骨，4500 多个单字。甲骨文也因此成为世界四大古文字中唯一传承至今的文字，在传播华夏文化、促成中国大一统国家的形成与巩固方面发挥了重要作用。

三是青铜器。商代是中国青铜时代的第二个王朝，殷墟出土青铜器种类繁多，器形厚重，纹饰繁缛，铸造工艺高超，达到了前所未有的水平。

为了使更多的人了解殷墟，1987 年在古老的安阳市洹水岸边修建了殷墟博物苑。苑中建筑由著名的古建筑家杨鸿勋设计，严格地构筑在原建筑的遗址上。不仅展现了殷代王宫殿堂的布局，而且还具有园林特色，是集考古、园林、古建、旅游为一体的胜地。

苑门是根据甲骨文象形字“门”字设计，朱墨雕彩，古朴典雅。门额苑名由著名历史学家周谷城先生题写。苑门与苑内的仿殷宫殿式建筑浑然一体，宏伟壮观，现已成为殷墟博物苑的主要标志，古都安阳的特殊象征。

仿殷大殿。位于殷墟博物苑中部，宫殿宗庙区最南端，东西长 31 米，宽 13 米，坐北朝南。四周有回廊，廊柱上雕刻殷代图案。全部建筑采用木结构，四坡顶，顶上用茅草铺盖。殿内是殷墟和甲骨文展厅。通过文字、图片和实物，让游客在短短的时间里对殷墟以及甲骨文字有一个大致的了解。其中有甲骨文的发现、收集、研究、保护等方面的逸闻趣事，还有甲骨学史上重大事件的图片与史料以及复制的豪华商代大马车。

仿殷阁楼。位于殷墟博物苑北部，坐西朝东。基址南北长 24 米，东西宽 8.2 米。在其上仿建的殷代二层楼阁，可供游人登高观看博物苑的景色。

妇好享堂。位于殷墟博物苑西南隅。妇好，是商代第二十三代王武丁的配偶，据卜辞记载，她曾多次帮助武丁出战远征，功绩显赫，死后谥号“妣辛”。国王武丁为祭祀妇好，在其墓圹上修建了被甲骨卜辞称为“母辛宗”的享堂。1976 年妇好墓被发掘，该墓南北长 5.6 米，东西宽 4 米，深 7.5 米。墓室有殉人 16 人，另出土了 1928 件精美的随葬品，其中青铜器 468 件，玉器 755 件，骨器 564 件；另出土海贝 6800 枚。随葬品不仅数量巨大、种类丰富，而且造型新颖，工艺精湛，堪称国之瑰宝，充分反映了商代高度发达的手工业制造水平。

殷墟车马坑。殷墟博物苑展出了 6 座殷代车马坑和道路遗迹，这是分别在安阳刘家庄北地、南地和孝民屯东地发掘的，商代道路遗迹是在滑翔学校南地发掘的。这几座车马坑，保存基本完整，具有较高学术研究和展示价值。每坑葬 1 车，其中 5 坑随车皆葬 2 马，4 坑各葬 1 人。这是华夏考古发现的畜力车最早的实物标本，它证明我国是世界上最早发明和使用车的文明古国之一，同时也反映了奴隶社会残酷的杀殉制度。

后母戊鼎。1939 年出土，通高 1.33 米，长 1.1 米，宽 0.77 米，重达 875 千克，是至今世界上发现最大的青铜器，代表了中国古代青铜文化的最高水平。

甲骨碑林。博物苑精选了 30 片甲骨，按原片放大契刻在石碑上，形状“如甲似骨”，排列错落有致，正面为甲骨文，背面有与其相对应的释文（汉字）。这 30 块甲骨碑的内容很丰富，涉及殷代社会的政治（奴隶逃亡和刑罚）、军事、农业、天象、历法（迄今发现最早的日历）、生育、疾病、吉凶梦幻、鬼神崇拜、田猎、贡纳和祭祀等多方面的商史知识。

根据目前殷墟发掘的情况和现有地域判断，殷墟范围内必然还有大量的文化遗存未被发现，殷墟博物苑的范围还会随着进一步的考古发掘和科学研究而得到扩展。

中国文字博物馆

中国文字博物馆位于河南省安阳市人民大道东段656号，是经国务院批准的一座集文物保护、陈列展示和科学研究功能为一体的国家级专题博物馆，是中华汉字文化的科普中心，也是中国首座以文字为主题的博物馆，全国和河南

中国文字博物馆

省爱国主义教育示范基地。

中国文字博物馆是一组具有现代建筑风格和殷商宫廷风韵的后现代派建筑群，由字坊、广场、主体馆、仓颉馆、科普馆、研究中心、交流中心等建筑组成。博物馆分两期基调，已于 2009 年 11 月 16 日建成开馆的一期工程占地 81 亩，建筑面积 22700 平方米；已开工建设的续建工程占地 175 亩，建筑面积 68300 平方米。

博物馆门前屹立着高大的字坊。字坊高 18.8 米，宽 10 米，取甲骨文、金文中“字”之形。通向展馆的主干道两旁，是由 28 片极具代表性的青铜甲骨片组成的碑林，隐含了殷商时期最具代表性的两种元素——甲骨文和青铜器。

中国文字博物馆共入藏文物 4123 件，其中一级文物 305 件，涉及甲骨文、金文、简牍和帛书、汉字发展史、汉字书法史、少数民族文字、世界文字等多个方面。整体布展分为序厅、基本陈列、专题陈列和特别展厅 4 个部分，共 8 个展厅，向公众全面展示汉字的起源、发展和演变历程。

序厅位于一楼大厅，整体设计隐含了传统文化中天圆地方的理念，序厅四周的四面浮雕分别展示了中国文字载体发展史、中国书法发展史以及“一片甲骨惊天下”和少数民族文字大家庭的盛况。

基本陈列为“中国文字发展史陈列”，以世界文字为背景，以汉字为主干，以少数民族文字为重要组成部分，荟萃历代中国文字样本精华，讲解中国文字的构形特征和演化历程。主要包含以下主题展示：“字法自然”，主要展示仓颉造字的传说和远古刻画符号。“甲骨纪事”，主要展示商周甲骨、商王占卜的场景、甲骨文造字规则等。“钟鼎千秋”，主要展示商代、西周和春秋战国时期的青铜器和金文。“物以载文”，主要展示以简牍、帛书、陶器、玉石、货币、玺印等为载体的先秦文字。“文字一统”，主要展示刻石、青铜器铭文、玺印、秦隶等与秦代文字统一和演化相关的文字文物。“由隶到楷”，主要展示汉代的简帛、玺印、汉魏石刻等反映由隶书向楷书转化的文字文物。“说字传义”，主要展示历代字书、汉字教育、汉字标准化、简化改革和汉语拼音方案等内容。

中国文字发展史陈列共有 5 个展厅：第一展厅介绍汉字的出现及其演变；

第二展厅介绍金文的出现及发展；第三展厅介绍隶书的发展及演变；第四展厅介绍我国少数民族的文字及发展；第五展厅介绍文字载体的发现及演变。展览以翔实的资料、严谨的布局、科学的方法和现代化的展示手段充分展示中华民族一脉相承的文字、灿烂的文化和辉煌的文明，同时反映华夏文明与中国语言文字的研究成果，具有普及性和学术性双重使命。

专题陈列“一片甲骨惊天下”，以翔实的资料向观众全面展现了安阳殷墟甲骨文的发现、发掘和研究历程。

特别展厅主要展示各类书法及书法介绍。

另外设置了互动与影像厅。利用互动和影像的方式让人更直观地了解到我国文字的发展及演变，设置了包括缤纷汉字、猜字谜、数字化汉字、文字载体展示等 10 个互动游戏，使每个参观者随着中国文字的发展而前行，感受中国文字的生命力、凝聚力和影响力。即将建成的二期工程还包括仓颉馆、科普馆、研究中心、文化交流中心等。

中国文字博物馆不仅填补了我国语言文字类博物馆建设的空白，对我国文字、文化、文明的传承、保护、研究和发扬也都有重要作用，对于继承和发扬中华民族优秀传统文化，进一步激发爱国热情、振奋民族精神，保持世界文化多样性和创造性，更是具有十分重要的意义。

汤阴县岳飞纪念馆

岳飞纪念馆位于汤阴县城关镇岳庙街86号，占地6000多平方米，是一处以岳飞庙为依托的历史名人纪念馆，河南省爱国主义教育示范基地。

汤阴县是我国著名抗金名将岳飞的故乡。岳飞（1103—1142），字鹏举，宋相州汤阴（今属河南）人，著名军事家、战略家、诗人。20岁从军，32岁擢节度使，累官至太尉、宣抚使、枢密副使，力主抗金，曾四次举兵北伐。绍兴十一年（1142）遭投降派秦桧、宋高宗杀害，年39岁。其子岳云和部将张宪也惨遭杀害。宋孝宗即位后为岳飞平反昭雪。

岳飞庙是纪念岳飞的祠庙，始建于明景泰元年，占地6300平方米，殿庑建筑90余间，是一处较完整的古建筑。庙内建有精忠坊、山门、正殿、施全祠、碑林、肃瞻亭、观光亭、御碑亭、贤母祠等。

精忠坊是岳庙的头门，建于明正德七年，是一座建造精美的木结构牌楼。它由六根大木柱托起五间屋顶，在古建筑学上称为“三间六柱五楼柱不出头”式。斗拱形制属九踩四昂重翘式。它排列紧凑，吻合严密，飞檐尖耸、钩心斗角，在力学、美学、建筑学方面很有研究价值。坊之正中阳镌明孝宗朱祐樘赐额“宋岳忠武王庙”，两侧八字墙上用青石碣分别阳刻“忠”“孝”两个大字，为明万历年间彰德府推官张应登所题，字高1.8米，遒劲端正，格外醒目。

穿过精忠坊，便是坐北向南的岳庙山门。山门两侧各有石狮一尊，山门檐下一排巨匾，上书“精忠报国”“浩然正气”“庙食千秋”，是当代书法家舒同、

汤阴县岳飞纪念馆岳飞像

楚图南、萧劳的笔迹。明柱上嵌有当代文学家魏巍撰书的楹联："存巍然正气，壮故乡山河。"山门石阶下跪着五具铁铸像，是谋害岳飞的奸佞秦桧、王氏、万俟卨、张俊、王俊。他们蓬头垢面、坦胸露脐、双手反剪，千古罪人的丑态与整个庄严的庙貌形成鲜明的对照。跪像身后有施全举剑怒目对秦桧等人的铜像一尊，造型生动逼真。山门两侧悬有一副楹联："蓬头垢面跪阶前想想当年宰相，端冕垂旒临座上看看今日将军。"

拾级入庙，古柏苍翠，碑碣林立。两道高大的碑垣把这里辟作东西两个小院。院中各有亭子一座，东曰"肃瞻"，西曰"觐光"。在林立的碑刻中，有明清帝王、名士谒庙诗篇，其中著名的有朱元璋、乾隆、徐达、董其昌、海瑞、何绍基等人的碑刻；也有明代重修扩建古庙胜迹的纪实。各类碑刻近200块，包括岳飞的《还我河山》《墨庄》《出师表》等著名碑碣，是一个书法艺术宝库。

岳庙的主体建筑正殿，面阔五间，长18.3米。进深三间，宽11.6米，斗拱形制为五踩重翘重昂，硬山式建筑，高10米，体态稳重，气势恢宏。殿门楣上悬有五块巨匾，分别是"乃武乃文""故乡俎豆""忠灵未泯""百战精威""乾坤正气"。其中"百战神威"和"忠灵未泯"分别为清帝光绪和太后慈禧所题。正殿中央为岳飞彩塑坐像，高丈余，英武魁伟，正气凛凛。上悬"还我河山"贴金巨匾。坐像两侧镶嵌张爱萍将军题写的楹联"朱仙镇血战丧敌胆，风波亭长恨遗千秋"。四周墙上悬挂着国内现代著名书画家颂扬岳飞的书画墨宝，内容多样，各具特色。大殿两侧的东西庑中，一处展示了岳飞的一生经历，配以壁画，使游者尽览岳飞的生平；一处展示了岳飞的子女及张宪等人的忠烈形象，配以文字图画，深刻地揭示了岳飞修身齐家、治军保天下的德行以及他的后代、卒将效忠宋朝的历史。

正殿后院，依次是寝殿、岳云祠、四子祠、岳珂祠、孝娥祠等。寝殿里塑有岳飞和夫人李氏的坐像，他们均着便服，饮茶闲叙。墙壁上镶嵌石刻岳飞草书诸葛武侯的《出师表》，这套石刻用了四十块青石。岳飞书法飞龙走蛇，鹤立凤舞，挥洒流畅。石刻刀功精湛，行刀自如，骨力坚凝，可称石刻佳品。寝殿两侧东西廊庑，有岳云、岳雷、岳霖、岳震、岳霆等塑像。孝娥祠内塑有岳飞三女儿的形象，据史书记载，三女孝娥12岁时，得知父被害，咬破手指，写血书向皇帝辩冤，被奸党阻抑，遂抱银瓶投井身亡，后称“银瓶小姐”。塑像文静典雅，活泼可爱，两目生辉，天真无邪。有对联赞其“虎女甘随亲入地，娥眉不与贼同天”。岳飞庙1963年被河南省人民政府公布为省级文物保护单位。

岳飞纪念馆新馆位于岳飞庙东部，共有三层，建筑面积10061平方米，陈列布展面积6500平方米，总投资7202万元，包括地下一层和地上二层。一层大厅有新立的岳飞雕像，高8.6米，基座高3.9米，宽1.103米，重86吨，由清华大学雕塑系副教授李鹤设计，是目前国内最大的室内岳飞花岗岩雕像。一层主要以文图等形式展示岳飞的军事思想以及“忠、孝、文、武、公、廉、俭”精神。二层以历代名人对岳飞的评价及岳飞精神在当代的体现为主，还有岳飞相关文学作品和民俗艺术品展出。地下一层运用现代数字化技术对岳飞的生平及岳家军历史进行动态展示。岳飞的庙宇在全国各地颇多，多是从祭祀瞻拜的角度出发，展示岳飞的事迹、精神等，汤阴县岳飞纪念馆（新馆）是将爱国主义教育和个人修养教育相结合的首创，同时也将极大地提升景区承载力。

汤阴岳飞纪念馆近年举办有“岳飞庙原状陈列”“岳飞史迹陈列”“岳飞手书碑陈列”“歌颂岳飞书画陈列”“汤阴出土文物展览”等。

安阳市烈士陵园

安阳市烈士陵园位于安阳市北关区陵园路 3 号，坐落于安阳市洹河北岸，占地面积 36 亩，建有革命烈士纪念碑、安阳革命史纪念馆、无名烈士纪念雕塑、郭声镛烈士墓等，属国家级烈士纪念设施，河南省国防教育基地，河南省爱国主义教育示范基地。

安阳市和所属林州市、安阳县、汤阴县、内黄县、滑县五县（市）扼豫北咽喉，自古就是兵家争夺的战略要地。1922 年，安阳建立了中国共产党基层党组织，先后发动领导了内黄温邢固农民斗争、六河沟煤矿工人罢工等一系列斗争；抗日战争时期，安阳是河南省最先沦陷的地区，党领导下的安阳人民配合八路军主力部队积极开展武装斗争，在林县、内黄县、滑县和安阳县以及汤阴县西部山区建立了抗日根据地，先后发动了漳南战役、磁武涉林战役等一系列战役，给侵入安阳地区的日伪军以毁灭性打击，为战胜日本侵略者做出了巨大贡献；解放战争时期，安阳既是抗击国民党反动军队进攻的重要战场，又是新解放区的战略大后方，安阳人民与国民党反动派展开了英勇斗争，取得了滑县战役、豫北战役、安新战役等一系列战役伟大的胜利，为安阳解放和全国解放做出了巨大贡献。解放军为解放安阳曾 3 次攻打安阳，但都因种种原因暂时搁置，在 1949 年 4 月第 4 次解放安阳的战争中，我第四野战军 42 军在先后参加完辽沈战役和平津战役后奉命攻克安阳，经过 20 天激烈的战斗，终于全歼守敌，解放了安阳城，我军有 368 位将士壮烈牺牲。革命先烈们创造出的丰功伟绩是一

安阳市烈士陵园纪念碑

安阳革命史纪念馆

座不朽的历史丰碑。目前，牺牲并安葬在安阳市烈士陵园和各县（市）烈士陵园及散葬周边县（市）区的烈士达数千人。

安阳市烈士陵园于1960年4月开始动工修建，1963年春正式建成，现安葬着238位为解放安阳牺牲的烈士的遗体，并张挂着120位历次国内革命战争时期和社会主义建设时期牺牲的安阳籍烈士的事迹介绍。著名烈士有安阳党组织创始人杨介人、中华著名烈士（红军指挥员）郭声镛、二七英烈司文德、冀南军区独五旅副旅长查茂德、抗美援朝特等功臣孙占元、一级战斗英雄负宝山、国际主义战士梅庚年、金融卫士夏蕾等。1997年重建了革命烈士纪念碑。2006年陵园实施改建工程，项目包括新建安阳革命史纪念馆和办公房、迁建烈士墓、整修烈士纪念碑、改造园内道路和广场及绿化。整个项目于2010年6月全部竣工，并于2010年7月2日举行了安阳革命史纪念馆开馆仪式。2012年清明节前夕，市区136位散葬烈士迁葬至此，其中有96位无名烈士。陵园又为豫北战役牺牲的无名烈士专门设计制作了两座纪念雕塑，与纪念碑、纪念馆相呼应，形成清静肃穆、大气协调的氛围。

安阳革命史纪念馆展馆建筑面积2480平方米，展馆共有4个厅，其中第一、二、三厅展出内容为1922年安阳建立党组织至2009年安阳解放60周年这87年间安阳革命、建设和改革开放的历史；第四厅为缅怀厅，展出内容为安阳各界凭吊、缅怀革命烈士的有关情况。展览方式有图片、有实物、有幻影成像、有声光电等现代科技手段，给参瞻者耳目一新的感觉，为陵园的一大亮点。

安阳博物馆

安阳博物馆位于安阳市文明大道东段436号，是一座综合性地方历史博物馆，为国家二级博物馆，河南省爱国主义教育示范基地。

安阳博物馆成立于1958年，原名“安阳市博物馆”，是河南省内成立较早的地市级博物馆之一，原址位于河南省安阳市洹水北岸的袁林。袁林建于1916年至1918年，是北洋军阀、中华民国总统袁世凯的墓地。2008年12月25日安阳市博物馆搬入现址，2010年3月18日，由“安阳市博物馆”更名为“安阳博物馆”。现有馆藏文物万余件，包括甲骨、玉器、金属器、陶瓷器、货币、书画及近现代文物等十几个类别，时间上起旧石器时代，下至现代。

安阳博物馆占地102亩，建筑面积20000余平方米，展厅面积5000余平方米，库房面积2600余平方米，共有八个文物库房、七个展厅，博物馆的常设陈列都在大楼的二、三楼。博物馆虽然不大，但由于安阳是殷商的故都，历史悠久，文物众多，所以馆内的藏品也是非常具有特色和值得一看的。

安阳博物馆举办有“殷商社会生活史”“安阳青铜器”“安阳瓷器”“馆藏书画”等四个基本陈列。

“殷商社会生活史”是一个大型的基本陈列，它以深厚的历史背景为基础，以近80年的殷墟科学发掘成果和一个世纪的甲骨学研究为依据，以殷人的衣、食、住、行为视点，通过实实在在的殷代文物，向观众展示和再现盘庚迁殷以后殷人的社会生活，进一步钩稽与探索殷商文化的丰富蕴藏与深刻内涵，力图

安阳博物馆

安阳博物馆内景

收到知源悉流、鉴古知今的良好社会效果。陈列分为六个部分：第一部分，永宅兹邑——盘庚迁殷；第二部分，殷人的衣饰；第三部分，殷人的饮食；第四部分，殷人的居住；第五部分，殷人的交通；第六部分，殷人的精神生活。

“安阳青铜器”基本陈列通过展示在安阳出土的商周时期的青铜器及相关的考古发掘情况，再现了古都安阳商周时期的文明与辉煌。整个展览分为青铜器的铸造技术、礼器、乐器、兵器、工具与生活用具、车马器、殷墟戚家庄东269号墓出土铜器等七大部分。

“安阳瓷器”基本陈列集中展示瓷器文物。中国是一个瓷器的国度，安阳又是中国七大古都之一。从安阳这片大地上生产、使用和流传的瓷器中，可以感受到中国悠久灿烂的瓷器文化。陈列大致以时间和工艺为序，分为商至北朝隋时期、宋元时期、明清时期三个部分。展览有安阳桥隋墓出土相州窑青釉瓷器、宋磁州窑白釉黑花瓷枕以及乾隆年间瓷器的佳品“乾隆款湖蓝釉铺首衔环瓶”等。特别是商代的“玉戈”，是商代玉器中的珍品，在殷商玉器中较为罕见。

另外，安阳博物馆还先后在馆内外举办了不少有特色的专题展览，包括“馆藏书画艺术作品展”“安阳民间收藏展”“版上天地——馆藏安阳地区木刻版展”“流过往事——南水北调中线工程河南段文物保护成果展”等。2018年还在北京石刻艺术博物馆举办了“纸墨寿金石——安阳博物馆藏金石拓片展”，展览通过展示34组中国古代碑刻、青铜器的拓本，展现我国从商代到唐宋汉字发展演变的历程，介绍拓印这一中国独有的传统技艺，让更多的人了解辉煌与灿烂的中华文化。

林州市石板供销社扁担精神纪念馆

林州市石板供销合作社扁担精神纪念馆位于林州市石板岩镇中心广场，建筑面积4600平方米，展厅面积为1100平方米，从不同的角度展示了70年来石板岩供销社干部职工的“扁担精神”，也是红旗渠干部学院教育实践基地、安阳市爱国主义教育示范基地、安阳市廉政教育基地，为河南省爱国主义教育示范基地。

石板岩镇地处河南省林州市西部，东与林州市姚村镇相依，东南与林州市城郊乡为邻，北与林州市任村镇相连，西与山西省平顺县接壤。全镇南北长约30公里，东西宽约4.5公里，总面积约114平方公里。20世纪50年代，这里山大沟深，没有一条可行车的路与外界相通，只有条条山间羊肠小道连接各个村庄，人们生活环境非常艰苦。1946年7月，共产党员尹兴德、郭有恒、李林洹等人，拿着当时的冀南票1821元（相当于人民币18.21元），用庙里抬来的供桌做柜台，办起了“石板岩供销合作社”。扁担成了供销合作社职工天天都离不开的工具，挑着重担翻山越岭、涉水过坎就成了供销合作社创业的一项必不可少的硬功夫。他们头天从山外挑来食盐、煤油、旱烟、火柴等商品，第二天卖出。“一根扁担挑家业，两个肩膀担真情”成为供销合作社人工作的真实写照。面对群山峭壁，他们喊出了“十不怕”的口号——“不怕山高路远、不怕出力流汗、不怕刮风下雨、不怕酷暑严寒、不怕河水挡道、不怕冰雪阻拦、不怕村小分散、不怕分外麻烦、不怕起早搭黑、不怕重担压肩”，凭着一颗红心、

林州市石板供销社扁担精神纪念馆内景

一副铁肩、一双铁脚板，克服困难，翻山越岭，走村串乡，全力服务当地群众的生产与生活，架起了党和政府联系农民的桥梁和纽带，挑起了沟通城乡的重任，走出了一条服务“三农”的阳关大道，创造出了闻名全国的“艰苦奋斗、勤俭办社、一心为民、开拓创新”的扁担精神，被当地群众誉为“山里人心上的供销社”。1963年8月，石板供销社艰苦创业、勤俭办社的先进事迹见诸报端，《人民日报》《大公报》陆续登载《山里人心上的供销社》《一根扁担两根绳》等报道，石板供销社荣获“全国供销社五好企业标兵”和“全国农村商业战线一面红旗”“全国供销合作社系统先进集体”等荣誉称号，扁担精神从此闻名全国。改革开放后，面对新的形势、新的需求、新的机遇、新的挑战，林州供销合作社人响亮地喊出了“扎根三农、诚信经营、开拓服务、创新发展”的口号，为“扁担精神”赋予了新的时代内涵，为全国供销合作社系统的发展树立了一面旗帜。

扁担精神纪念馆最初建于1970年，1996年和2013年两次扩建。扁担精神纪念馆主体共三层，一层为土特产品展销中心，二层为展览大厅及纪念品超市，三层为传统教育、影视播放、书画写生、会务接待等功能区域，是一个集“扁担精神展览教育、农副土特产品展销、三产旅游食宿服务”为一体的综合服务中心。

纪念馆展出各类珍贵照片480张、实物160件、实景4个，共分为六个部分：一是“一根扁担创家业”，二是“一分一厘持家业”，三是“一心为着山里人”，四是“一心一意谋发展”，五是“扁担精神在林州”，六是“亲切关怀”。纪念馆运用声、光、电等高科技手段，把实物、实景、雕塑融为一体，图文并茂，栩栩如生，从不同的角度展示了“扁担精神”的诞生与传承，每年都吸引大批游客参观学习，其影响早已走出林州、河南，成为全国供销合作社系统的精神财富。

新乡市

新乡县刘庄村

刘庄村位于新乡市西南 25 公里处，截至 2018 年，全村有 375 户，1808 人，1050 亩耕地。村党组织为村党委，下设 9 个党支部，有 178 名党员。村民自治组织为村委会。村经济组织为刘庄农工商总公司，有医药、淀粉、机械、运输、农场、商业及酒店 7 个产业，为全国文明村镇、全国农村旅游示范点，河南省爱国主义教育示范基地。

50 多年前，刘庄是一个贫穷落后的小村。“方圆十里乡，最穷数刘庄；住的土草房，糠菜半年粮”，农民生活非常艰苦。刘庄的发展历史与刘庄村原党委书记、全国特级劳动模范史来贺（1930—2003）密不可分。20 世纪 50 年代，史来贺的名字就响遍全国。他以共产党人的奉献精神与满腔热情帮助群众树立起战胜贫困的信心，带领刘庄形成了以农促工、以工建农、农工商并举的商品经济的新格局。史来贺多次被授予全国民兵英雄、全国植棉能手、全国特级劳动模范等光荣称号，曾经 9 次受到毛泽东主席接见。在老书记史来贺的带领下，刘庄从买来的 3 头奶牛开始，创办村集体企业，历经风雨，集体经济逐步壮大。1976 年，刘庄村集体先后为群众建起住宅楼，人均住房面积 35 平方米，日子开始蒸蒸日上。2000 年，刘庄村集体规划建设了 400 套现代化、智能化、花园式农民别墅。进入 21 世纪，以生物制药为龙头，刘庄村集体经济持续壮大，稳居全国农村前列。2003 年，史来贺老书记去世后，经刘庄村 177 名党员无记名投票，其儿子史世领全票当选村党委书记。2003 年，刘庄村与中国科学院微生物研究所等国内 10 多家知名科研单位、高校“联姻”，组建刘庄生物医药技术研究中心，自主研发几十项高科技产品，产品出口日、美等几十个国家和地区；2007 年，刘庄村组建河南绿园药业有限公司，投资 10.8 亿元，建成国内最大的抗生素药品生产企业；2018 年，华星药厂研发的重组人血白蛋白进入安全性评价阶段，成为刘庄村新的经济增长点。

现在，刘庄还有更让人羡慕的免费教育，村里投资 2600 万元建起了设施齐全的从幼儿园到高中的教育园区；还有免费医疗，免费旅游，免费分发肉、蛋、奶、菜、水果、米、面等 50 多项福利。村里全部实现机械化、水利化和科学种田，粮食亩产稳定在 1000 公斤以上。2017 年，全村人均可支配收入达 3.7 万元。2018 年 4 月，新当选的刘庄村党委书记刘名宣说，农业现代化为工业现代化夯

新乡县七里营镇刘庄村

实了基础。

党组织是刘庄村发展的定海神针。坚持思想建党、制度建党，刘庄村先后修订完善党员学习培训制度、民主生活会制度等240多项，确保按民主程序选举各级组织负责人，重大问题按法定程序民主决策。结合自身实际，刘庄村建立了与村里实际相适应的退休保障制度、医疗保障制度等社会保障体系。村内退休人员享受49项公共福利，60岁以上退休村民年退休金为10200元。全体村民由集体出资全部参加新型农村合作医疗，除享受国家新型合作医疗的各项优惠政策外，剩余部分由集体全部报销。

在持续开展的以优秀党员、劳动模范、双学双比标兵评比，五好文明家庭创建等为主要内容的精神文明建设系列活动中，刘庄人成为新时代的新型农民。刘庄村先后被授予全国先进基层党组织、全国模范村民委员会、国家文明村、全国乡镇企业思想政治工作先进单位、全国文明乡镇企业，全省“五个好”村党支部、全省农村基层党风廉政建设工作先进集体等荣誉称号。党和国家领导人多次亲临刘庄村视察并题词，130多个国家和地区的外宾和友好人士前来参观访问，国内各地参观的干部群众络绎不绝……面对巨大的荣誉和成就，刘庄人的实事求是、解放思想、改革创新、苦干实干的精气神始终没变，明天的刘庄村会更加美好。

新乡市辉县回龙村

回龙村位于河南省新乡市所属的辉县市上八里镇北部，地处太行山南麓深山区，与山西省陵川县接壤，总面积26平方公里，下辖17个自然村，全村1125人，79名共产党员。村经济组织有河南省回龙果品有限公司、辉县市回龙种植专业合作社、河南回龙天界山旅游服务有限公司等。回龙村先后获得“新农村建设示范村”“全国文明村”等称号，并创建为国家级农业旅游示范点、国家级红色旅游景点、国家地质公园和国家4A级景区，为河南省爱国主义教育示范基地。

昔日的回龙村山高沟深，自然条件恶劣，被一道15公里长、200米高的饿红崖分割成崖下和崖上两大块，海拔高度自800米至1700多米。17个自然村中有5个自然村共380人居住在深山绝壁之上。由于道路不通，很少有人下山，村里很穷，“运输靠人背，吃面靠石碾，照明靠油灯”，不少人家农闲季节一天只能吃一顿饭。1993年之前，全村年人均收入不足600元，崖上村民年人均收入不足300元。这里交通不便，坐落在崖上的5个自然村庄，村民出村，祖祖辈辈靠的是一条羊肠小道和一挂又陡又高的“老爷天梯”。近50年来，因天梯而身亡的崖上村民已达18人。

1993年，退伍军人张荣锁回村担任党支部书记。他带领群众开山修路，凿壁挖洞，在国家没有投入一分钱的情况下，先后献出百万家产，修路架电。经过三年多的奋战，回龙人投工15万个，动用土石方30万立方，投资650万元，

新乡市辉县回龙村挂壁公路

终于在山峰林立的悬崖上修通了8公里长的盘山公路，在陡如刀削般的绝壁上凿开1000米长的“S”形隧洞，2001年1月10日正式通车。新华社记者称此行动“惊天地，泣鬼神”，张荣锁也被人们称为“现代愚公”。2002年，张荣锁被评为首届“感动中国”十大人物之一。接着，张荣锁带领回龙村村民积极整合资源、合理开发，发展果林3500余亩，栽种果树30余万棵，成立了以果品、矿泉水为主要产品的河南省回龙果品有限公司，以种植香菇、木耳为主导产业的辉县市回龙种植专业合作社。与此同时，大力发展旅游业，成立了河南回龙天界山旅游服务有限公司，先后投资1亿多元，开发出回龙景区六大景观，即盘山挂壁公路、天下第一铁顶、太行红岩大峡谷、云峰画廊、张沟度假村、龙口生态乐园。至此，独具特色的历史文化和自然景观巧妙地融为一体，建成了红色旅游和生态旅游两条精品线路。回龙村在艰苦创业的道路上，不断实现

新乡市辉县回龙村挂壁公路

新的跨越，高起点、大手笔描绘山村建设蓝图。先后投资1.3亿多元，建社区，建高标准寄宿制小学，建标准化卫生室，同时完成了一大批水、电、路、林等社区配套设施，实现了“道路硬化、庭院净化、街道亮化、村庄绿化、环境美化”的目标，一个几乎与世隔绝的回龙村终于建成社会主义新农村的新样板。2005年4月，张荣锁被国务院授予全国劳动模范；2006年6月，被中组部授予“全国优秀共产党员”荣誉称号；当选为第十届、第十一届全国人大代表。

张荣锁和村党支部一致认为，回龙村要发展，必须建设一支高素质党员干部队伍。他们从三方面努力：一是思想建党。每逢重大问题，先由党员干部统一思想，提升了党的凝聚力、创造力、战斗力。二是制度建党。每月15日为党员学习日，每周末为两委班子例会，每年年底对党员干部进行考评，每年召开两次党内民主生活会，开展党组织关爱党员等活动。三是村支部自身建设。村支部不断加强自身建设，与时俱进满足村民各种需求，使村民生活越来越幸福。

新乡市烈士陵园

新乡市烈士陵园位于新乡市宏力大道 409 号，安葬着 92 位烈士遗骨，安放着 98 位烈士骨灰，陈列馆陈展了 466 位烈士的英名、事迹和遗物，为“全省重点烈士纪念建筑物保护单位”，河南省爱国主义教育示范基地。

新乡市烈士陵园前身是“平原烈士陵园”，1951 年经平原省人民政府批准筹建，1953 年竣工，1976 年更名为“新乡市烈士陵园”。全园坐南向北，布局严谨合理，建筑风格各异，主要烈士纪念建筑物有烈士公墓、烈士事迹陈列馆、骨灰堂、四十七烈士墓、新乡解放纪念碑和烈士墓区等。

1944 年 3 月，中共太行军区第七分区为开展新乡、辉县、获嘉新区的抗日斗争，派出 48 人组成的武装侦察队，由队长雷泽民、副队长田玉山带领，从林县出发，到薄壁、狮子营、大召营、合河一带执行任务。次日黎明前行至秀才庄时，被日伪保长魏化明告密。侦察队一哨兵被打死，队员们被地主武装包围在村东北余家坟，因武装侦察队地形不熟，突围未成，除 1 名脱险外，其余 46 人落入敌手，被解至辉县日伪狱中。在狱中，队员们销毁文件、冀钞，磨平手章，与敌人进行顽强斗争。4 月 7 日，日本侵略军将 46 名队员惨杀在陈堡东北角河沟中，直到烈士殉难 20 年后，他们的遗骨才被发现。中华人民共和国成立后，杀我八路军侦察员的主犯魏化明、于作乾等凶手伏法，烈属都得到优抚照顾。

为告慰九泉之下的英烈，经省、地、市有关部门认真筹备，1965 年 4 月 5 日（清

新乡市烈士陵园

明）将 47 位烈士的忠骨迁葬于新乡市烈士陵园，在公墓的左侧落成合葬台一座，建造了陵园中最大的陵墓并尊立了四十七烈士纪念碑，供后人缅怀。安葬时，新乡市举行了有党、政、军领导及社会各界参加的隆重葬礼。

多年来，新乡市烈士陵园以“褒扬烈士，教育群众”为主题目标，积极开展爱国主义教育、革命传统教育和国防教育活动，社会影响力不断扩大。

新乡市博物馆（平原博物院）

新乡市博物馆位于河南省新乡市人民东路697号，其新馆名叫平原博物院。这是一座集博物馆、档案馆、史志馆、城建档案馆于一体的综合性建筑，为河南省馆藏量第二大博物馆，仅次于河南博物院，为全国重点博物馆之一，河南省爱国主义教育示范基地。

新乡市博物馆前身是成立于1949年的平原省博物馆。平原省于1952年11月撤销，平原省博物馆改为新乡市图书馆文物股，1958年改称新乡市博物馆。现有藏品24369件，藏品数量及价值均居河南省市级博物馆前列。藏品包括陶瓷、骨角、铜铁、玉石、漆木、书画、碑帖等种类，尤以商周青铜器、明清书画、历代碑帖拓片等著称。2007年至2011年，总投资约3亿元，合并建成集博物馆、档案馆、史志馆、城建档案馆于一体的平原博物院。总建筑面积52585平方米，地上三层建筑。首层为库房、技术用房及设备用房；二、三层为展览空间和办公用房，其建筑独特，以“太行山势”“华夏之光”“历史年轮”为设计理念，体现了新乡特有的文化气质。

平原博物院设文物展厅19个、档案展厅6个，包括文物展厅、学术报告厅、专家研讨厅、观众互动厅、纪念品展示厅等。举办的长期展览有基本陈列“牧野华章”——新乡历史文物展，专题展览有造像艺术展、馆藏书画精品展、古代青铜器展、古代瓷器展、馆藏精品拓片展和新乡市城市发展规划展等。其中六件藏品被评为“镇馆之宝”。

其一是商代的牛首爵。爵就是古人用的酒杯，因爵带牛首盖而珍贵。出土自辉县褚丘，一块儿出土的还有“酒瓶”“分酒器”“盘”“碟”等。以牛首爵为代表的顶级青铜器，向世人充分展示了当年当地的经济繁荣与市井奢华。其二是商代的青玉鸮。其高 5 厘米，宽 3 厘米，作站立状。形状似猫头鹰，极品和田玉籽料，玉质莹润，纹饰精美，形态传神，既有高古玉器的拙朴，又灵性十足，富有神韵。其三是明代的德化窑白釉观音坐像。明代天启年只有 7 年（1621—1627），存世文物极少。此尊观音像气定神闲、白衣飘飘、安之若素、垂目安详，每道衣褶都匠心独具。其四是清代关羽铜造像。此尊造像为戎装坐像，造型威风凛凛，高 172 厘米，宽 130 厘米，铜质真人版。其五是赵孟𫖯行书条轴。赵孟𫖯，“楷书四大家”之一，成就非凡，传世作品不少，行书作品也有，但像这件高 129 厘米、宽 48 厘米的行书大字极为罕见。其六是郑板桥的水墨竹石兰图轴。提起郑板桥，很多人都会想到“难得糊涂”，也有不少人把这四个字当成座右铭。可如果见到郑板桥的字画真迹，恐怕就会对这四个字有新的解读。郑板桥曾在原平原省所辖的范县当过县令，留下了不少故事和墨宝。

平原博物院

长垣市中国烹饪文化博物馆

中国烹饪文化博物馆位于河南省长垣市博爱路与新长北线交叉口的长垣市食博园内，陈展总面积 5400 平方米，是我国第一座以烹饪文化为主题的博物馆，为河南省爱国主义教育示范基地。

长垣自古就有尚厨之风，以厨师众多、技艺精湛著称于世。早在北宋时期，长垣就形成了宫廷菜、官府菜、市肆菜、寺庵菜和民间菜五大体系，在烹饪历史上独树一帜。如今，长垣厨师更是遍布世界各地，烹饪业已经成为长垣经济发展的重要支柱产业。2003 年中国烹饪协会正式发文命名长垣为“中国厨师之乡”。

为了宣传继承传播我国的烹饪文化，在河南省文物局的大力支持下，长垣市于 2011 年 7 月份开始筹建中国烹饪文化博物馆，于 2013 年 1 月 4 日建成开馆。这是国内首家以烹饪文化为主题的博物馆。博物馆建筑面积 7200 平方米，陈展面积 5400 平方米，占文博中心南半部的第一、二、三层楼。共分为五个展厅：第一展厅，烹饪文化的历史发展厅；第二展厅，烹饪文化的味觉艺术厅；第三展厅，烹饪文化的科学厅；第四展厅，烹饪文化的筵席艺术厅；第五展厅，烹饪文化大师厅。馆内布展以烹饪历史为主线，以声光电、三维动画、视频播放、电子互动等高科技为手段，运用场景复原、文物展示、艺术陈列、多媒体演绎等多种方式向人们展示中国烹饪文化的博大精深，使参观者仿佛置身于中国餐饮文化辉煌的历史之中，用全新的方式诠释了“中华烹饪”的

中国烹饪文化博物馆

博大精深和源远流长。

长垣市中国烹饪文化博物馆开馆以来，社会教育作用发挥明显，开馆以来共接待参观团体 2000 余个，游客 50 万余人。

濮阳市

濮阳单拐革命旧址

濮阳单拐革命旧址（中共中央平原分局革命旧址、中共中央北方局革命旧址、冀鲁豫军区纪念馆等）位于濮阳市清丰县双庙乡单（shàn）拐村，包括中共中央平原分局革命旧址、中共中央北方局革命旧址、冀鲁豫军区纪念馆以及兵工厂旧址等，占地面积6010亩，建筑面积7648平方米。为全国重点文物保护单位，国家级抗战纪念设施、全国红色旅游经典景区、国家4A级旅游景区，国家和河南省爱国主义教育示范基地。

单拐村抗战时期远离公路，比较偏僻、隐蔽，仅有村民400余人，是冀鲁豫边区建党较早的地区之一。抗日战争爆发后，这里又是地方党组织发动抗日救亡运动和开展游击战争的中心。黄克诚率领太南地区组成的八路军第二纵队和三四四旅、独立游击支队及华北抗日民军第一旅到达冀鲁豫地区，与冀鲁豫支队整编，仍称第二纵队，后成立了冀鲁豫边区军政委员会。1943年11月，为了加强冀鲁豫与冀南两区的统一领导，中共中央决定成立冀鲁豫分局（平原分局），领导冀南、冀鲁豫两个区党委。1944年5月11日，冀鲁豫和冀南两区合并，两个区党委机关撤销，各地委（12个）直接由分局领导。合并后的冀鲁豫军区，宋任穷任司令员，黄敬兼政治委员，下辖11个军分区和水东独立团。1944年7月黄敬回延安治病后，宋任穷代理平原分局书记。1944年9月，分局和军区机关迁至单拐办公。抗日战争后期，单拐村作为当时我党领导的最大敌后根据地——冀鲁豫边区的政治、军事指挥中心，领导着东至津浦、南跨陇海、

冀鲁豫边区革命根据地旧址

冀鲁豫军区司令部办公室旧址

西临平汉、北靠德石的广大区域，辖116县近2000万人口。1945年1月23日，中共中央提议北方局及时进至冀鲁豫工作，普遍发动群众，进行彻底的减租减息，使根据地进一步得到巩固。后强调北方局必须亲自到平原工作，协助分局完成这一伟大任务。经过2月份的准备，北方局代理书记邓小平于3月上旬由山西麻田带领北方局组织部部长刘锡五、宣传部部长李大章等20余名机关人员来到冀鲁豫边区革命根据地中心区——濮阳，先住在分局附近李家楼，半个月后，进驻单拐村。1945年春到1946年10月，军区政委邓小平和司令员杨勇、宋任穷等同志先后在这里居住长达一年之久，积极对日伪发起攻势作战，不仅领导了有名的锡山战役和解放阳谷、封丘、延津等战役，还积极发动这一带贫苦农民建立农民政权，领导农民开展减租、减息、增资、增佃斗争，共收复县城75座，解放人口500余万，尤其是清丰之战有力打击了日军，扭转了战争局势，为刘邓大军强渡黄河、挺进大别山奠定了坚实基础。解放战争初期，军区第一兵工厂在这里成功制造了我军兵工史上第一门大炮——“盖亮号”九二式七十毫米步兵炮，对解放战争的胜利作出了积极贡献。

濮阳单拐革命旧址的保护开发工作是从1980年开始启动的，当地政府先后整修了中共中央北方局革命旧址、邓小平旧居、宋任穷旧居、平原分局革命旧址、军区第一兵工厂旧址等23处革命遗迹，征集革命文物2000多件，设立了冀鲁豫根据地抗战史迹、邓小平生平、边区百名将军、边区民俗、减租减息、大生产运动等8个专题展室，布展面积2100平方米。在纪念邓小平诞辰100周年之际，又修建了4000平方米的革命旧址广场。经过多年的开发建设，单拐革命旧址这一宝贵历史资源得到了较好的保护和利用。

台前县刘邓大军渡黄河纪念地（馆）

刘邓大军渡黄河纪念地（馆），位于台前县城南约10公里的孙口乡孙口渡口，是为纪念解放战争时期刘伯承、邓小平等老一辈无产阶级革命家率军强渡黄河、千里挺进大别山而建的纪念馆，为河南省爱国主义教育示范基地。

1947年6月30日，刘伯承、邓小平等老一辈无产阶级革命家率领12万大军，以台前县孙口为中心渡口，在东西长150公里河段上，强渡黄河，千里挺进大别山，揭开了人民解放战争进入战略进攻阶段的序幕，成为中国革命战争史上一个伟大的转折点。当地群众把刘邓首长乘船渡河的孙口渡口亲切地称为“将军渡”。为缅怀革命先烈，加强对广大干部群众和青少年的革命传统教育、爱国主义教育，2005年12月，台前县委、县政府决定以“孙口渡河处”为依托，沿临黄大堤兴建“将军渡黄河游览区”，规划面积500余亩，分5个景区，即浮雕碑廊区、纪念碑及广场、主体纪念馆、黄河游览区和服务区。

晋冀鲁豫野战军渡黄河纪念地建有碑群一处，坐北朝南，共有石碑5通，中间为主体碑，其他分列于东西前后两侧，东侧前立河南省人民政府标志碑，中间刻“晋冀鲁豫野战军渡黄河纪念地”；西侧前立大军渡河简介碑，镌文简述了大军强渡黄河的概况；西侧后立青石质大碑1通，高3米，宽1米，厚0.4米，碑首刻五角星1枚，象征五星红旗在空中飘扬，碑座刻有精致的水纹状浪花浮雕，象征汹涌澎湃的黄河，碑身右上角刻有“中国人民解放军晋冀鲁豫野战军”一行上款，中间刻有“孙口渡河处”五个醒目大字，此碑气势

刘邓大军渡黄河纪念馆

雄伟，肃穆壮观。1997 年竖立主体纪念碑一座，高 3.16 米，宽 0.94 米，厚 0.3 米，碑阳（正）面刻有“刘邓大军强渡黄河纪念碑”字样。建有青石六角碑亭，此亭集民族传统建筑风格和现代艺术为一体，古朴典雅，飞檐斗拱，气势非凡，展示了波澜壮阔的革命历史画卷。整体碑群坐落在一个砖石、水泥混凝土结构的高台上，台长 15 米，宽 8 米，高 1.5 米，台基屹立在高 20 米的临黄大堤顶上，远远望去，蔚为壮观。

2007 年 6 月 30 日，恰逢刘邓大军强渡黄河 60 周年，台前县隆重举行了 2000 多人参加的刘邓大军渡黄河纪念馆落成仪式。2012 年 6 月 30 日正式开馆。纪念馆占地 4538 平方米，展厅面积 2000 平方米，中共中央军委原副主席迟浩田题写馆名，展出珍贵历史图片 268 幅、历史实物 42 件、有关资料和图纸 17 幅，生动再现了刘邓大军强渡黄河的动人场景，再现了战争年代老区人民和子弟兵的鱼水深情。

纪念馆共分 9 个展厅。第一展厅为序厅，中间为强渡黄河大型壁画，两侧是题词。第二展厅是“战略态势”，展示刘邓大军强渡黄河前的形势。第三展厅是“渡前准备”，展示为强渡黄河所做的准备工作。第四展厅是“强渡黄河”，刘邓大军 12 万人以孙口为中心，冒着敌人的枪林弹雨，东起东阿，西至濮县，实施宽幅正面强渡，一举突破上有飞机轰炸、对岸有重兵把守的黄河天险。第五展厅为“渡河战役”，刘邓大军渡河后，在广阔的鲁西南平原上，攻郓城，战定陶，围六营，克羊山，连战连捷，歼灭国民党正规部队 5.6 万余人，继而挺进中原，千里跃进大别山。第六展厅为“人民支前”，在伟大的解放战争中，经过战火考验的台前人民，在中国共产党的领导下，万众一心，同仇敌忾，不怕流血牺牲，不畏艰难险阻，积极参军参战，发展生产，踊跃支前，为支援刘邓大军渡河作战、为全国人民解放事业作出了巨大牺牲和重要贡献。第七展厅为“革命儿女”，展示参加渡河作战的重要将领。第八展厅为“老区新貌”，展示台前人民继承革命传统、再创老区辉煌的发展成就。第九展厅为“治黄成就”，展示新中国成立后，台前在治理黄河方面所取得的成绩。纪念馆开馆以来，每年都有数十万游人尤其是青少年学生前往参观游览，学习革命历史，缅怀伟人业绩，接受爱国主义教育和革命传统教育。

濮阳戚城文物景区管理处

濮阳戚城文物景区管理处位于濮阳市华龙区京开路南段134号，占地面积760亩，建筑面积6.6万平方米，绿化面积500余亩，是一处集知识性、观赏性、游乐性于一体的历史文化大观园，为全国重点文物保护单位，国家4A级景区，河南省爱国主义教育示范基地。

戚城最初是春秋时期卫国的第十代国君武公之孙孙耳的采邑，孙氏在此袭居六代，为卫国世卿，他们世代掌握着卫王室的实权，演出一幕幕话剧来。最大的政治事件发生在公元前496年，太子蒯聩谋害灵公夫人南子未遂，逃到晋国避难，13年后潜入戚城，与其子辄（已立为卫出公）争国。蒯聩勾结其妹控制了执政的外甥孔悝，出公辄被迫出逃鲁国，蒯聩自立为庄公。子路是孔悝的邑宰，为救孔悝而惨死在与蒯聩的甲士的厮杀中。今戚城东北里许有子路墓冢。戚城遗址、子路墓祠、蒯聩台遗址（在油田供应处院内）三处文物古迹，同是这一事件的产物，形成一个景区。

戚城文物景区依托戚城遗址而建。戚城遗址俗称孔悝城，为四方交通必经之地，因此从公元前626年到公元前531年的近一个世纪内，为春秋卫国重要城邑和各国诸侯会盟胜地。各诸侯国在卫会盟15次，其中7次会盟于此。戚城遗址是中原地区保存最完好、延续时间最长的古代聚落城池。戚城古城垣周长1520米，残高最高处8.3米，最厚处16.5米，城内面积14.4万平方米。现存东、西、北三面墙体。濮阳城东80米处有一夯土台，就是当时诸侯会盟的盟坛基址，

濮阳戚城文物景区

距今已有 2700 多年的历史。经考古钻探，地下依次叠压着自裴李岗、仰韶、龙山至汉文化层，上下七八千年历史遗存绵延不断，是濮阳悠久历史、古老文明的历史见证。

戚城文物景区主要有纪念景点 5 处，文物及遗址展示 3 处，设计并建设了反映濮阳古代辉煌历史的设施，用壁画、塑像、文物陈列，采用现代声光电技术布置场景，形象地展现古代濮阳的著名人物、重要事件和故事传说，构筑出濮阳历史文化大观。

玄宫。古书记载，淄阳上古名叫帝丘，是传说中五帝之一颛顼和他的部落生活的地方，所以，濮阳又被称为“颛顼遗都”。颛顼最大的历史功绩是观天象、制历法、改革原始宗教。文物景区内的玄宫，就是展现人文初祖颛顼功德的。战国时期哲学家庄子在《大宗师》中说：“颛顼得道，以处玄宫。”意思是说，颛顼悟出了天地之道，在玄宫主持了宗教改革，玄宫因此而得名。

铸鼎轩。文献所记载著名青铜礼器——九鼎，传说是由大禹的儿子启用九州所贡之铜在昆吾铸造的。戚城文物景区有一座水榭式建筑——铸鼎轩，即为纪念这一历史事件而建，中间彩塑有夏启人像。

龙宫。在戚城遗址里，收集有关于龙的文物、布置大型龙文物展览的龙宫最引游人注意，这里展出的“中华第一龙”，形象为蟒身、马头、鹿角、鹰爪、鱼须，标志着许多部族的同化与融合。它距今 6000 年左右，是 1989 年在濮阳市老城的西北隅西水坡仰韶文化遗址挖修“引黄供水调节池”时发现的，如今那个地方已是一片水面。在一个墓室中部的壮年男性骨架的左右两侧，有用蚌壳精心摆塑的龙虎图案。龙图案身长 1.78 米，高 0.67 米，昂首、弓身、长尾，前爪扒、后爪蹬，状腾飞。虎图案身长 1.39 米，高 0.63 米，虎头微低，环目圆睁，张口露齿，虎尾下摆，四肢交替，如行走状，形下山之猛虎。这个用蚌壳精心摆塑的龙虎图案，被考古学者验定为“中华第一龙”。从中国龙的艺术发展历程来看，它的颈、爪、角以及整体构图，已经具备了发展到后来中国传统文化中龙的大部分要素和创意。蚌龙身上所特有的精、气、神，正是几千年来中华民族征服自然、自强不息、团结统一的写照，濮阳也因此被有关部门命名为“龙乡”。

壁画。在东、西、南三面回廊中有 26 幅春秋卫国史壁画，形象地再现了自公元前 2 世纪末，卫康叔受封立国，之后都城三迁一直到定都帝丘（今天的濮阳），后于公元前 239 年为秦国所灭这 800 多年波澜壮阔的历史。中国著名的成语典故如“大义灭亲”“退避三舍”“螳臂当车”“好鹤失国”“桑间濮上”“郑卫之音”等就出自卫国史。还有《孔子在卫十年》壁画 26 幅、《子路生平》壁画 10 幅及《颛顼功德》壁画等。彩塑了古代濮阳及卫国名人 25 尊。还建设了战国秦汉风格的东阙门和唐代风格的北大门，整修了广场、道路，开挖了玄湖、龙湖，优化了环境，加之绿杨、垂柳、草坪的映衬，再现了春秋卫国“桑间濮上”“郑卫之音”巨幅历史田园画卷。戚城文物景区已成为文物保护、历史展示与现代园林完美和谐的多功能组合景区。

濮阳挥公园

濮阳挥公园因挥公墓所在而得名，位于濮阳县挥公大道中段，是为纪念中华张姓始祖挥公所建，规划修建占地面积600亩，是一个以弘扬传统文化、挖掘姓氏文化资源及旅游观光为载体打造的纪念旅游地，为河南省爱国主义教育示范基地。

据有关传说和专家考证，张姓始祖挥公号天禄，青阳之子，为黄帝之长子玄嚣（五帝之一的少昊）的第五个儿子，是古代重要武器弓矢的发明者。因弓箭的诞生对当时社会贡献很大，所以黄帝封挥为弓正，职掌弓矢制造，也称弓长（掌管弓箭的官职）。后又取弓长之意，赐姓张于濮阳，因此说中华张姓始祖为挥公。因4月18日为挥公受封得姓纪念日，自2005年4月18日在濮阳成功召开第一届世界张姓恳亲大会以来，每年的这一天，许多海内外张姓华人都到此寻根谒祖，世界张姓恳亲大会成为连接全世界华夏儿女的纽带之一。

挥公园于1998年3月开工建设，由挥公大殿、挥公墓、挥公雕像、广场等部分组成，栽植的各类树木达20多万株，加之与公园相配套的南北主干道，气势宏伟，风格独特。

挥公园的主建筑是挥公大殿。大殿门口的楹联由中国书法家协会原主席张海先生和著名书法家刘文选先生题写；挥公大殿上方的“挥公大殿”大匾和楹联由世界张氏总会创会会长、马来西亚丹斯里拿督张晓卿题写。挥公大殿从侧面、正面、平视和俯视均呈弓形，以纪念始祖挥公首创弓矢。大殿高20.05米，

挥公像

挥公墓

落成时间是 2005 年。大殿上方使用的草色瓦片，寓意是茅草的颜色，体现上古建筑的古老与厚重。该大殿被中国建筑设计界定为著名建筑，入选建筑设计专业教科书。

挥公墓为圆形，直径20米，基座高2.6米，土球顶高5米。土球顶栽植了草坪。墓周围修筑宽为 8 米的环形路，路外围采用毛石浆砌挡土墙，路面用青石板铺设，并设花池，栽植树木花卉。墓南 20 米为小广场，面积 400 平方米，广场南端有青条石铺成的石阶。挥公碑在挥公墓地小广场外，碑身高 3 米，宽 0.76 米，厚 0.5 米。挥公碑阳刻“中华张姓始祖挥公墓”，碑阴刻濮阳县人民政府撰写的碑记。挥公像在挥公碑向南 90 米处，像基座高 5.15 米，为钢筋混凝土结构，花岗岩粘饰，并有四组线描图案，分别是“始制弓矢”“射猎鸟兽”“迎战共工”“颛顼赐姓”。人物造型活灵活现，栩栩如生，记述了张公的功德。挥公像坐落在花岗岩基座上，像高 3.3 米，整体高度 8.45 米，采用实心红花岗岩雕塑而成。张挥手持弯弓，身挎利箭，目视远方，威武雄壮。

挥公园还建有专家学者题词碑廊、张姓文化馆、弓箭文化馆等多处景点。近年来，挥公园先后接待了来自美国、加拿大、马来西亚、新加坡、泰国、菲律宾以及中国港澳台地区的数百个寻根谒祖团队。

范县冀鲁豫边区革命纪念馆

范县冀鲁豫边区革命纪念馆位于河南省濮阳市范县新区的西湖板桥路西段，总占地面积120亩，建筑面积3500平方米，是集纪念与休闲、文化与生态、纪念馆与陵园于一体的综合纪念馆园，为河南省爱国主义教育基地。

冀鲁豫边区位于太行山以东，泰山以西，河北、山东、河南三省及苏北、皖北之接合处，地理位置十分重要，有利于开展游击战争。范县居冀、鲁、豫三省交界处，距铁路线和大城市较远，1922年起，中国共产党开始在范县及冀鲁豫接壤区创建党组织，领导群众开展工农、学生运动。1934年，濮县（新中国成立后并入范县）有党员500余人、党支部80多个。1935年，范县5个区均有了党员和党支部，为创建抗日根据地打下了坚实基础。当时，冀鲁豫边区党政领导杨得志、宋任穷、黄敬、肖华、曾思玉、段君毅、万里、张国华等常住于此。在延安和鲁东、鲁南、苏北、皖北往返的党、政、军干部，大都从这里经过。抗战初期，八路军一一五师三四四旅和一二九师主力部队按照中央部署开赴冀鲁豫地区，积极开展游击战争，消灭和牵制了大量的日军兵力。1941年起，冀鲁豫边区党政军首脑机关及报社、银行、医院、学校、兵工厂、被服厂、文艺团体等均移驻范县一带，范县成为冀鲁豫边区政治、军事、经济、文化中心，边区党政军首脑机关驻地范县颜村铺也因此被誉为“红色首府”“边区小延安”“小莫斯科”。1945年3月，根据中共中央指示，邓小平率中共中央北方局机关到达冀鲁豫边区，同时进驻单拐村。平原分局和北方局在这里领导边区

范县冀鲁豫边区纪念馆

军民开展整风运动、民主民生运动和大生产运动，指挥了对日伪军的攻势作战和战略大反攻，使边区抗日根据地得到进一步发展和巩固，辖12个地委116个县，近2000万人口，是当时全国最大的抗日根据地，联系着华北、华东、太行和大后方延安，成为我党指挥抗日战争最为重要的一个战略区。在抗日战争中消灭和牵制了大量的日军兵力，有力地配合和支援了友军的正面作战，仅1944年，冀鲁豫军民就毙伤日伪军3.8万人，俘3.49万人，收复县城11座，解放人口500多万，收复失地6万平方公里，打破了日军把华北变成侵华后方基地的计划。根据地由小到大，逐渐发展成为全国最大的敌后抗日根据地。1947年6月30日，刘邓大军突破黄河天险，千里跃进大别山。为掩护晋冀鲁豫野战军主力南下，华东野战军西兵团赴鲁西南作战。冀鲁豫边区军民全力配合两大野战军作战。范县、濮县人民建厂造船修船，组建水兵营训练水手，积极参军参战，保障后方战勤，为新中国的成立作出了不可磨灭的贡献。

范县冀鲁豫边区革命纪念馆分为序厅、“漫夜星火”“抗战壮歌”“鏖战平原”“元勋英烈”和“领导关怀”六个展厅。展览内容分别为：

序厅，大型主题雕塑，展示革命先烈由此走上了将革命进行到底的伟大征程；第一展厅“漫夜星火”，展示冀鲁豫接壤区创建党组织，领导群众开展工农、学生、抗日救亡等运动，壮大革命力量，为创建冀鲁豫抗日根据地创造了条件；第二展厅“抗战壮歌”，展示冀鲁豫接壤区党组织带领人民配合八路军与日寇浴血奋战，开辟和发展了冀鲁豫抗日根据地；第三展厅“鏖战平原”，展示解放战争爆发后，范县等解放区人民积极参军参战，支援刘邓大军强渡黄河，大力发展生产，为解放战争取得胜利作出了巨大贡献；第四展厅“元勋英烈”，展示曾经在范县工作、战斗、生活和视察过的元勋将帅和英烈们的英雄事迹；尾厅“领导关怀”，展示新中国成立后，党和政府时刻关注着为中国革命作出重大贡献的老区人民，关心着范县各项事业的发展。

该馆已成为广大党员干部群众接受革命历史教育、红色廉政教育和锤炼党性修养的重要阵地。

濮阳市博物馆

濮阳市博物馆位于濮阳市华龙区开州中路165号文化艺术中心（濮阳市黄河路与开州路交叉口东北角）一至三楼，是一座集藏品管理、藏品展示、科学研究、社会教育于一体的地方综合性博物馆，为国家三级博物馆，河南省爱国主义教育示范基地。

濮阳市博物馆成立于1984年3月，2011年搬迁现址。馆区面积16500平方米，陈展面积8000平方米。濮阳市博物馆内共有藏品2400件，分为陶、瓷、石、青铜、钱币、骨蚌等类，其中一级品3件、二级品68件、三级品749件。藏品内容主要包括原安阳地区文管会和濮阳市博物馆的几次大的考古发掘的出土文物。其中较有影响的是河南汤阴白营龙山文化遗址出土的各类代表性器物、濮阳马庄龙山文化遗址出土的部分代表性文物、濮阳西水坡仰韶文化遗址出土的蚌壳龙虎图案和部分陶瓷器。博物馆以展览为依托，全景式多角度地再现了濮阳从上古到春秋战国时期乃至秦汉以来的沧桑历史、中国近现代革命的文明成果，以及具有现代气息的“三李”精神。其中基本陈列有“濮阳历史文化陈列”“龙脉龙韵”“红色濮阳”“李文祥、李连成、李全芳先进事迹展”等7个展览，以及青少年教育体验馆。

“濮阳历史文化陈列”一厅主要分为“龙乡帝都”和“卫风濮韵”两个板块，主要展示古城濮阳的文化内涵。展出的是上古时期至春秋战国以来的历史，不同时期先民们使用的器物，从裴里岗时期、仰韶时期到龙山文化时期均有展品陈列。重点介绍的历史人物有五帝之一的颛顼、造字圣人仓颉、孔子及弟子子路、

濮阳市博物馆

军事家吴起、改革家商鞅等。1987 年西水坡遗址发掘出土了 6000 年前用蚌壳摆塑的龙虎图案，这一考古史上的奇迹举世闻名，此图案被称为“中华第一龙”。

“濮阳历史文化陈列”二厅主要分为“河朔旧郡”“澶渊重镇”“锦绣开州”三个板块，主要展示古城濮阳的历史变迁。

“龙脉龙韵”展厅主要分为“千年龙迹”“龙寓呈祥”“华夏龙都”三个板块，主要通过文字及图片展示历史上各个时期的龙纹以及有关龙的历史传说等。

“红色濮阳”展厅共分三个部分：星火燎原——濮阳中共党组织的建立与早期革命运动，浴血抗战——党领导濮阳人民进行抗战的辉煌岁月，夺取胜利——党领导濮阳人民全力以赴支持解放战争的壮举，反映了新民主主义时期濮阳地区的革命历史。

“李文祥、李连成、李全芳先进事迹展”通过“三李”，即模范军人李文祥、农村党支部书记的典型李连成、人民满意的公务员李全芳的一个个动人的故事，形象地再现了坚守信念、淡泊名利、吃亏奉献、务实创新、忠诚履职、爱岗敬业的“三李”精神。

青少年教育体验馆开设了“走进博物馆画文物”“豆艺”“神奇沙画”“画圆扇”“报纸时代”“木版年画”“端午节包粽子”等一系列未成年人思想道德教育和传统文化教育课程。

三门峡市

三门峡水利枢纽工程

三门峡水利枢纽工程位于三门峡市湖滨区崤山东路，是新中国成立后在黄河中游下段兴建的第一座以防洪为主，兼防凌、灌溉、发电和供水等综合利用的大型水利枢纽工程，入选中国工业遗产保护名录，为河南省爱国主义教育示范基地。

黄河常被誉为“中华民族的摇篮”，又被称为“黄金河流”。然而黄河又是一条水旱灾害严重的河流，从公元前602年至1949年的2500多年间，黄河决溢了1590余次，改道26次，素有“三年两决口，百年一改道”之说。三门峡原是黄河中游的著名峡谷，是指万里黄河进入华北平原前最后一个长峡晋豫峡谷中险要的一段，长700多米，宽阔的黄河河面至此骤然收缩到400米宽，三座石岛横立水中，将黄河劈为三股激流。三岛之间的水流通道，宛如三个阴森森的门阀，故被人们称为鬼门、神门和人门，三门峡即因此得名。除三门岛外，河心还有许多矗立的巨石，最有名的就是三门岛其下400米的张公岛、梳妆台和其下200米的号称“中流砥柱”的砥柱石。砥柱石是成语“中流砥柱”的出处，它高出水面20多米，任凭狂涛恶浪日夜冲击，仍自岿然不动。专家考证，三门峡的岩石形成于1.8亿年前中生代地质时期，属于从地层深处冲出的岩浆凝成的闪长玢岩，这种岩石非常坚硬，一块指甲大小的面积，即可承受近2000公斤的压力。

三门峡曾是我国古代漕运的重要通道，隋唐时期，京都长安（今西安）需

三门峡水利枢纽工程

要的粮食和财物，一部分要从东南部经通济渠（唐人称汴渠）至黄河漕运，而三门峡是必经之地。为了克服这个天然巨障，当时的统治者曾多次诏令对三门峡险段航道进行整治。隋开皇十五年（595），“六月戊子，诏凿砥柱”。唐显庆元年（656），高宗李治“发卒六千人”，“开砥柱三门，凿山架险”。玄宗开元二十九年（741），为使游船避开三门天险，陕郡太守李齐物亲自主持，在北岸的岩壁上，凿出一条长 280 米、宽 6 米至 8 米、深 5 米至 10 米的人工渠道，开挖山石 1 万多立方米，想靠此解决逆水行舟之难，但因河水大时渠水急湍，河水小时渠道干涸，行船难的状况还未改变。黄河三门峡，始终是当时劳动人民的鬼门关。据记载，唐高宗显庆年间，雇用拉纤的民夫，“落栈着石，百无一存”；天宝年间，“岁漕经砥柱覆者几半”。后人在三门附近河底发现的许多人骨和元宝，便是古时船覆人亡的见证。

中华人民共和国成立后，党和国家领导人对治黄非常重视。1952 年，毛泽东主席亲临河南视察了黄河，发出了“一定要把黄河的事情办好”的号召。1953 年，政务院领导制定了黄河规划。1955 年 7 月，第一届全国人大第二次会议通过了黄河规划的原则和基本内容，确定兴建万里黄河上的第一个大型水利工程——三门峡水利枢纽，控制黄河流域面积 68.6 万平方千米，占黄河流域总面积的 92%，由此揭开了根治黄河水害、开发黄河水利的序幕。1957 年 4 月 13 日，三门峡水利枢纽工程开工兴建。周恩来、彭德怀等国家领导人亲自主持召开了施工现场会，对工程建设进行协调，使得工程以空前的高速度完成。1958 年 12 月截流成功，1961 年 4 月建成投入使用。1962 年 2 月第一台 15 万千瓦水轮发电机组安装完成。水库于 1960 年 9 月至 1963 年 3 月蓄水投用，最高库水位达 332.58 米。由于建设者们缺乏在黄河建设大型水利工程的经验，对黄河泥沙问题的严重情况估计不足等多种原因，库区淤积的严重程度大大超过了预计，库容迅速减小，在黄河、渭河汇流区形成拦门沙，严重威胁到西安和关中平原的安全，原运行方式被迫改变，原已安装的发电机组也被迫拆除。在三门峡工程面临兴废选择的严峻时刻，周恩来总理于 1964 年 12 月亲自主持了专门解决三门峡问题的治黄会议，作出了加大泄流排沙的改建决策，其后进行了 3 次大的改建工程，改建后水库水位在 315 米时泄流 10000 立方米／秒，比水库建成初期泄流能力提高 2 倍以上，从而使水库的淤积得到了控制，恢复潼关以下河槽库容约 10 亿立方米。自 1973 年起水库由原来的“蓄水拦沙”运行方式变为“蓄清排浑”，即在冬春沙少季节，结合防凌蓄水，进行防凌、灌溉、发电；在沙多的汛期，则敞开泄流，充分利用洪水排沙。这样使水库年内基本冲淤平衡，保持一定库容，从而全面发挥了防洪、防凌、灌溉、发电的综合功能。

1973 年 12 月 26 日，第一台国产水轮发电机组投产发电。1978 年年底，全部 5 台发电机组安装完毕。建成后的三门峡大坝，坐落在原三门岛的河床上，主坝为混凝土重力坝，最大坝高 106 米，坝长 713.2 米，坝顶高程为 353 米。枢纽建筑物包括混凝土重力坝、斜丁坝、表孔、底空、泄洪排沙钢管、电站厂房等。主坝长 713.2 米，最大坝高 106 米，坝顶高程 353 米，水库总库容 162 亿立方米。三门峡水电站现有装机 40 万千瓦，年发电能力可达 14 亿千瓦时。自 1973 年 12 月第一台机组发电至今，已累计发电 235.2 亿千瓦时，创产值约 20 亿元。

三门峡水利枢纽工程的建成，扭转了黄河下游千百年来单纯依靠修堤防汛的局面。由于它的拦洪，下游堤防的防洪能力由三十年一遇提高到六十年一遇。过去下游防凌单靠人工破冰，效果甚微，以至 20 世纪 50 年代初期还发生两次凌汛决口的灾害。三门峡水库建成后，凌汛前多泄水以使封冰稳定和冰下过流，解冻开河时少泄水以减少河槽内水量，实践证明很有成效，凌汛期间没有再发生问题。三门峡水库不仅具备了强大的发电能力，而且对下游沿河城市以及胜利油田、中原油田等工业用水进行补充。同时，河南、山东沿河 200 多公顷农田得到灌溉。

三门峡水利枢纽工程建成后，其坝址区的古迹尚存有砥柱石、张公岛、古禹王庙遗址等。这座万里黄河上的第一坝便和“三门天险”“中流砥柱”一样闻名中外。河南省旅游局和三门峡市旅游局 1986 年在全国率先推出以“探索中华民族之魂”为主题的“黄河游”。从三门峡市乘车，在盘山公路上绕 108 个弯，方来到黄河三门峡岸边。从这里你可看到昔日三门岛已不复存在，代之而起的是巍峨雄伟、挺拔突兀的三门峡大坝，密如蛛网的高压电线从这里通向远方。登临坝顶向西远眺，高峡出平湖，水天成一色，山水相偎依。砥柱石依然在惊涛骇浪中昂首挺立，向人们诉说着三门峡的过去、现在和未来。

三门峡市博物馆

三门峡市博物馆位于三门峡市湖滨区太阳路陕州公园内，占地面积19800平方米，建筑面积9800平方米，展厅面积4400平方米，是一座集文物收藏、陈列展示、科学研究、社会教育与文化交流诸功能于一体的综合性博物馆，为国家二级博物馆，河南省爱国主义教育示范基地。

三门峡市博物馆始建于1989年11月，1991年元旦正式对外开放。该馆坐落在金代孔庙遗址上，为仿古式三层建筑，古朴典雅，庄重大方，可谓“馆中有园，园中有馆”。主要设施包括展览大楼、文物库房及办公区两幢建筑。馆藏文物15000余件（套），其中三级以上国家珍贵文物1400余件（套）。

该馆主要收藏三门峡地区出土的历史文物和自然资源标本，向世人展示三门峡自古至今灿烂的文化遗产和丰富的资源。同时还举办不同类型的展览活动，反映三门峡市的建设成就，豫西地区古朴、淳厚的民风民俗，以及从大禹治水到现代治理黄河、开发黄河、利用黄河的历史概貌。

三门峡市博物馆基本陈列为“崤函古韵——三门峡古代文明展”，共分三个展厅。

“崤函古韵——三门峡古代文明展”按照历史发展脉络，分为“人文初启”“古国觅踪”“崤函风雨”“名州望郡”“襟带两京”及“陕虢遗风”六个部分，从不同层面生动再现了三门峡历史发展的演变轨迹。质朴自然的展览装饰、简洁明快的表现手法，与一件件古拙精美的文物融为一体，营造

三门峡市博物馆

出一个古朴、典雅、和谐的展示氛围，使游客在信步穿越历史时空的旅程中，心灵受到触动，精神得到升华。

渑池县刘少奇旧居

渑池县刘少奇旧居位于渑池县海露大街 95 号，是刘少奇同志撰写政治名著《论共产党员的修养》的地方，为河南省爱国主义教育示范基地。

刘少奇旧居是渑池八路军兵站的一部分。渑池兵站由兵站站部、刘少奇旧居和豫西特委会议旧址组成。1938 年 11 月，十八集团军司令朱德签署文件，委派刘向三与国民党谈判后建立了共产党和八路军的公开机构——八路军渑池兵站。渑池兵站向西可通往延安，向东经洛阳可到达中原局所在地驻马店竹沟，向北经黄河利津渡口直通太行山十八集团军总部，是重要的战略枢纽。兵站 1940 年撤离，历时 1 年零 7 个月。渑池兵站在抗日战争时期为我党我军往太行山八路军总部、抗日前线运送了大批军需物资，转送了前往革命圣地延安、华北、华东、苏北等地的大批干部和进步学生，是通往全国各地的交通枢纽之一。

1938 年，中共中央六届六中全会以后，调任中原局书记的刘少奇（当时化名胡服），在前往中原局途中来到河南省渑池县，借住在县城东关路南一所坐南向北的瓦房小院内，在此居住了近两个月。其间，他冒着严寒，秉烛疾书，起草了彪炳史册的政治名著《论共产党员的修养》。12 月 20 日，刘少奇同志在渑池兵站召开了中共豫西特委扩大干部会议，传达贯彻六届六中全会精神。会后举办了两期党训班，共有 80 余人参加了党训班学习，刘少奇在党训班上首次对党内宣讲了《论共产党员的修养》。1939 年 7 月，《论共产党员的修养》在延安马列学院公开演讲，同年 8 月在延安《解放》周刊上连载。1942 年，该

渑池县刘少奇旧居

著作被列为党的整风运动学习文件。1949 年和 1962 年，经作者修订后由人民出版社再版，收入《刘少奇选集》上卷，有多种外文译本。《论共产党员的修养》第一次系统地阐明党员的党性锻炼和修养问题，明确提出了党员增强党性的基本要求，指明了党员在思想上入党的必由之路，对于党的建设、教育和鼓舞党员具有重要作用。

1985 年 9 月，在纪念抗日战争胜利 40 周年的同时，渑池兵站纪念馆开馆，并隆重举行了“刘少奇旧居”挂匾仪式。“刘少奇旧居”的匾额由时年 90 岁的著名书法家萧劳先生题写。

刘少奇旧居坐南向北，前临大街，分前、中、后三个小院。前院紧靠海露大街，现有东、西厢房各三间；后院有出檐上房（南房）和东、西厦房各三间，均为砖、坯墙体，小灰瓦屋顶。刘少奇同志住在后院上房东套间，这是一间不到 8 平方米的小屋。室内设备简陋，靠东墙放一张旧床，床上有一条白色床单和棉被；临床放一张旧桌、一把椅子，桌上有毛笔、石砚、钢笔等用具；床前地面有一个火盆。展室内陈设的木床、桌子、椅子和火盆，是刘少奇曾用过的四件实物。桌子上放着一本厚厚的《资本论》，伏案读书的少奇同志蜡像再现了当年的情景。

2009年，渑池县委、县政府抽调专门人员，进行多方考察，精心搜集珍贵史料，历经两个多月，对刘少奇旧居进行了精心修缮、重新布展。2009年4月2日，旧居整修布展工作完工，重新对外免费开放。刘少奇旧居共布置展柜18个、版面40余块，展示照片190余幅，展出实物100余件，分为“党性考验”“党性修养”“党性展示”“党性锻炼”四个展室。

步入大门，在前院东山墙上采用花岗岩雕刻出刘少奇同志《论共产党员的修养》的提纲；在中院的中间空地，复原了一座具有豫西风格的照壁，照壁正面用花岗岩雕刻出刘少奇同志全身像，背面雕刻《论共产党员的修养》的提纲手稿。

第一展室“党性考验”，图文并茂地讲述了兵站建立、战略枢纽、奔赴中原和渑池会议四部分内容，阐明了兵站在抗日战争中发挥的重要作用。

第二展室“党性修养”，由“殚精竭虑，创立理论”“首次宣讲，播撒火种”“抗日烽火，燎原豫西”“伟人风范，党性论述”四部分组成。

第三展室“党性展示”，从走向革命道路、从事革命活动、进入中央核心、擘画开国建国、担任国家主席和缅怀光辉业绩六个方面讲述了刘少奇光辉的一生。

第四展室“党性锻炼”，重点介绍了在刘少奇《论共产党员的修养》著作的影响下，涌现出一批又一批的先进模范党员的典型事迹。

一件件珍贵的革命遗物、一幅幅生动的历史图片、一页页少奇同志生前批阅的文稿手册，使前来参观学习的人们从思想和心灵深处接受考验，锤炼党性。

南阳市

镇平彭雪枫纪念馆

彭雪枫纪念馆位于河南省南阳市镇平县城北隅，毗邻312国道，占地面积24600平方米，是为纪念彭雪枫将军而建，为全国爱国主义教育示范基地、全国红色旅游经典景区、国家三级博物馆，并被列入国家级抗战遗址名录。

彭雪枫同志1907年出生于河南省南阳市镇平县，1925年6月加入中国共产主义青年团，1926年9月加入中国共产党。他投身革命20年，出生入死，南征北战，智勇双全，战功卓著。参加过中央红军历次战役，抗日战争爆发后，先后任八路军总部参谋处长兼驻晋办事处主任、新四军游击支队司令员兼政治委员、八路军第四纵队司令员等职，领导开辟了豫皖苏边区抗日根据地。1941年皖南事变后，任新四军第四师师长兼政治委员及淮北军区司令员，巩固发展了淮北抗日根据地。1944年秋，日军大举侵犯中原，他率部西征，收复大片失土。正当西征部队节节胜利之时，他却不幸于9月11日在夏邑县八里庄战斗中英勇捐躯，年仅37岁。1945年2月7日，中共中央在延安杨家岭中央大礼堂召开彭雪枫追悼大会。中共中央领导人毛泽东、朱德、刘少奇、彭德怀、陈毅等亲率代表2000多人沉痛追悼彭故师长，并对其革命的一生作出了高度评价，赞誉其为“中华民族的英雄，共产党人好榜样”。1989年11月，中央军委确认彭雪枫同志为我党我军33位军事家之一。

彭雪枫纪念馆1984年筹建，1988年11月一期工程建成开馆，2004年夏二期扩建工程完成，续建后的彭雪枫纪念馆占地24600平方米，主体建筑面积

彭雪枫纪念馆

5916 平方米，以崭新面貌对外开放。纪念馆大门右侧的巨石上刻写有原国家主席杨尚昆同志题写的馆名"彭雪枫纪念馆"。纪念馆前为雪枫广场，后为主体建筑，由广场、碑亭、碑廊、绿化区、瞻仰大厅、展室、文物库房、办公区 8 部分组成。雪枫广场中心矗立着高 3.2 米、重 1.5 吨的将军戎装铜像，周围苍松翠柏，鸟语花香，两侧分别为碑亭（左为"彭雪枫将军传略"，右为"彭雪枫纪念馆馆志"）、碑廊（各 39 块碑文，左为党和国家领导人，右为全国著名书法家为彭雪枫将军所题的挽联、题词）。铜像后是坐北面南框架结构的主体建筑，前为八角形瞻仰大厅，后为展室，平面呈"回"字形，集现代特色和民族风格于一体。瞻仰大厅门两侧为中共中央委员会 1945 年为悼念彭雪枫将军题写的挽联："为民族，为群众，二十年奋斗出死入生，功垂祖国；打日本，打汉奸，千百万同胞自由平等，泽被长淮。"大厅宽敞明亮，中央为一尊高 3.4 米的汉白玉彭雪枫雕像，身着长衫，面带微笑，雕像后是一幅气势宏伟的主题背景画。两侧为毛泽东、朱德、刘少奇、彭德怀、陈毅等老一辈无产阶级革命家题写的挽联："二十年艰难事业，即将彻底完成，忍看功绩辉煌，英名永在，一世忠贞，是共产党人好榜样；千万里破碎河山，正待从头收拾，孰料血花飞溅，为国牺牲，满腔悲愤，为中华民族悼英雄。”

主体建筑内设五个展室和一个报告厅。一楼 3 个展室，展线长 268 米，共展出图片 650 余幅，实物 50 余件，用 14 个部分展示将军生平，分别是“峥嵘岁月稠　风华正茂时”“理想壮青春　革命志不移”“万里赴戎机　一路奏凯歌”“铁肩担大义　沥血铸长城”“播火大中原　抗日风雷动”“雄风啸陇海　威震豫皖苏”“火线育英才　治军三件宝”“长淮挥金戈　洪泽饮战马”“风雨结连理　战火砺真情”“晴空响霹雳　浩气贯长虹”“壮哉身殉国　遗爱万民怀”“忠诚彪千秋　英灵铸丰碑”“正气行天地　品行启后代”“继承英烈志　接力绘宏图”，全面系统、生动、形象地展示了彭雪枫将军由一个贫苦农民的儿子成长为一个共产主义先锋战士的奋斗历程和可歌可泣的光辉一生。

彭雪枫故居位于镇平县城南 3.5 千米的雪枫街道办事处七里庄村，是河南省文物保护单位，隶属彭雪枫纪念馆管理。彭雪枫于 1907 年 9 月 9 日在此诞生，并度过了童年和少年时代。故居原系草房，1938 年彭雪枫之父彭延泰将其改建为瓦房，彭雪枫兄弟相继投身革命后，庭院疏于管理，房屋经风剥雨蚀损坏严重。新中国成立后，政府对其多次修缮。目前，彭雪枫故居占地面积 7333 平方米，建筑面积 460 平方米，生活、生产用房共 21 间，展品 110 余件。改造河道 100 米，恢复水井 1 眼。新建石拱桥 1 座，凉亭 1 座，植树 200 余株。将军故居由故居广场、竹园、生产和生活用房等部分组成，原貌基本恢复。整个故居布局严谨，庄严肃穆，鸟语花香，环境优美，与彭雪枫纪念馆同为广大群众接受爱国主义教育、革命传统教育的重要活动场所。

桐柏革命纪念馆

桐柏革命纪念馆位于河南省桐柏县城郊乡叶家大庄，占地35亩，是全国百家红色旅游经典景区之一、全国和河南省爱国主义教育示范基地。

地处淮河源头的桐柏县是革命老区，早在1925年就建立了南阳地区第一个党组织。战争时期，桐柏先后成为3个中央级、6个省级、9个地级、12个县级党、政、军领导机关所在地。刘少奇、李先念以及304位元帅、将军曾在此工作和战斗过。长篇小说《桐柏英雄》和据此改编的电影《小花》是桐柏革命战争的真实写照。1945年10月，李先念率领的新四军五师、王震率领的三五九旅南下支队和王树声率领的河南军区部队6万余人在桐柏胜利会师。10月30日，中共中央中原局、中原军区和中原行署在桐柏县城郊乡叶家大庄宣告成立。郑位三、李先念、王首道、陈少敏、王震为中原局常委，郑位三任中原局代理书记兼军区政委，陈少敏任中原局副书记，李先念任军区司令员兼中原局副书记，王树声任副司令员，王震任副司令员兼参谋长，王首道任副政委兼政治部主任，许子威任中原行署主任。桐柏成为当时中原解放区的核心区域和各级首脑机关所在地。三军会师桐柏，大大加强了中原地区的军事力量，为解放战争的胜利和新中国的诞生建立了不朽的功勋，上至省委书记，下至党员干部、战士和革命群众，有1.2万余人为解放和保卫桐柏这块革命根据地而牺牲。1984年，国家确认桐柏为老苏区县。

桐柏革命纪念馆所在地原为本地名绅叶逢雨先生在清嘉庆年间扩建的住宅，

桐柏革命纪念馆

桐柏革命纪念馆内雕塑

依山而建，错落有致，飞檐翘角，雕梁画栋，代表当时桐柏典型的建筑风格。叶家在三军会师桐柏后，主动腾出房间作为中共中央中原局、中原军区、中原行署机关的办公场所。2005 年，桐柏县人民政府在中共中央中原局旧址的基础上修建了桐柏革命纪念馆，2006 年 11 月正式开馆。

纪念馆主体建筑面积 3013.5 平方米，院落 10 个，房舍 117 间，纪念广场占地面积 18306.7 平方米，广场耸立着《丰碑》群雕；原国家主席李先念亲笔题写“桐柏革命纪念馆”。馆内三个主院落分别为中共中央中原局、中原军区、中原行署旧址复原展区，分为作战会议室、李先念旧居、郑位三旧居、王震旧居、王树声旧居、王首道旧居、陈少敏旧居、任质斌旧居等。主展馆分“淮源星火”“红旗漫卷”“抗日烽烟”“中原伟业”“桐柏霞光”五个单元，有各类文稿、照片、实物 650 余件（套），配以影视画面和声、光、电等科技手段，再现了 1919 年到 1949 年新中国成立发生在桐柏的重大历史事件和桐柏英雄可歌可泣的革命事迹。

馆内还有三项专题陈列。专题一，风范长存。展示革命战争年代在桐柏战斗过，当时或新中国成立后当过将军或副省级干部以上人员共 369 人的基本情况和照片。专题二，今日桐柏。包括“工业立县，项目统揽”“不是江南，胜似江南”“板栗王国，木瓜之乡”“佛道圣地，名播海外”“矿产宝库，中国碱者”“人居环境，荣获嘉奖”“红色沃土，革命摇篮”“淮河正源，盘古之乡”等。专题三，深情关怀。包括革命战争年代，毛泽东、朱德、刘少奇、周恩来等革命领袖对桐柏的深情关怀；全面建设社会主义时期，中央及省、市各级领导心系老区给予的深切关怀；现代化建设时期，各级领导视察桐柏、关注桐柏发展的重要史料、图片展示。在桐柏革命纪念馆西北部（原叶家大院厢房西侧的莲苑），坐落着桐柏红色廉政文化展馆，为桐柏革命纪念馆的姊妹馆，全方位展示中国共产党反腐倡廉的历程和决心。

方城县杜凤瑞烈士纪念馆

杜凤瑞烈士纪念馆位于河南省方城县城东新区方古路口处，方城新一中东侧，占地面积3990平方米，为纪念空军英雄杜凤瑞而建，被列入全省重点烈士纪念建筑物保护单位，为河南省爱国主义教育示范基地。

1933年9月3日，杜凤瑞出生于方城县杨楼乡赵洼村的一个贫苦农民家中，8岁到地主家放牛，多次被地主辱骂和毒打。1948年参加中国人民解放军，先后参加了宛东、淮海、渡江等战役。杜凤瑞作战勇敢，奋勇杀敌，参军不到一年就立功两次，光荣地加入了中国共产党。1958年，美国支持蒋介石集团在台湾海峡制造紧张局势，不断派飞机窜扰大陆，轰炸我出海渔船，打死打伤了大批大陆渔民。当年10月10日，六架美蒋飞机再次犯扰大陆，杜凤瑞和他的战友们奉令驾战鹰阻敌，杜凤瑞在连续击落两架敌机后，自己驾驶的战机也受到了重创，在跳伞的过程中被敌机击中，壮烈牺牲，年仅25岁。中国人民解放军空军司令部、政治部为他追记一等功，国防部授予他“空军战斗英雄”荣誉称号，他生前所在大队被命名为“杜凤瑞大队”，英雄故里改名为“凤瑞村”。他的英雄事迹被《人民日报》等媒体报道，并被编入小学语文课本。新中国成立10周年时，杜凤瑞烈士的父母还受到了毛主席和周总理的接见。1959年8月10日，社会各界在赵洼村举行了隆重的悼念活动，河南省委、省政府和省军区为杜凤瑞烈士写了挽联：“战斗功勋永垂青史，爱国豪气长存人间。”为了纪念杜凤瑞，方城县人大常委会将县城主街道命名为“凤瑞路”，县城最大的广场命名为“凤

杜凤瑞烈士纪念馆

瑞广场”。

杜凤瑞烈士纪念馆原建于1972年，位于河南省方城县城关镇凤瑞路北侧，有序幕厅5间、展室8间。1988年10月迁建于城东新区的甘江河畔，许南公路北侧，1994年重修，有11间展厅，陈展有30余件馆藏的烈士生前用品等革命文物。纪念馆正前方立着5.6米高的杜凤瑞烈士雕像，纪念馆右侧摆放着空军党委赠送的一架与杜凤瑞当年所驾驶飞机型号相同的退役米格−5型战斗机，即“杜凤瑞战机”。国防部原部长张爱萍为纪念馆题字：烈士高风，万古流芳。空军原司令员王海题写馆名。2015年，方城县启动了方城县凤瑞公园的设计、规划、建设工作。园区计划有凤瑞广场、杜凤瑞纪念馆、凤瑞湖、杜凤瑞纪念碑、银鹰广场、忠勇广场、兵器园、文化长廊等设施。

在英雄精神的激励下，20多年来方城县共有100多名品学兼优的应届高中毕业生当上了空军飞行员，方城县也因此被称为“空军飞行员的摇篮”。

南阳武侯祠

南阳武侯祠又名诸葛庐，位于南阳市区卧龙路766号，即西卧龙岗上，占地15.3万平方米，是后人为纪念三国时期杰出的政治家、思想家、军事家诸葛亮躬耕于南阳而建的祠宇，为全国重点文物保护单位，国家4A级旅游景区，河南省爱国主义教育示范基地。

诸葛亮（181—234），字孔明，汉末琅邪阳都（今山东省沂南县）人。三国时蜀国大臣，杰出的政治家。幼年丧父，随叔父诸葛玄到豫章，从豫章经荆州定居南阳，晴耕雨读，刻苦学习，研究历朝的政治、经济状况和各种学派的政治主张。公元207年，刘备三顾茅庐，诸葛亮出山辅佐刘备。后为蜀汉丞相，坚持与孙吴的联盟，协助刘备火烧博望和赤壁，建立西蜀霸业，又“七擒孟获”，六出祁山，企图消灭曹魏，恢复汉室，但因力量悬殊而失败。建兴十二年（234），病卒于北伐前线，谥忠武侯，被后代封建统治者推为“鞠躬尽瘁，死而后已”的忠君典型。陈寿整理其文章、兵书、奏折计24篇，辑有《诸葛亮集》，10万余言。因诸葛亮曾在南阳结庐躬耕，南阳人就在卧龙岗上建祠修院进行纪念。

据史书记载，卧龙岗起自嵩山之南，绵延数百里，至此岗势隆起，盘结终止，回旋如巢，恰似伏龙纵卧。武侯祠就在其回旋处，是三国时期著名政治家、军事家诸葛亮结庐居住、荷锄躬耕隐居之地和历代祭祀诸葛亮的地方，也是汉昭烈皇帝刘备“三顾茅庐”处，历史上著名的“三分天下”和“草庐对策”发源地。

南阳武侯祠

南阳武侯祠初建于魏晋，盛于唐宋，有1800多年历史。武侯祠建成后历经战火，屡建屡毁，直到清康熙年间才又按照原貌再次重建。近年来，经过有关部门的积极修葺，南阳武侯祠已焕然一新，基本上保持了元明时期的布局风格，成为一处闻名遐迩的旅游胜地。现存明清建筑155间，历代题记、碑刻400余通，另有大量匾额楹联。南阳武侯祠的主要建筑分为两重。山门之外有“诸葛井”。从山门至大拜殿是人们祭拜诸葛亮的地方。后半部是后人根据诸葛亮躬耕南阳时的生活情景而兴建的纪念性建筑。位于中轴线的建筑有石牌坊、仙人桥、山门、大拜殿、草庐、宁远楼，两侧有诸葛井、碑廊、古柏亭、野云庵、老龙洞、伴月台、躬耕亭等。其他有三顾祠、卧龙湖、龙角塔、汉碑亭、道房院、读书台、卧龙书院等。

武侯祠起点建筑为刻着金字匾额“千古人龙”的山门，意指诸葛亮是人中之龙，隐喻卧龙岗是藏龙卧虎之地。山门过去即为武侯祠的大门，上书郭沫若题写的“武侯祠”三个大字。接下来为“三顾坊”，清道光年间所立，两面分别刻有“汉昭烈皇帝三顾处”和“真神人”，是为了纪念刘备三顾纳贤而立。仙人桥头右侧有一“诸葛井”，井后是有名的“卧龙潭”。拾级而上，迎面就是祠院的老院门，院里是武侯祠的主体建筑大拜殿。殿前有一石坊，上书“三代遗才”4个大字。（三代指夏、商、周）台阶两侧有两棵近千年历史的古柏树。殿门上题有两副对联，内联为清代在河南南阳做知府的湖北襄阳人顾嘉蘅题写的“心在汉室，原无分先主后主；名高天下，何必辩襄阳南阳”；外联为胡耀邦题写的“心在人民，原无论大事小事；利归天下，何必争多得少得”。上方题有大字，中为“隐居求志”，左为“功盖三分”，右为“伊吕遗风”。殿内塑有诸葛孔明像，羽扇纶巾，神态飘逸，俨然如生。两侧是其子诸葛瞻、其孙诸葛尚的塑像。位于祠后的诸葛茅庐，亦称诸葛庵，是诸葛亮当年隐居攻读的地方。立于草庐门前的4块碑刻，记述了刘备当年三顾草庐的秘密。这碑刻上的文字，就是他们当年这次谈话的内容记录，它就是千古名篇《草庐对》。一番草庐对话，对以后三国鼎立局面的形成和发展起着积极的指导作用。再往前走，左为伴月台，高数丈，台下为老龙洞。最后是宁远楼，亦名清风楼，是祠内最高的建筑物，流角飞檐，楼上正中有诸葛亮抱膝长吟的塑像。武侯祠右侧有清同治年间新增设的庭院，这是为纪念刘备三顾茅庐而特意修建的。三顾堂的门柱悬挂着“两表酬三顾，一对足千秋”的对联。（注：“两表”指前后《出师表》）武侯祠的廊壁间镶嵌有400余通碑刻，殿堂上数不清的匾额楹联，碑刻刀法细腻，在书法上有相当深的造诣。像岳飞书写的诸葛亮《出师表》碑刻，为清光绪二年（1876）所刻，共用石碑21块，还有“还我河山”碑刻，笔体苍劲，龙飞蛇腾，洒脱俊逸，历来受到国内外书法爱好者的推崇。

南阳汉画馆

南阳汉画馆坐落在南阳市卧龙区汉画街398号，也是南阳市卧龙岗南端的龙首处，整个景区占地53360平方米，是目前我国建馆最早、藏品最多、规模最大的一座汉画像石刻艺术博物馆，被誉为一部形象化的汉代百科全书，为国家一级博物馆，河南省爱国主义教育示范基地。

汉画像石是汉代墓葬中的建筑材料，其内容和构图随着时代的发展而呈现出明显的变化。汉代的南阳是全国最大的商业城市之一，当时的达官显贵和巨商富贾，认为“人死辄为神鬼而有知”，于是生时极尽其欲，死时更是厚葬，除在墓中多埋珍宝、偶人、车马供死人“享受”外，还不惜血本为自己建造坟墓，并在墓室的石材上施以雕刻，以至推出了仿照地面建筑“周阁重门”式的大型画像石墓室。南阳汉画像石刻，就是依附这种石室墓而诞生、发展起来的一种独特的石刻艺术品。作为财富和身份的象征，汉画像石无言地表达了当时人们的情感，再现了当时的社会生活的方方面面。由于历史原因，长期以来，无人知晓汉画像石为何物，直至20世纪20年代初，南阳籍学者董作宾等人首次在南阳城附近发现一些石刻画像，并确认为汉代遗物。1928年，南阳籍著名人士、河南省通志馆编修张中孚发现南阳城内的一些墙基中使用有不少与山东汉画像石相类似的石刻画像，并拓汉画像石拓片数十幅带回省城开封，由当时的河南省博物馆馆长关百益选取40幅编成《南阳汉画像集》一册。从此以后，南阳汉画才开始流传于世并为学术界所关注。鲁迅先生为南阳汉画像石的收集也作出了突出贡献。1935 年至 1936 年，他委托王冶秋、王正朔、杨廷宾等人代为收集南阳汉画像石拓片 231 幅。《鲁迅藏汉画像（一）》一书发表了他的南阳汉画拓片主要藏品。新中国成立以后，党和政府对南阳汉画像石很重视，河南省人民政府 1958 年专门拨款改造南阳市内的魏公桥、七孔桥，拆下建桥的画像石 100 余块。新中国成立前后相继共发掘汉画像石墓 50 余座，历年来从中收集的画像石有上千块之多，其中大部分已被南阳汉画馆收藏。

南阳汉画馆始建于 1935 年，并于 1958 年、1976 年、1999 年三次重建。新馆位于南阳市卧龙岗龙首处，依岗坡而建，1999 年 12 月 27 日正式开馆。2000 年曾荣获“2000 年度全国十大陈列精品奖”，2008 年被国家文物局评定为国家一级博物馆。陈列大楼平面呈“T”字形，建筑总面积达 6000 平方米，汉画馆大门前两侧耸立着一对高达 11 米的仿汉门阙。入口处正中是一堵具有厚重、古朴特色的大理石墙壁，其上雕凿着由郭沫若题写的“汉画馆”三个金色大字。穿过两边如茵的草坪和平坦的广场，拾级而上，就是凝重典雅、气势壮观的二重楼仿汉建筑——主体陈列大楼。进入南阳汉画馆展览大厅，引人注目的是一对东汉大型圆雕石刻——天禄、辟邪。大厅西壁上方是一幅仿汉大型雕塑“德汉雄风”，它集中体现了南阳汉画丰厚的文化内涵。

展厅总面积 2400 平方米，共有 9 个主展厅和 3 个临时展厅。展览内容分为序厅、生产劳动、建筑艺术、历史故事、社会生活、天文与神话、角抵、舞乐百戏、

南阳汉画馆

祥瑞升仙和辟邪十大部分。

生产劳动画像主要有“耕耘”“捕鱼”等；建筑艺术类画像主要有双阙、厅堂、楼阁等，它是汉代建筑成就的具体体现；历史故事类画像主要有二桃杀三士、鸿门宴、西门豹除巫治邺、赵氏孤儿等，这些画像是对儒家忠孝仁义道德的极度渲染；社会生活类画像内容庞杂，有达官显贵投壶宴饮、车骑田猎、斗鸡走狗、往来拜谒等生活场景，也有拥彗、端灯、捧奁、执戟持盾等诸多奴婢侍吏的形象；天文与神话类有日月同辉、日月合璧、北斗星、彗星、牛郎织女星座、苍龙星座等具有天文学价值的画像，还有与天文密切相关的许多神话形象和故事，诸如日神、月神、嫦娥奔月、羿射十日、雷公、风伯、雨师、河伯以及伏羲、女娲等，这些画像融天象与神话为一体，具有自然科学与人文科学的双重价值；角抵类画像有技击、斗兕、刺虎、斗牛等，这些画像中的人和动物，形象夸张，富于感染力，充分展示了崇武尚力、富于挑战的时代精神；在舞乐百戏类画像中，有各种舞蹈、杂技和乐器演奏形象，建鼓舞、七盘舞各展风姿，飞剑跳丸、冲狭倒立异彩纷呈，这些画像展现了两汉时期歌舞升平的盛世景象，又是汉代南阳文化艺术空前繁荣的生动表现；祥瑞升仙和辟邪类画像有龙、凤、鹿、龟等诸多祥禽瑞兽，更有羽人戏龙、乘龙骑虎的升仙场景，这些表现仙气弥漫、祥云缭绕的画像正是汉代盛行的天人感应、灵魂不灭思想的图像化反映。

南阳汉画馆展出的画像石，内容丰富，题材广泛，几乎涵盖了汉代社会的方方面面，堪称一部图画式的汉代史。不仅如此，南阳汉画像石还具有极高的艺术欣赏价值。画像布局疏朗，构图简洁，主题突出，线条流畅，极富弹性和韵律感。大胆运用夸张的艺术创作手法，使各种形象生动而传神。艺术风格具有粗犷豪放、浪漫洒脱之特点，充分显示出一种震撼人心的力量、运动和气势之美。南阳市汉画馆是一座艺术的宝库，被人们称为河南的敦煌。鲁迅先生曾说，“惟汉人石刻深沉雄大”。著名画家吴冠中先生自述平生激动过三次，第一次是在法国看一个印象派画展，第二次是看西安霍去病墓前石雕，第三次是参观南阳汉画馆。他说：“我简直要跪在汉代先民的面前。”历史学家翦伯赞从历史的角度誉其为一部“绣像汉代史”。美学家王朝闻先生则称南阳汉画像石为“难以匆匆理解的文化现象”，并断言：“这一艺术宝库的价值在未来将更加光辉。”

南阳市张衡博物馆

张衡博物馆位于南阳市北郊卧龙区石桥镇小石桥村，占地面积 16000 平方米，建筑面积 2200 平方米，是一座依托我国东汉时期伟大的科学家、文学家、发明家张衡墓园建立的有关张衡的文献收集、科学研究、文物保护、宣传教育、观光旅游的专题性博物馆，为全国青少年教育基地、青少年天文科普教育基地。博物馆内张衡墓为全国重点文物保护单位，河南省爱国主义教育示范基地。

张衡（78—139），字平子，东汉南阳郡西鄂（今南阳市卧龙区石桥镇）人，“南阳五圣”之一。曾任尚书、河间相等职，是我国古代卓越的科学家、文学家、发明家，去世后葬于故土南阳。他在天文、文学、数学、地理、机械制造、艺术等方面为人类作出了伟大的贡献。地震学方面，张衡发明创造了“地动仪”（公元 132 年），是世界上第一架测定地震及其方位的仪器，比欧洲早 1700 多年。天文学方面，他发明创造了“浑天仪”（公元 117 年），是世界上第一台用水力推动的大型观测星象的天文仪器，著有《浑天仪图注》和《灵宪》等书，画出了完备的星象图，提出了“月光生于日之所照”的科学论断。文学方面，著有《二京赋》《南都赋》《四愁诗》等 30 余篇。地理学方面，绘制有完备的地形图。数学方面，著有《算网论》，并计算出圆周率的值在 3.1466 和 3.1622 之间，这一成果比欧洲早 1300 多年。气象学方面，他制造出了“候风仪”，比西方的风信鸡早 1000 多年。机械学方面，他制造的“独飞木雕”是世界上最早的飞行器，还制造有指南车、计里鼓车、土圭、活动日历等。艺术方面，他是

张衡博物馆

东汉时期六大画家之一。张衡在 20 世纪 50 年代就被列为世界文化名人，1960 年美国普林斯顿大学用多种文字出版发行了他的《二京赋》；1970 年，联合国将月球上的一座环形山命名为“张衡山”；1977 年把太阳系中一颗编号为 1802 的小行星命名为“张衡星”；2003 年，又把编号为 9092 的小行星命名为“南阳星”。张衡的名字上了太空，和天地共存，与日月同辉。张衡在科学技术、文学艺术等方面所作出的杰出贡献，不仅是中华民族的光荣和骄傲，也是留给整个人类历史的宝贵财富。

为了纪念张衡这位世界文化名人、科学界泰斗，更好地保护张衡墓这一全国重点文物保护单位，南阳县于 1986 年 12 月建立了张衡博物馆。1995 年 1 月南阳撤地设市，张衡博物馆归属南阳市文化局，更名为“南阳市张衡博物馆”。新的张衡博物馆建设（包括墓园修缮）开始于 20 世纪 90 年代。整个工程由两部分组成，第一部分为张衡墓园，占地 15000 平方米。坐北朝南，由汉阙、山门、门房、廊房、石像生、享堂、墓冢、角楼、围墙组成。第二部分为博物馆展厅，位于墓园西侧，主要建筑有门楼、综合展厅、古天文馆、碑刻长廊、模拟地震厅等，全面介绍张衡的生平事迹、科学贡献、创造发明及文学成就。

博物馆馆藏1030余件文物，三级以上藏品600余件，类别有石、陶、瓷、金银、铜铁、书画等。整个建筑为汉代陵园风格形制，坐北朝南，轴线对称。山门前是一对高大雄伟的汉阙，汉阙为砖石结构，上覆重檐屋顶，阙身饰有朱雀图形。山门两侧，各有面阔七间的门房，门房顶部各建望楼一座，东西对称，颇为壮观。穿过山门，神道两侧各立四尊石像生，雄浑拙朴，栩栩如生。石像生东西两边均为30多米长的回廊，回廊内常年举办各种临时性展览。沿神道拾阶而上，便是气势巍峨的拜殿，拜殿内有基本陈列“张衡生平成就展”，详细介绍了张衡的奋斗历程和伟大业绩，指南车、计里鼓车仿真模型列布其中。拜殿前为大理石铺砌的宽阔平坦的月台。拜殿东、西两侧为通高7米、砖混结构的浑天仪、地动仪大型雕塑。绕过拜殿，穿过青砖拱门便是历经风雨沧桑、掩埋这位伟人1800多年的墓冢。墓冢为半圆形，高8米，周长79米，辟有环形甬道，供游人瞻仰游览，外有八角青砖花墙围之，墓前有明嘉靖四十三年（1564）墓碑一通，四周松柏簇拥，庄严肃穆。墓前有2座碑楼，墓东为碑林，竖立郭沫若题词碑、严济慈题词碑等碑刻30余通。墓北200米处，是平子读书台遗址，相传为张衡少年时代发奋读书的地方。馆藏精品有1956年10月时任中国科学院院长郭沫若题词“如此全面发展之人物，在世界史中亦所罕见，万祀千龄，令人景仰”碑。

张衡画像

邓州编外雷锋团展览馆

邓州编外雷锋团展览馆位于河南省邓州市北京大道与北环东路东北角，占地277亩，是学习、传播雷锋精神的重要教育基地，为河南省爱国主义教育示范基地。

1960年8月，560名邓州籍青年入伍到沈阳军区工程兵某团，与早一年入伍的雷锋分在一个团，有的还与雷锋同在一个班、一个宿舍。他们与雷锋朝夕相处，亲身感受着伟大的雷锋精神。其中有63名提了干，逐步走上了连、营、团领导工作岗位，有313人入了党，216人当了班长，为部队建设作出了积极贡献。1964年至1985年，560名曾与雷锋一个部队的战友相继复员或转业，回到家乡。1997年4月，他们自发成立了“编外雷锋团”，下设3个营9个连，旨在结合行业、岗位特点，把学雷锋活动持续深入地开展下去。在邓州市委、市政府和人武部的支持下，在全市成立“学雷锋指导小组”23个，做了2000多场雷锋事迹报告会。先后有400多人被评为先进党员、先进工作者和精神文明建设标兵等，近百人立功受奖。2003年至2012年，“编外雷锋团”先后被中宣部、中央文明办、解放军总政治部、共青团中央联合授予“全国学雷锋志愿服务先进集体”称号。截至目前，全团共18个营，成员达1万余人，成为全国人数最多的以雷锋生前战友为骨干力量，优秀复转军人、青年志愿服务者、先进工作者、优秀党团员、优秀教师、有影响的模范人物参加的一支学习、弘扬、传承雷锋精神的先进社会团体。多年来，他们以践行、传承、播撒雷锋精神为己任，

邓州编外雷锋团展览馆

先后赴 12 个省（市）48 个县市报告雷锋和“编外雷锋团”事迹 1800 余场次，听众达 170 余万人次，他们以自己的实际行动，为社会架起了一座“了解雷锋，走近雷锋，认识雷锋”，做雷锋精神传人，树时代文明新风的桥梁。为更好地发挥“编外雷锋团”在促进社会主义精神文明建设中的辐射带动作用，2002 年年初，邓州市委、市政府、市人武部决定，在湍河游览区兴建以编外雷锋团展览馆为中心的“雷锋精神教育基地”。

“雷锋精神教育基地”于 2003 年建成开放。整个设计以展览馆为主体，周围种植树木、草坪，前面以“一河两湖”为衬托，北与“两山”相呼应，西南设置为小型文化广场，形成以河湖、假山、广场为景点，以园路、小桥为线，以草坪、纪念林为面，点、线、面相结合，高低起伏、错落有致、四季有花的园林景观。

邓州编外雷锋团展览馆于 2002 年 8 月 13 日破土动工，于 2003 年 2 月 26 日竣工并正式开馆，展览馆高 42.9 米，长 66 米，宽 35 米，建筑面积 2400 余平方米，分上下两层。2012 年 12 月 10 日开始，展览馆又进行了改造升级。升级后的编外雷锋团展览馆和周边广场等配套设施，被命名为“学习雷锋主题公园”，包括编外雷锋团展览馆、附馆、雷锋林、雷锋广场、书画石刻墙、装备展示区等。

整个展馆大楼外形像一艘扬帆远航的巨轮。大楼上方的红旗造型高 30 米，上宽 2.8 米，下宽 10.8 米，是目前世界上最大的旗帜造型建筑。正面是一颗红色的大五角星和四颗小五角星，代表着“编外雷锋团”从中国人民解放军这座大熔炉中走来，从雷锋身边走来，将永远在学雷锋的道路上走下去。展馆的馆名由时任国家军委副主席、国防部部长迟浩田上将亲笔题写。整个大楼的外部以黄色和红色为主调。展馆共分两层四个单元，以图片与实物结合的形式，充分运用声、光、电多媒体等高科技手段展示展览的主题。

第一单元：雷锋——我们的战友。主要讲述雷锋的战友与雷锋一起工作、生活的经历，目睹雷锋成长为一名伟大的共产主义战士的历程，并感受雷锋平凡而伟大的一生。

第二单元：与时俱进学雷锋——邓州编外雷锋团。主要讲述 560 名雷锋的邓州战友回到故乡后，以雷锋为榜样在自己平凡的工作岗位上矢志不渝传播、实践雷锋精神的感人事迹。

第三单元：全民齐动员，创建中原雷锋城。主要介绍在雷锋精神的感召下，邓州人民在社会主义精神文明和物质文明建设方面所取得的成绩。

第四单元：亲切的关怀，巨大的鼓舞。主要介绍各级领导对“编外雷锋团”这一先进集体的关心和厚爱，表达了以“编外雷锋团”为榜样的邓州人民与时俱进、开拓创新，让学雷锋活动在中原大地世世代代传播下去，让雷锋精神在邓州大地永放光芒的决心。

唐河革命纪念馆

唐河革命纪念馆位于南阳市唐河县上海大道与龙山路交叉口南150米，占地56亩，建筑面积5000多平方米，是为纪念唐河县革命历史及中共鄂豫边省委书记张星江、鄂豫边区革命委员会主席吴寿青等革命烈士而建，为河南省爱国主义教育示范基地。

唐河县是个有着对敌光荣斗争历史的地方。在这里，以黄火青为首的热血青年率先响应五四运动，举起了反帝反封建的大旗；在这里，诞生了宛属第一个共青团组织，建立了中原第一个革命新政权——唐河县苏维埃。土地革命战争时期，这里曾是鄂豫边革命斗争的策源地和指挥中心。贺龙率领的红二军团、徐向前率领的红四方面军、程子华率领的红二十五军转战于唐河。抗战时期，唐河先后四次被日军占领。1940年5月9日，国民革命军一七三师师长钟毅战死于苍台北丁湾的唐河河滩上。解放战争时期，1945年10月，李先念率领的新四军五师、王树声率领的河南军区部队、王震率领的八路军三五九旅南下支队共6万余人进入桐柏山，组成中原军区，司令部驻湖阳南新店村。著名的中原突围，得到唐河人民的大力支持。1947年11月，陈（赓）谢（富治）兵团解放唐河县城。1948年中共桐柏区委关于支前、土改等重要会议分别在昝岗召开。在建立新中国的战斗中，有3000名优秀的桐柏儿女献出了宝贵生命。著名的有中共鄂豫边省委书记张星江，亲自兼任红军游击队指导员，开创了桐柏山游击根据地，1936年3月28日在桐柏县安棚乡姬岭寨战斗中，为掩护红军游

唐河革命纪念馆

击队突围壮烈牺牲。曾任鄂豫边区革命委员会主席、军事委员会委员长、边区红军总指挥部政委的吴寿青，为保卫鄂北革命根据地和扩大红军队伍作出了重要贡献，1932 年 6 月 15 日在枣阳县南迎水寺战斗中牺牲。英烈们用壮丽青春写就了唐河现代革命史的不朽篇章。

原唐河革命烈士纪念馆位于唐河县城建设路东端南侧的文笔峰下，后迁建。新建的唐河革命纪念馆 2010 年 11 月 16 日奠基开工，坐北朝南，馆名为原国家主席李先念题写，于 2011 年 12 月 20 日唐河解放 64 周年之际落成并举行隆重庆典。纪念馆收集了 700 余幅照片，200 余件文物、实物，布展面积 2340 平方米，分为革命历史展厅、将军厅、廉政建设厅和多媒体报告厅。整个革命历史展厅包括八方面的内容，分别为：爱国运动，革命星火；发展组织，建立武装；同仇敌忾，抵御外侮；三军逐鹿，千秋伟业；巩固政权，社会改造；全面建设，曲折前进；“左”倾影响，负重创业；改革开放，伟大转折。展览以丰富的历史文物、翔实的文史资料等多种表现形式，生动地展现了唐河革命斗争的历史、社会主义建设和廉政建设取得的巨大成就以及唐河籍将军的事迹，浓缩了唐河近百年的革命和建设的历史。

南阳市烈士陵园

南阳市烈士陵园位于南阳市卧龙区卧龙路149号，与著名旅游胜地武侯祠隔路相望，占地面积17.5亩，是南阳市建立的最早的革命烈士纪念地之一，为河南省爱国主义教育基地。

南阳是一个有着光荣对敌斗争历史的城市。抗战时期，这里发生过著名的“豫南会战”。解放战争时期，我军先后与国民党军队在这块土地上进行了桐柏战役、伏牛山东麓战役、邓县战役、宛西战役、宛东战役五个大的战役，近万名英烈抛洒热血，长眠于宛属大地。1948年11月4日，南阳解放。毛泽东同志挥毫撰写了著名的《中原我军占领南阳》一文，报道了解放南阳的重大战略意义，极大地鼓舞了人民解放军渡江南下、解放全中国的信心。

南阳市烈士陵园建于1958年，市委、市政府分别于2008年、2014年对烈士陵园进行整体改建和提升改造。园内主要纪念建筑物有革命纪念馆（建于1980年）、纪念广场、烈士墓区、烈士英名纪念碑等；园内安葬和刻碑铭记新中国成立前和新中国成立后牺牲烈士6445名、无名烈士11340名，合计17785名。园内苍松翠柏整齐有序，各种花草争奇斗艳，环境幽雅肃穆，令人肃然起敬。陵园分为前、后两院。前院中央耸立着革命烈士纪念碑，碑为砖石质地，四棱结构，碑高10米，古朴庄重，坐落于苍松翠柏之间。碑的正面及南面仿刻毛泽东“人民英雄永垂不朽”和朱德的题词，西面刻着“悼念先烈丰功伟绩，学习先烈英雄气概，树立革命光辉榜样，完成革命伟大事业”

南阳市烈士陵园内南阳革命纪念馆

的题词。纪念碑左侧为仿古式四棱烈士英名碑亭，内置藏青色大理石纪念碑，雕刻着 633 名革命烈士的英名；右侧为十三烈士纪念亭，记载着中共邓北县大王集区委书记李勇等 13 名干部在南阳解放前夕英勇就义的事迹。

在陵园后院，呈“工”字形坐落着三座房屋。居中为烈士事迹展览厅，以图文形式展览着一代名将彭雪枫、中共鄂豫边省委书记张星江、中共内乡县委书记马华敏、空军战斗英雄杜凤瑞等南阳籍英烈的不朽业绩和崇高风范。展厅两边为革命烈士骨灰室。

南阳市烈士陵园以“褒扬先烈，教育后人，服务社会”为宗旨，近年来在原有基础上又收集整理了革命烈士图片资料 87 份，归档 35 卷，编辑、印制红色教育宣传册 4000 份，并免费向社会发放。通过缅怀先烈、重温誓词等系列活动，南阳市烈士陵园大力弘扬社会主义核心价值观，着力打造内容丰富、形式多样的教育实践活动平台。

唐河县冯友兰纪念馆

唐河县冯友兰纪念馆位于南阳市唐河县上海大道与龙山路交叉口南150米的友兰湿地公园内，建筑面积4356平方米，是为纪念中国现代史上杰出的哲学家、思想家、教育家冯友兰先生而建，为河南省爱国主义教育示范基地。

冯友兰1895年生于唐河县祁仪乡，逝世于1990年。历任中州大学、广东大学、燕京大学教授，清华大学、西南联大文学院院长，清华大学校务会议主席，北京大学哲学系教授等，被誉为“现代新儒家”。其代表作之一《中国哲学简史》被译为11种文字，成为外国人学习中国哲学的经典教材，享誉全世界。冯友兰是对中国学术史、中国思想史、中国哲学史诸领域作出重大贡献的伟大学者，其哲学思想处处闪耀着中华文化与人类智慧的光芒。他的哲学史作是中国哲学的奠基之作，不仅影响了一代又一代的哲学学者，而且也是国外学者了解中国传统文化的最佳教材，书中表达的是一个哲学家对民族存亡的深刻思考，一个知识分子与广大人民的血脉相承，一个爱国诗人对抗战必胜信念的坚守。在清华大学百年诞辰庆祝大会上，中共中央总书记胡锦涛列举了清华大学的16名大师，第一位是梁启超，第二位就是冯友兰，对冯友兰先生的卓越贡献给予了极高的评价。

2011年11月13日，在冯友兰诞辰116周年纪念日之际，唐河县友兰湿地公园暨冯友兰纪念馆落成揭幕。友兰湿地公园总占地面积1800亩，划分为文化旅游区、休闲活动区、生态景观区、滨河休闲区四个区域。冯友兰纪念馆则位

冯友兰纪念馆

于湿地公园的中心位置。在这座中国传统的四合院里，冯友兰父母的居室、冯友兰与其弟冯景兰的居室等一一还原，生动地再现了唐河祁仪镇冯友兰故居的原始风貌。而冯友兰展厅等处，亦将其一生学术成就、生活轨迹以图片、文字等形式向后人展现，并藏有冯友兰书法手迹等。

邓州花洲书院

邓州花洲书院位于河南省邓州市人民东路114号附近，占地面积280亩（含二期），有各类仿古建筑66座，建筑面积达4000平方米，是北宋范仲淹任邓州知州期间创建的，传咏千载的千古名篇《岳阳楼记》就诞生于此。现列入河南省文化遗产名录，为国家4A级旅游景区、河南省文物保护单位、河南省爱国主义教育示范基地。

邓州花洲书院始建于宋代庆历年间。北宋著名政治家、军事家、文学家、教育家、思想家范仲淹任邓州知州期间，创建了书院内讲学堂——春风堂、藏书楼、斋舍，并在书院东侧创建百花洲，重修览秀亭，构筑春风阁，花洲书院因百花洲而得名。

范仲淹，字希文，唐宰相范履冰之后，北宋范墉之子，生于宋太宗端拱二年（989）八月，两岁而孤。范仲淹少有大志，慨然以天下为己任，于宋真宗大中祥符八年（1015）考中进士，授光德军（今安徽）司理参军，从此踏入仕途。范仲淹为官38年，忠君爱民，清正廉洁，刚正不阿。庆历五年（1045）十一月，范仲淹以疾求解边任，请知邓州，遂以给事中、资政殿学士的身份到邓州赴任。一年余而化行俗美，吏畏其威，民怀其德。直至皇祐元年（1049）正月，才离邓赴任杭州。范仲淹知邓州时已洲废亭圮，遂整治百花洲，重修览秀亭，并在城墙东南角建春风阁，在百花洲畔修建了书院，故名“花洲书院”。范公此后常在书院执经讲学，在春风堂以文会友，在百花洲与民同乐。在这里，范公还与致仕宰相张士逊、新科状元贾黯等诗酒雅会；同宰相晏殊、光化知军李简夫及名士王诛、张涛赋诗唱和。更重要的就是范仲淹应挚友滕子京之情，在花洲书院春风堂撰写了《岳阳楼记》这一千古名篇，连同湖南洞庭岳阳楼名传千古，花洲书院也因此扬名华夏。

花洲书院的创办，使邓州文运大振。清代房如竹有诗“春风堂下红香满”以记其盛。范仲淹的儿子、官至宰相的范纯仁，北宋理学创始人之一、官至崇文院校书的张载，元祐时邓州知州韩维等，均从师范仲淹学于花洲书院（见《嵩阳书院》）。范仲淹离邓后，邓州人十分怀念他，于花洲书院旁建祠祀公。北宋元丰元年（1078），著名文学家、书法家黄庭坚专程到花洲书院瞻仰范公遗迹，挥毫题诗：“范公种竹水边亭，漂泊来游一客星。神理不应从此尽，百年草树至今青。”花洲书院从宋代至明清，累圮累修，办学不断，是邓州的重要胜迹和教育中心，居邓州八景之首（清·易良俶诗述八景），明代时称“花洲相迹”，

邓州花洲书院

清代时谓“花洲霖雨”。至元代花洲书院因战火而一度荒废，明代全国书院复兴再修，并易名为春风书院。万历三十七年（1609），知州赵沛整修范文正公祠；万历四十三年（1615），知州夏忠重修春风阁和范文正公祠，并增建景范亭和石牌坊。至清道光四年（1824）代知州马应宿移修书院于原址，恢复花洲书院名称。

2002 年到 2005 年，邓州市人民政府用了三年时间对花洲书院进行全面修复。二期工程也于 2013 年年底开工建设并对外开放。花洲书院分三大景观区。居中为书院主体，五进四院结构，整个建筑风格为清代北方建筑。中院更有全国少有的小巧精致的泮池、状元桥，成为书院一大特色，完整地展现了中国古代书院建筑之庄严和恢宏。院内西部为二进一院的范文正公祠，范公祠北为新建四进三院的名人馆，中院有古三眼井——范公井。东部为百花洲、园林、亭台楼榭、山湖竹林等。

百花洲建筑采用范仲淹家乡清代江南园林风格，南北布局为南山北水，洲南由各具特色的峭壁假山、五峰山和别有洞天组成；洲北湖内大小三岛，碑林书廊相映成趣，岛上再现范仲淹任知州时与民同乐的嘉赏亭及菊花台等，从而使花洲书院形成环境优美的中国典型书院园林，为研究中国古代书院文化与建筑风格提供了宝贵的史料和物证。

红二十五军鏖战独树镇纪念地

红二十五军鏖战独树镇纪念地，位于河南省方城县独树镇七里岗，许南公路南侧，系红二十五军在长征途中与敌顽强战斗、血战制胜的纪念地，为河南省爱国主义教育示范基地。

独树镇战斗是红二十五军长征中生死攸关的一战。习近平总书记在纪念红军长征胜利80周年大会上的重要讲话中，将独树镇战斗称为“鏖战独树镇”，与血战湘江、四渡赤水、巧渡金沙江、强渡大渡河、飞夺泸定桥、勇克包座、转战乌蒙山等一起并列为长征八大著名战役战斗。

1934年11月16日，继中央红军第五次反“围剿”失败被迫进行长征后，红二十五军近3000人在军长程子华、政委吴焕先、副军长徐海东的率领下，根据中共中央指示开始长征。蒋介石急调30多个团的优势兵力追击堵截。当年11月26日，红二十五军到达方城县独树镇七里岗附近，准备在此穿越许（昌）南（阳）公路，进入伏牛山区。孤军远征10天的红二十五军在独树镇七里岗突然遭到国民党步骑兵4000多人的猛烈攻击。当时雨雪交加，能见度极低，衣服单薄、手脚冻僵的红军战士立时陷入被动境地。危急时刻，军政委吴焕先手持大刀，身先士卒冲入敌阵，稳住局势；副军长徐海东率后卫团疾速赶到，扭转危局。入夜，红二十五军战士在极度艰难的条件下，与敌英勇战斗，死伤300多人，于27日胜利冲出敌人合围，进入伏牛山东麓。红二十五军离开方城县后，几经转战，于1935年9月15日抵达陕西省延川县，与刘志丹等领导的陕甘红

红二十五军鏖战独树镇纪念地

军胜利会师，成为长征到达陕北的第一支红军，为迎接中央红军北上奠定了基础。

1996 年 11 月，经中共中央办公厅、国务院办公厅批准，方城县委、县政府在七里岗红军战斗遗址处建立红二十五军独树镇战斗纪念碑，1997 年 11 月落成。纪念碑形如刺刀，蕴含“血战”之意，碑身高 25.34 米，蕴含红二十五军的番号和 1934 年的时代背景。刘华清、程子华等党和国家领导人亲题碑文。2013 年，方城县以纪念碑为中心，规划建设了占地 1.5 万平方米的烈士陵园，将部分烈士遗骸安葬此处。红二十五军鏖战独树镇的光辉业绩，在方城大地上树立起了一座永远的丰碑，留下了伟大的长征精神。

商丘市

商丘淮海战役陈官庄烈士陵园

陈官庄烈士陵园位于商丘永城东北 25 公里陈官庄村南，311 国道北侧，占地约 200 亩，为纪念淮海战役第三阶段陈官庄地区歼灭战中牺牲的烈士而建。它是全国重点烈士纪念建筑物保护单位、全国及河南省爱国主义教育示范基地、国家国防教育示范基地、全国红色旅游经典景区、国家 4A 级旅游景区。

1948 年 11 月 6 日至翌年 1 月 10 日，中国人民解放军以徐州为中心，东起海州，西止商丘，北自临城，南达淮河的广大地区进行了伟大的淮海战役，陈官庄地区歼灭战是淮海战役的最后一个阶段。在中共中央和毛泽东主席的英明领导和指挥下，华东、中原两大野战军和地方武装 60 余万人会师淮海，决战中原，以气吞山河之势，首歼黄伯韬兵团于碾庄，继包围豫南来援的黄维兵团于双堆集。敌徐州主力南窜受挫，于 1948 年 11 月 30 日倾巢西逃，我军勇猛追击，于 12 月 4 日将敌包围在永城东北陈官庄地区。12 月 15 日我军歼灭黄维兵团后，为配合平津战役，从 12 月 16 日起对敌暂停攻击，展开强大的政治攻势，敌投降万余人。1949 年 1 月 6 日，我军发起总攻，激战至 1 月 10 日，生俘国民党徐州“剿总”副总司令杜聿明，击毙国民党第二兵团司令邱清泉，全歼 3 个兵团 20 多个师共计 26 万余人。至此，中国人民解放战争中具有决定意义的三大战役之一的淮海战役历时 60 多天胜利结束。人民解放军在总兵力少于国民党军的情况下，伤亡 13 万余人，取得歼敌 55 万余人的伟大胜利。淮海战役的胜利，使蒋介石的精锐兵团丧失殆尽，长江中下游以北地区获得解放。国民党政府的统治中心南京、上海，完全置于人民解放军的炮火之下，从而大大加速了解放战争的胜利进程。

为了永远纪念淮海战役中光荣牺牲的革命烈士，永城县人民政府于1963年年初，在当年淮海战役第三阶段围歼杜聿明集团的中心战场——永城东北20公里的陈官庄建起了烈士陵园。1973年后多次扩建，2007年陵园再一次进行改扩建。

淮海战役陈官庄烈士陵园内水泥道路经三纬四，总长达两公里，两旁冬青成行，松柏苍翠，象征着烈士们的革命精神万古长青。景区内有纪念碑、纪念馆、总前委雕塑、东西浮雕廊、烈士公墓（地宫、名录墙）、单身烈士墓群六大主体建筑。

淮海战役烈士纪念碑建成于1975年，碑高24.6米，碑体正面镶嵌着周恩来总理的题词“淮海英雄永垂千古”8个鎏金大字，碑顶镶有五星和两支相交的步枪图案组合而成的碑徽，纪念碑底部有贴金的石刻碑文。淮海战役碑廊建在纪念碑东西两侧，建筑总面积为800平方米。纪念碑西廊（将军廊）展示了36位军事家和57位开国将领的浮雕。纪念碑东廊（浮雕廊）是表现淮海战役全过程和人民奋勇支前的大型浮雕。

淮海战役烈士纪念碑

淮海战役总前委群雕高 3.1 米，宽 6 米，由铸铜浇铸而成，造型浑朴，形神兼备，5 位总前委分别是粟裕、邓小平、刘伯承、陈毅和谭震林。

烈士纪念馆和烈士事迹陈列馆建成于 1979 年，是富有民族特色的天井式建筑。烈士纪念馆新馆由迟浩田将军题写馆名，建筑面积 9162 平方米，陈展面积 4000 平方米，包括序厅、大决战前夜展厅、战役实施厅、战役胜利厅、人民支前厅、缅怀烈士厅等展区，共展出 831 幅照片、图版、图表，55 幅烈士肖像画、场景背景画、油画，20 组场景，15 个人物雕像，64 个硅胶塑像，并配备多媒体设备，是全国一流的战争题材纪念馆。景画馆位于新馆二楼展厅北侧，画面长 94 米，高 15 米，充分运用油画、地面塑型和声、光、电多媒体技术，配合 240 度观景平台，全方位、多视角展示了陈官庄地区歼灭战规模宏大、战场辽阔、战斗激烈、人民支前规模空前的不朽画卷，使观众仿佛置身于炮火硝烟的战场中，给观众以强烈的视觉冲击力和心灵震撼感。

烈士公墓包括标志碑、烈士遗骨地宫、岩书石卷名录墙和 12 位烈士雕像 4 个部分。标志碑高 10.5 米，宽 5.7 米，平面呈五星形，碑的正面镶嵌着毛泽东手书的“为国牺牲永垂不朽”8 个金色大字。地宫位于标志碑的下方，占地 600 平方米。地宫内有 282 组石棺，石棺内安放着在淮海战役中牺牲的 1691 名烈士遗骨。花岗岩烈士名录墙由 168 页岩书石卷组成，岩书石卷里刻着当年参加淮海战役陈官庄地区歼灭战的华东野战军 11 个纵队和部分支前民工共 7291 位烈士英名。在烈士名录墙前竖立着 12 位著名烈士花岗岩雕像。单身烈士墓群占地 10000 平方米，共安葬着 651 位烈士，每位烈士墓前都竖立了一块墓碑，碑上铭刻着烈士的英名。墓区内铺设了花岗岩石板道路，以方便公众凭吊和祭扫。墓间栽植长青的侧柏和麦冬，象征着革命烈士精神浩气长存。

木兰祠

木兰祠位于河南省商丘市虞城县城南 35 公里营廓镇（今木兰镇）周庄村，占地 160 亩，距今已有 1000 多年的历史了，为河南省重点文物保护单位、河南省爱国主义教育示范基地。

花木兰是我国家喻户晓、妇孺皆知的一位巾帼英雄。从我国目前发现最早记载木兰事迹的元代石碑来看，花木兰本不姓花，姓魏，名木兰，生于北周，死于隋代。后人徐渭编写木兰戏剧，为了人名好听，取木兰花之意，将魏木兰改成了花木兰，后来就流传了下来。北周时可汗募兵，本是木兰父被征召，但他年老体弱，难以应征，而唯一能代替他的木兰的胞弟又年幼。无奈，木兰女扮男装，代父从军。花木兰征战疆场 12 年，屡立战功。自边防归来时，北周已亡，花木兰拜见了隋文帝。隋文帝封她为尚书，她坚辞不受。归家后，她脱去戎装，换上旧时衣裳，又现女儿真面目。皇帝欲纳其宫中为妃，花木兰以死拒之。唐代追封她为“孝烈将军”。据今人尚起兴考证，流传千古、家喻户晓的《木兰诗》，系木兰根据其自身经历写成。新中国成立后，《木兰诗》被列入中小学课本。她女扮男装、替父从军、赤诚报国、英勇杀敌、不受爵赏的光辉事迹激励着一代代华夏儿女为着民族的发展和强大而奋斗。自古至今，人们创作了不少歌颂花木兰的文艺作品，纪念这位女英雄。唐朝著名的诗人杜牧留诗道：“弯弓征战作男儿，梦里曾经与画眉。几度思归还把酒，拂云堆上祝明妃。”抗日战争时期，京剧大师梅兰芳编演的京剧《木兰从军》，有力地配合和促进了抗日救国活动。在抗美援朝战争中，著名豫剧表演艺术家常香玉，把京剧《木兰从军》移植为豫剧《花木兰》，带着剧团赴朝鲜前线演出，后又在全国各地公演，并拍成电影，从此风靡全国，轰动了世界。2000年，国家邮政局举办了“木兰从军”纪念邮票首发仪式，邮票共4枚，分别为“木兰纺织”“木兰从军”“木兰征战”和“木兰还乡”，艺术地再现了古代巾帼英雄花木兰的光辉形象。2005年11月11日，虞城县申报的“木兰传说”被文化部正式确认为国家级非物质文化遗产，虞城县也被授予“中国木兰之乡”。木兰是女中豪杰，有替父从军的大孝，在她身上表现出了中华民族传统的“仁、义、礼、智、信”美德。千百年来，花木兰这位伟大的女性一直受到国人的尊敬。1998年，美国

木兰跨马从军雕像

将花木兰的故事改编成了动画片《花木兰》并发行。花木兰的故事走出了国门，在全世界产生了更为广泛的影响，得到了广泛的认可。花木兰不仅是中国的英雄，而且成为全世界学习的榜样。

虞城县木兰祠在唐代就已存在，当时称为“木兰庙”。金、元、清各朝代均有重修。木兰祠曾占地万余平方米，有大门、大殿、献殿、后楼和配房等。后经战火，祠堂被毁，幸存有元代、清代祠碑两通，详细记载了木兰身世、功绩及历代修祠情况。1992 年，商丘市虞城县人民政府为保护这 1000 多年的历史遗存，重修木兰祠及景区，本着修旧如旧的原则，在历史遗存的基础上，基本恢复了木兰祠原有的历史风貌。木兰祠景区内有花木兰祠、花木兰故居、花木兰花园、花木兰文化广场、花木兰武馆武校、花木兰陵园（包含花木兰墓、花木兰父母墓）6 个景点。

木兰祠景区自北向南依次为祠堂区、文化广场区、陵园区。木兰祠门口的中心位置是一座戎装跃马的花木兰石雕像。祠的西面是毛泽东主席亲笔手书的《木兰诗》诗壁。木兰祠前，一座仿唐代庄重朴拙、高阔润朗的建筑门楼上书“木兰祠”3 个大字，这是全国政协原副主席钱伟长先生题写的。祠内有祠碑两通：一通立于该祠大门内东侧，是元代元统二年（1334）所立“孝烈将军祠像辨正记”碑，碑文载有对木兰身份、受封孝烈将军的确认及《木兰诗》全文。此碑经专家鉴定，属元代石刻真品。1982 年，又重修碑楼，17 层封檐，前后园门，古朴典雅，碑楼四周砌有围墙。另一通是清代嘉庆十一年（1806）所立“孝烈将军辨误正名记”碑，立于该祠大门外西侧。在两座石碑之间正中的一条甬道尽头就是掩映在青松玉兰、芳草香花中的木兰祠，又名孝烈将军祠。该祠大殿高 16 米，系砖木水泥仿唐建筑。舒展沉实，庄重大方，色调简洁明快，廊柱高耸，斗拱飞檐，艺术加工与结构造型严整统一，建筑构件体现了力与美的完美结合。走进祠内，迎面正中是一座高大的木兰戎装出征像。木兰身着黄金铠甲，戴黄褐斗笠，披果绿战袍。左侧是一组“木兰出征”塑像，右侧则是“木兰还乡”塑像：贺元帅、刘将军、校尉均披挂铠甲。两组塑像依据《木兰诗》和戏剧作品构思雕塑而成。在木兰祠里的三面墙上，是根据著名画家刘旦宅的木兰从军连环画册制作的 24 幅大型壁画，再现了木兰从军的故事和情节。木兰祠对面是木兰陵园，木兰陵园里面原有一片开阔的水塘，塘内水已干枯，有一片漂亮的黄色野花地。绕过水塘的背后是两座墓：一座是木兰的父母合葬墓，另一座就是孝烈将军花木兰墓。

虞城县每年农历 4 月 8 日前后都会举行为期 3 天的木兰庙会，豫、鲁、苏、皖四省交界百余里的群众纷纷前来赶会烧香，进行贸易。虞城县木兰庙会延续1000 多年不衰。1993 年，虞城县举办了中国第一届木兰文化节，至今已举办多届。虞城县有木兰火车站、木兰宾馆、木兰食品、木兰纺织集团等 600 多个以“木兰”命名的品牌；当地还组建有花木兰武术协会、花木兰盘鼓队、花木兰舞龙队等，木兰精神依旧激励着智慧的人们热情投身祖国建设中。

商丘市张巡祠

张巡祠坐落在商丘市睢阳区207省道商丘古城南门外，占地4.07万平方米，是为纪念“安史之乱”中为保卫睢阳（商丘古城，因坐落在睢水北岸，即睢水之阳，故称睢阳）而殉难的张巡、许远等人所建，为河南省爱国主义教育示范基地。

张巡（709—757），河南人，玄宗开元末年中进士第三名，唐至德二年（757）正月，安史叛军13万人由尹子奇率领攻打睢阳城。当时的睢阳城是南北交通要塞，军事咽喉之地，叛军企图踏平睢阳，夺取江淮富庶之地。在这危急存亡的关键时刻，睢阳太守许远求助于雍丘防御史张巡。张巡立即带兵3000进驻睢阳，与许远守军3800人合兵抗战。张巡善谋略，精兵法，此前已多次以少胜多，抗击了安史叛军。许远自知军事上不如张巡，战守事宜全由张巡指挥。张巡率众抵抗，日夜苦战，杀敌无数。有时一天多达数十战。张巡等坚守了10个月，大小战斗400多次，杀敌12万多人。其间，城中的战马、麻雀、老鼠、树皮、草根、纸、茶等能吃之物全部吃光，兵士仅余400人，终因饥饿、疲惫至极无力再战，城池沦陷。张巡、许远及南霁云等将士被俘后骂敌不绝，英勇殉国。虽然睢阳之战最后由于众寡悬殊、粮尽援绝而失败，但它却阻住了安史叛军的南下，保全了大唐半壁江山和江淮丰厚的财源，为大唐王朝平定“安史之乱”立下了大功。

自唐代以来，睢阳人民多次建庙、祠纪念张巡、许远二人的功绩，现商丘古城内大隅首西街还有纪念他们功绩的“忠烈祠”。为满足海内外人士怀念、

张巡祠

祭祀张巡的心愿，弘扬爱国主义精神，1990 年当地重建了张巡祠。新祠包括广场区、建筑区和墓葬园林区 3 部分。整个祠堂为仿唐式建筑，宏伟壮观，庄严肃穆。大门两侧安放着两尊石狮，显得庄严肃穆，大气恢宏。祠堂坐落在张巡祠景点中轴线上，面阔 7 间，进深 3 间，重檐庑殿顶，砖木结构。忠烈大殿塑有张巡、许远的雕像，但见张巡身披铠甲，手握宝剑，气度非凡，许远身着官服，手握宝剑，正义凛然。墓葬园区有张巡墓冢和白龙亭各 1 座。正中有张巡像，高 8 米，坐姿。墓冢直径 20 米，用青石围成，墓前立巨形墓碑，墓周植松柏花卉。每年农历 9 月 14 日为“忠烈节”，当地会举行隆重的祭拜仪式。

睢杞战役烈士陵园

睢杞战役烈士陵园位于河南省睢县世纪大道北，占地103.58亩，是为安葬牺牲于睢杞战役中的解放军烈士而建，是河南省重点烈士纪念建筑物保护单位、河南省爱国主义教育示范基地。

睢杞战役是解放战争时期华东野战军和中原野战军10个纵队20万指战员于1948年6月27日至7月6日间，在睢县、杞县地区同国民党3个兵团25万人展开的一场决战。此战役歼敌5万余人，活捉国民党兵团司令区寿年和整编七十五师师长沈澄年。睢杞战役是豫东战役中继我军攻克开封，全歼守敌之后，对国民党多路兵团中区寿年兵团予以围歼和对其他各援敌进行沉重打击的最后决战，是整个战役中消灭敌人最多、胜利最大、意义更广的一个阶段。睢杞战役的胜利，改变了中原和华东战场的战略形势，对淮海战役、大军渡江、解放全中国都有重大的作用。睢杞战役中有3600名优秀儿女献出了宝贵的生命。

睢杞战役烈士陵园建筑南北对称，中轴线甬道两旁植苍松翠柏，从西向东依次为纪念碑、中心花园、烈士公墓。陵园内还建有睢杞战役事迹陈列馆，馆内设有战斗地形沙盘和多功能放映设备。陈列馆介绍了睢杞战役的战斗始末，以及睢县人民在战斗中踊跃支前的光辉事迹。

睢杞战役烈士纪念碑屹立在陵园中央。于1983年兴建，1984年10月竣工。由碑基、碑身、碑顶构成，碑高19.8米，碑体由泰山花岗岩砌成。正面镌刻着“睢杞战役英灵永垂千古”10个大字，为当年指挥睢杞战役的华东野战军一纵司令兼政委叶飞题写。碑座正面刻有介绍睢杞战役的碑文。

睢杞战役烈士纪念碑

烈士公墓位于纪念碑后东端，1983年修建，占地616平方米。墓基面积为36平方米，墓高8米，墓堂高6米，绿瓷镶檐，彩石饰面，墓堂前立高3米“睢杞战役烈士公墓”黑色卧碑。墓门向东，里面安放着烈士的骨灰，其中有睢杞战役解放军最高指挥官粟裕大将的部分骨灰。

陵园还建有共和国第一大将粟裕大将的雕像，该雕像高2.56米，基座高1.42米，由一级汉白玉雕刻而成。粟裕将军病逝于1984年2月5日，根据粟裕同志生前遗愿，将其骨灰撒放于东南8省市，与长眠在那里的战友们在一起。在1984年5月30日下午3时，粟裕将军的部分骨灰被撒放在这个中心花池内，由国防部原部长张爱萍将军亲笔题词“粟裕将军永垂不朽”。

2003年清明前，当地政府把在抗日战争初期牺牲在睢县的、由河南省豫东特委书记沈东平同志率领的西华抗日先遣队18位烈士的遗骨移迁院内，建成十八勇士纪念碑群。2006年以后，当地政府又相继建了思源广场、“军民同歌”大型汉白玉浮雕、“同心潭”和“莲花池”。

鲁雨亭烈士纪念馆

鲁雨亭烈士纪念馆位于商丘永城芒砀山主峰南麓，占地约 2000 平方米，为纪念新四军抗日名将鲁雨亭烈士而建，是河南省爱国主义教育示范基地。2014 年 9 月 1 日，鲁雨亭入选民政部公布的第一批在抗日战争中顽强奋战、为国捐躯的 300 名著名抗日英烈和英雄群体名录。

鲁雨亭（1899—1940），原名鸿逵，字羽亭，因梦大鹏覆体，自改为鲁鹏，字翼亭，又梦大鹏一翅被伤，改字为雨亭，以期将来羽翼国家、雨露人民，乳名“献”。1899 年鲁雨亭出生于河南省永城县山城集（今永城市芒山镇），抗日民族英雄。1920 年，鲁雨亭毕业于河南开封宏威士官学校，曾先后担任河南陆军和建国豫军掌旗官、军法官、军法处处长、武安县县长、国民党四十一军驻南京办事处处长、军长代表、永城县县长等职。1939 年 8 月，他亲见新四军游击支队参谋长张震，请求加入共产党并归编为新四军，他创建新四军游击支队第一总队并担任总队长，同时加入中国共产党，开辟了夏永砀抗日根据地。1940 年 2 月下旬，鲁雨亭带领第一总队阻击日军于僖山，击毁日军汽车两辆，毙伤敌 30 余人。3 月，鲁雨亭指挥部队与日军连续战斗 10 余次，迭获胜利，歼敌佐野联队长北山大尉等 300 余人。1940 年 4 月 1 日晨，日寇从永城、夏邑、砀山、萧县、黄口等据点调集数千人分 4 路向芒砀山第一总队围攻，在磨山、僖山、柿园等村展开了激战。鲁雨亭率特务连坚守阵地，不幸身中数弹，壮烈殉国于李黑楼东门外，时年 41 岁。

鲁雨亭烈士纪念馆

1940 年 4 月 3 日，豫皖苏边区党政军委员会决定，为纪念鲁雨亭烈士，将他的生长地山城集改名为“雨亭集”，永城人民在芒砀山南麓为他兴建了“雨亭祠”。1942 年永城人民在鲁雨亭墓前修建了鲁雨亭烈士纪念馆。2007 年 4 月 1 日，值抗日民族英雄鲁雨亭烈士殉国 67 周年和清明节即将来临之际，永城市委、市政府在芒山镇李黑楼抗日民族英雄鲁雨亭烈士殉难处举行了隆重的纪念碑揭碑仪式。鲁雨亭烈士纪念馆坐北朝南，院中立有鲁雨亭烈士半身汉白玉雕像。其左后侧立有一尊高大石碑，正面镌刻着“抗日民族英雄鲁雨亭烈士永垂千古”几个大字。背面镌刻着革命老干部鲁禹道、阎济民撰文的《鲁雨亭烈士生平简介》。雕像后建有 5 间展览室，介绍鲁雨亭烈士的生平事迹，展室后就是鲁雨亭烈士墓。

鲁雨亭烈士后人为传承烈士精神，2008 年开始发起“雨亭行动”，以当年鲁紫铭、鲁雨亭父子在故乡兴学时“为国储才”的遗训为主旨，“以雨润才，以亭护才”。如今“雨亭行动”系列活动的长期持续开展，对纪念鲁雨亭烈士，教育引导广大人民群众特别是广大青少年学习先烈精神，继承发扬革命传统起到了重要作用。

中国人民抗日军政大学第四分校旧址

抗日军政大学第四分校旧址位于永城市李寨镇麻冢集村，由校址、校部、银杏树3部分组成，为河南省文物保护单位、河南省爱国主义教育示范基地。

中国人民抗日军政大学，简称“抗大”，是抗日战争时期，由中国共产党创办的培养军事和政治干部的学校。其前身是“西北抗日红军大学”，1937年初改为此名。1943年起，校长徐向前，兼任中共中央处理委员会主任、抗大总学习委员会书记。毛泽东任抗大教育委员会主席，他为抗大制定了“坚定正确的政治方向，艰苦朴素的工作作风，灵活机动的战略战术”的教育方针和“团结、紧张、严肃、活泼”的校风。

抗日军政大学第四分校简称“抗大第四分校”，是新四军第四师在豫皖苏边区创办的一所培养抗战建国人才的军政学校，也是新四军中成立最早、历时最长的一所分校。1938年秋，彭雪枫率新四军游击支队，从河南确山县竹沟镇出发挺进豫东敌后。同年年底，在鹿邑县的白马驿创建了随营学校。1940年年初，根据中央要在各敌后根据地建立抗日军政大学分校的指示，将原随营学校扩建成抗大第四分校，校长为彭雪枫（兼），政治部主任为肖望东（兼），教育长为刘作孚（后为方中铎）。第一期于1940年3月18日在永城县的麻冢集正式开学，课程设有中国革命问题、中共党史、哲学、政治经济学、军队政治工作、群众工作和时事政策以及步兵战术、游击战术等。第二期于1940年11月7日在麻冢集附近开学，学员900余人。1941年5月，抗大第四分校随部队转移到皖北等地办学，至1945年11月结束。其间，彭雪枫、邓子恢、张爱萍、吴芝圃、张震、肖望东、方中铎、刘清明、李干辉、冯文华、陈锐霆等担任过分校的领导职务。1944年9月11日彭雪枫牺牲后，先后改名为雪枫军政大学、华中雪枫大学、华东军政大学、第三高级步兵学校。1952年2月，又改建为中国人民解放军总高级步兵学校，即现在的南京陆军指挥学院。

抗日军政大学第四分校旧址

抗大第四分校旧址现存校址、银杏树两处，校部的3间土坯草顶房，由于年久失修现已倒塌。校址在麻冢集北街路东，原清末时期的泰山庙大殿。大殿面阔、进深各3间，硬山石灰顶，是当年第四分校的会堂和教室。殿内东西山墙上至今完整地保留着当时第四分校的同志们用土红颜料书写的美术字标语和宣传栏。东山墙书“学习革命理论，坚定政治方向”，标语下方是南北并列的《歌咏栏》《学生栏》；西山墙书“提高技术水平，加强抗战力量”，标语下方有《防卫栏》《时事栏》。银杏树在麻冢集东北1公里的曾楼村后，树龄已有千年，干围6.5米，树荫遮盖400多平方米，树下是当年第四分校学员夏天学习、聚会、议事的场所，至今大树仍枝繁叶茂。抗大丰富多彩的文化生活吸引着大批的爱国青年，使他们在这个大熔炉里健康地成长。当时第四分校的同志们一个共同的感觉是虽然物质生活艰苦，但精神上却是愉快的。

抗日军政大学第四分校直到1945年5月11日，共毕业7期近5000名学员，为党和中国人民的解放事业培养了大批德才兼备的军政人才，为抗日战争的胜利作出了自己的贡献，在中国教育史上留下了光辉的一页。

商丘博物馆

商丘博物馆位于商丘市华商大道与平原路交叉口北侧，总占地面积 110.4 亩，总建筑面积 29672 平方米，属地方综合性博物馆，是中国首座集中展示商文化历史文明的博物馆，又称“中国商文化博物馆”，为河南省爱国主义教育示范基地。

商丘博物馆成立于 1983 年 10 月，旧馆在 2004 年被拆除，新馆于 2010 年开工建设，历经 6 年，于 2016 年 5 月 18 日第 40 个国际博物馆日试开馆，6 月 6 日正式开馆。

商丘博物馆建筑外观雄伟大气，设计构思源于商丘归德古城，完美地表现出古城“外高内低”之布局和“城压城”之结构的典型特征。博物馆主体由三层上下叠加的展厅组成，周围环以水面和庭院，设南北东西 4 个门，主入口设在南门。主展馆南立面东、西两角上部微微向上翘起，象征一只鸟的两个翅膀，寓意“玄鸟生商”。站在屋顶平台的眺望台上，可远眺阏伯台、商丘古城、隋唐大运河商丘码头遗址等周围历史文物。

新馆展厅陈展面积 7750 平方米，收藏、陈列和展示商丘的历代文物、城市沿革和中国商文化历史，馆藏文物 2 万件，多为商丘本地区田野考古发掘出土或民间征集所得，主要藏品为西汉梁园王陵区发掘出土的铜器、玉器、陶俑以及鎏金、银车马饰等等。镇馆之宝——金缕玉衣出土于 1995 年，是在西汉梁王的墓地发现的，全长 1.7 米，总共由 2010 块玉片用金丝编缀而成。在河南省展

商丘博物馆

出的只有两件，一件在河南博物院，另一件在商丘博物馆。馆藏“八关斋”石幢，字体方正遒劲，别具姿态，为唐代书法家颜真卿晚年的重要书迹之一。

商丘博物馆的展览主要包括基本陈列和临时展览。馆内基本陈列包括“商丘古代文明展”和“商业文明展”两部分。

“商丘古代文明展”位于展厅二楼和三楼南侧，分上古传说、殷商故都、宋继商祀、汉兴之地、国运所系、归德府城6部分，采取实物加场景复原的方式，展示了商丘从远古到明清的辉煌历史。

“商业文明展”内容包括商业起源、商业和货币、商业思想、商业政策、内外贸易、市井繁华、商帮与行会7个部分，实物与场景相结合，生动展示了我国古代商业发展的辉煌历程。

近年来，商丘博物馆还先后举办了商丘汉画像石、大运河文化、商丘古城文化等一系列陈展，以及商代青铜器、“商丘印象”商丘非物质文化遗产成果展、书画精品等临时展览，接待参观群众30多万人次，发挥了良好的爱国主义宣传教育作用。

周口市

吉鸿昌将军纪念馆

吉鸿昌将军纪念馆位于扶沟县城鸿昌大道东段，占地面积 6.6 万平方米，建筑面积 1.6 万平方米，为纪念伟大的抗日民族英雄吉鸿昌而建。它是全国和河南省爱国主义教育示范基地、国家国防教育示范基地、国家级抗战纪念设施、河南省重点烈士纪念建筑物保护单位，并被列为全国红色旅游经典景区。

吉鸿昌是中国共产党优秀党员，著名抗日民族英雄。他 1895 年出生于河南扶沟县，1913 年投军，1926 年参加北伐，成为西北军中著名的爱国进步将领。1932 年加入中国共产党，从一个爱国的旧军人转变为坚定的共产主义战士。在中国共产党领导下，1933 年他组织领导察哈尔民众抗日同盟军，抗击日寇。1934 年他在天津从事地下活动，建立“中国人民反法西斯大同盟”，并组织武装抗日义勇军。同年 11 月 9 日他不幸被捕，11 月 24 日在北平被蒋介石杀害，为中华民族解放事业英勇牺牲，时年 39 岁。“恨不抗日死，留作今日羞。国破尚如此，我何惜此头？”这是吉鸿昌临刑前写下的气壮山河的就义诗。1945 年，在党的“七大”会议上，吉鸿昌被定为全党褒扬的革命烈士。周恩来总理在 1971 年指出：“吉鸿昌同志由旧军人出身，后来参加共产党，牺牲时很英勇，从容就义，很有必要把他的事迹出书。”民政部于 2014 年 9 月 1 日公布了第一批 300 位著名抗日英烈和英雄群体名录，吉鸿昌烈士名列其中。

吉鸿昌将军纪念馆前身为扶沟县烈士陵园，筹建于 1962 年，1964 年陵园建成，1979 年筹建吉鸿昌烈士纪念馆。1995 年在吉鸿昌将军诞辰 100 周年之际，

吉鸿昌将军雕塑

更名为“吉鸿昌将军纪念馆”，江泽民亲笔题写馆名。2007年当地开始规划建设吉鸿昌将军纪念馆新馆，历时3年建成。2009年11月24日，新的纪念馆在吉鸿昌将军就义75周年之际开馆。

吉鸿昌将军纪念馆新馆馆区由主馆、纪念广场、国防教育园、休闲公园4部分组成，基本陈列面积2600平方米。主馆内设瞻仰大厅、吉鸿昌烈士厅、书画厅、多功能厅、廉政教育厅和半景画馆等。馆藏陈列着大量的图片资料和珍贵文物，采用声、光、电、影等现代手法，辅以雕塑、蜡像、模型、绘画、场景复原等配景，生动再现了吉鸿昌将军和扶沟县部分烈士可歌可泣的英勇事迹。馆前纪念广场上屹立着吉鸿昌将军青铜塑像，铜像高7.9米，重6吨，是由扶沟县干部群众和社会各界捐资所铸。广场西侧是国防教育园，放置有空军某部赠送的一架退役的歼-6教练战斗机、中国人民解放军济南军区赠送的一部退役的坦克及两部大炮等武器。

河南莲花味精集团

河南莲花味精集团一般指河南莲花味精股份有限公司，位于河南省项城市莲花大道 18 号，现有资产总额 40 多亿元，职工上万人。河南莲花味精股份有限公司是国务院确定的 520 家重点企业之一，被农业部等 8 部委认定为全国第一批农业产业化龙头企业，是河南省爱国主义教育示范基地。

河南莲花味精集团原为河南省周口地区味精厂，创建于 1983 年。经过多年的发展，河南莲花味精集团已形成以生产“莲花”牌味精为主，以化工、食品、饲料、包装、彩印等为辅的多元化的大型国有独资企业。

河南莲花味精股份有限公司（以下简称莲花股份）于 1998 年 8 月在上海证券交易所挂牌上市（莲花味精，股票代码 600186）。公司是世界上唯一用小麦做原料的味精生产企业，采用世界先进水平的日本生物发酵技术和精制工艺，提高产品质量，降低生产成本，扩大生产规模，在中国味精行业率先获得 ISO9001 国际质量体系认证，首家通过 HACCP 体系认证。莲花股份产品主要包括以“莲花”牌味精、“莲花”牌鸡精、“九品香”调味料为主的调味品系列，以小麦谷朊粉为主的植物蛋白系列，以“六月春”牌面粉为主的小麦面粉系列，以及小麦淀粉系列。“莲花”牌味精长期占据中国市场主导地位，被商务部评为味精行业最具市场竞争力品牌，是最受消费者欢迎的品牌之一。国家工商行政管理总局认定“莲花”商标为“中国驰名商标”，确定莲花股份为味精行业唯一的国家商标战略实施示范企业。

河南莲花味精集团

莲花股份年产销味精 30 万吨，是中国重要的味精生产和出口基地。在中国家庭消费市场占有率超过百分之四十，被中国绿色食品发展中心认定为“绿色食品”。2012 年莲花品牌价值为 25.89 亿元，入选“中国 500 最有价值品牌”。

莲花股份致力于粮食深加工与食品发酵专业技术，确保提供安全健康的食品。年加工转化粮食超过 100 万吨。莲花股份设有经国家人事部批准设立的“博士后科研工作站”，下辖 5 个重点实验室：小麦深加工实验室、氨基酸实验室、淀粉糖实验室、质量控制实验室、生物工程实验室，承担国家、河南省重大项目 8 项，取得科研成果 36 项，申请专利近百项。在氨基酸发酵生产、葡萄糖生产、环保技术、发酵副产物综合利用和小麦深加工等方面拥有大批具有自主知识产权的核心技术，技术水平居国内领先地位，为提供安全、美味的食品奠定了坚实的技术基础。

莲花股份在巩固国内市场主导地位的同时，积极开拓国际市场。2007 年，公司相继通过了 ISO9001 等一系列质量体系认证，形成 10 大类 30 多个品种。市场发展迅速，产品销往美国、欧洲、东南亚、中亚等 120 多个国家和地区。2007 年莲花味精国内市场占有率达 40% 以上，年生产能力超过日本味之素，成为世界上最大的味精生产企业。

从河南莲花味精集团的发展历程，可以感受到改革开放以后国有企业巨大的发展变化，对于增强民族自信心、打造民族商业品牌、赶超世界先进水平、建设中国特色社会主义有重要的启迪作用。

杜岗会师纪念地

杜岗会师纪念地位于周口市西华县城北 4 公里处的红花镇杜岗行政村，占地 32.5 亩，总建筑面积 9400 平方米，是河南省爱国主义教育示范基地。

1938 年 10 月 11 日，彭雪枫率领的新四军游击支队和奉河南省委之命由吴芝圃率领的豫东抗日游击第三支队、肖望东率领的游击“先遣大队”在杜岗胜利会师。之所以选择在这里会师，是因为西华县是抗战初期中共豫东特委所在地，也是我党在豫东创立较早、规模较大的革命根据地，群众基础十分扎实，当时被称为“小竹沟”“小苏区”。而杜岗村坐落在花园口决堤后的新黄河西岸，与东岸日军占领区仅一水之隔，特殊的地理位置使杜岗村成为东进敌后的前沿阵地。会师后，三支部队进行了整编，并成立了新四军游击支队，下设三个大队，彭雪枫任司令员兼政委，吴芝圃任副司令员，张震任参谋长，肖望东任政治部主任，谭震林任政治部副主任。整编后，部队人员有 1000 多人，这支部队在杜岗休整半个月，即从西华县城东渡新黄河，开赴豫皖苏边区敌后，迅速点燃了抗日烽火，并以燎原之势发展壮大，成为后来坚持华中敌后抗战的一支重要武装力量——新四军第四师。从此，我党在豫皖苏地区建立了抗战根据地，在中华民族抗战史上写下了光辉的篇章。

为纪念此历史事件，经中共中央宣传部 1990 年 9 月 4 日批准，西华县委、县政府于 1994 年建造了新四军杜岗会师纪念碑。2011 年 10 月，又由中央拨付“支援革命老区建设”专项资金，建设杜岗会师纪念地，包括纪念广场、纪念碑、纪念馆、彭雪枫铜像、各有关将领群雕像展室等。

雄伟壮观的新四军杜岗会师纪念碑高高矗立在纪念馆的园林之中，碑高19.38米，呈三棱形，象征当年三支革命武装力量的大会师，红色碑尖象征着燎原的抗日星火永远在燃烧，宽厚的底座象征着人民群众对革命武装力量的拥护和爱戴。碑的正南面有中央军委原副主席张震亲笔题写的“杜岗会师”4个大字，苍劲有力。碑的东侧是国务委员、国防部原部长张爱萍的题词“抗日先锋，万古流芳”。西面碑文则具体介绍了杜岗会师的概况。整个碑体做工精细，造型独特，色调亮丽而流畅。数千块大理石镶嵌如同金镶玉嵌，宽大的平台和四周的石栓、石柱、石阶，配以盘错有致的花卉和四季常青树，显得更加高大宏伟，引人注目。

杜岗会师纪念地

纪念馆位于中轴线的正中心，集现代建筑和仿古建筑为一体，庄严肃穆，气势恢宏，建筑面积540平方米。布展内容由5个部分组成，分别是“东进序曲”“会师杜岗”“挥师东进”“丰功伟绩”“廉政教育”。

雕塑群位于中轴线南端，包括3个部分，入大门20米处是彭雪枫将军骑马铜像，连同基座高6米左右；往里走是长16米、高3米的砂质岩浮雕群，包括杜岗会师、整装待发、欢庆胜利、挥师东进4个阶段；再往里便是彭雪枫、吴芝圃、肖望东、张震的群雕。整个纪念地布局合理，建筑风格古朴庄重，环境幽雅，交通便利，历史厚重，影响深远。

通过参观杜岗会师纪念地，可以更清楚地了解我们党领导下的抗日武装如何从小到大，形成燎原之势，最终为取得抗战胜利作出的巨大贡献。

周口市博物馆

周口市博物馆位于河南省周口市东新区文昌大道东段2号，建筑面积1.6万平方米，展厅面积8000平方米，是周口市规模最大、功能最完善的市级综合性博物馆，为全国人文社会科学普及基地、河南省爱国主义教育示范基地、国家二级博物馆。

周口作为三皇故都、老子故里，这里历史悠久，底蕴厚重，地灵人杰，文化灿烂，是中华文明的发祥重地。周口市博物馆于2010年12月竣工，2011年6月30日正式对外展出。博物馆多层次的斜坡屋顶向上逐层递进，高耸挺拔，石材与玻璃幕墙相辅相成，塑造出端庄典雅的建筑外观，体现了历史文化与现代文明的有机结合。博物馆馆藏文物及标本7000余件，其中珍贵文物2000余件，文物品类丰富，年代序列完整。基本陈列为“宛丘之上——周口历史文物陈列”，于2014年被评为河南省优秀陈列展览，内容分为5个部分。

第一部分“人文肇始”，主要陈展“三皇”伏羲、女娲、神农的功绩，以及豫东周口地区原始文化的风采。

第二部分“大道幽微”，主要陈展老子的事迹、《道德经》版本，以及老子故里鹿邑太清宫出土的各个时期的文物。

第三部分“三代华章”，主要陈展两周时期陈国、长国和楚都陈期间的文物及史实。

第四部分“莽原鸿爪”，主要陈展秦汉以来至元代周口历史的发展轨迹。

周口市博物馆

第五部分“逐波兴埠”，主要陈展明清时期周口三川汇流、漕运兴埠的历史。

该馆每年都举办或承办多种临时展览，丰富了广大人民群众的精神文化生活。此外，还经常性地开展展览进基层、进社区、进学校活动，为广大青少年学生提供了丰富的精神食粮。

李鸣钟故居

李鸣钟故居位于河南省周口市沈丘县长安街路北，是河南省爱国主义教育示范基地、省级文物保护单位。

李鸣钟（1887—1949），字晓东，河南沈丘官会镇（今属项城）人，西北军著名将领，为冯玉祥前期两大主要助手之一。辛亥革命时在冯玉祥营任排长，后追随其到陕西。自滦州起义，历经反对帝制、讨伐张勋、直奉大战、推翻曹锟的北京政变，均作出了卓有成效的贡献。 后升为绥远都统兼国民军西路总指挥，授陆军上将衔。在任期间，修路种树，创办五族学院、包头二中、职业学校、女子师范、全区图书馆、古物陈列室、通俗讲演所、平民学校等；建平民医院、老幼救济院、妓女济良所。1926 年任京师警察总监。1927 年任国民政府军委委员。1928 年任郑州市市长，第二集团军总指挥。1931 年吉鸿昌下野，李鸣钟又兼任二十二路军总指挥和三十师师长。后任军事参议院参议。抗日战争期间，李鸣钟虽然为当权者所忌，数次上书都未能复出带兵，但他通过旧时的同袍战友，从各个层面上积极参与抗战，为抗日救国和反法西斯战争作出了积极贡献。1948 年

李鸣钟故居

2 月他被任命为南京政府行宪第一届监察委员。同年 7 月，被任命为国民政府参议院上将参议。国民党内战失利后，蒋介石特地派人给李鸣钟送去了前往台湾的船票和飞机票，劝他出逃台湾，被他毅然拒绝。其时，李鸣钟留在上海等待解放，并与旧部密议，准备待解放后，联袂北上参加革命事业。1949 年 5 月上海解放，6 月他因病在苏州遗憾去世，终年 62 岁。

李鸣钟故居位于沈丘县城内，此住宅于 1936 年建造，是一进三的四合院。各院正堂 7 间，东西厢房各 3 间，左右各有角门 4 个，三节院落南北相连。各院各室走廊互通，穿室越院，遮日挡雨。西有小花园，建有卷棚观花厅。厅后书房 3 间，东边厨房、役人住室 9 间，西房马厩、车房 11 间，整个建筑严谨高雅。李鸣钟作为旧时代的军队将领，爱恨分明，能征善战，为政以德，经身行谊，大节无亏，其一生值得肯定和纪念。

信阳市

新县革命纪念地

（包括中共中央鄂豫皖分局、鄂豫皖军委、鄂豫皖苏区首府革命博物馆、鄂豫皖苏区烈士陵园、箭厂河革命旧址等）

新县革命纪念地包括中共中央鄂豫皖分局、鄂豫皖军委、鄂豫皖苏区首府革命博物馆、鄂豫皖苏区烈士陵园、箭厂河革命旧址等革命遗址，为全国和河南省爱国主义教育示范基地，国家一级重点文物保护单位，国家4A级旅游景区。新县箭厂河革命旧址为全国红色旅游经典景区。

新县原称新集，位于河南省信阳市东南部，被称为“中原南门”，大别山雄踞其间，自古为战略要地。全县总面积1612平方公里，素有“红色首府、将军故里、诗画江南”之美誉。新县人民具有光荣的革命传统，1927年1月，吴焕先（新县箭厂河乡人）等在黄安县紫云区箭厂河（今属新县箭厂河乡）创建了鄂豫皖边区第一支农民革命武装——三堂革命红学。这支武装成为黄麻起义中的中坚力量，新县由此成为鄂豫皖边区我党领导的最早的武装起义——黄麻起义的发祥地。1928年6月，中国工农革命军第七军在光山县柴山保（今属新县陈店乡）创建鄂豫皖边区第一块革命根据地，新县成为大别山脉工农武装割据的最早区域。1928年7月，在柴山保尹家嘴组建鄂豫皖革命根据地第一支红军队伍、红四方面军最早的一支队伍——中国工农红军第十一军三十一师，新县成为中国工农红军的重要诞生地。1931年2月，豫南重镇新集镇被红军攻克后，鄂豫皖苏区党政军首脑机关相继迁入或在此建立，新县成为鄂豫皖苏区首府所在地和政治、经济、军事、文化的中心。1932年10月，红四方面军主力西征川陕后，吴焕先、高敬亭（新县新集镇人）、刘名榜（新县郭家河乡人）先后重建和领导了红二十五军、红二十八军和大别山红色游击队，继续坚持大别山区的革命斗争，新县成为坚持大别山红旗不倒的中心区域。1947 年 8 月，刘邓大军千里跃进大别山后，刘邓首长亲自建立了大别山区第一个县级爱国民主政权——经扶县爱国民主政府，并将野战军政治部、文工团、卫生部及医院设在新县，新县成为刘邓大军的立足地和后方基地。在新县这块红色土地上，先后诞生和养育了红四方面军、红二十五军、红二十八军三支主力红军。中国工农红军第一架飞机“列宁号”从这里飞向蓝天，中华苏维埃区域第一届运动会在这里成功举办，著名红色革命歌曲《八月桂花遍地开》《三大纪律八项注意》由这里唱遍全中国。当时全县人口不足 10 万人，牺牲了 5.5 万人。家家有红军，户户有烈士。著名的烈士有王志仁、桂步蟾、吴焕先、高敬亭、叶成焕等。从新县和大别山区

新县革命纪念地

中共中央鄂豫皖分局旧址

走出了349位共和国将军，养育了许世友、李德生、郑维山等43位新县籍将军和50余位省部级以上领导干部，留下了董必武、刘伯承、邓小平、徐向前、李先念、刘华清等老一辈无产阶级革命家的战斗足迹。

在长期的革命斗争中，新县留下了200多处革命历史遗迹和纪念地。全县现在已公布为文物保护单位的革命文物旧址有81处，其中国家级4处、省级8处、县级69处。重要的革命纪念地如下。

中共中央鄂豫皖分局、鄂豫皖军委旧址位于新县县城中心首府路，为全国重点文物保护单位。1931年2月，红军攻克新集（今新县县城），5月12日，中共中央鄂豫皖分局和革命军事委员会在新集成立，张国焘任分局书记兼军委主席。分局直隶于中央政治局，其职权代表中央而高于省委。分局委员共11人，其中中央指定 8 人，即张国焘、陈昌浩、沈泽民、曾中生、王平章、蔡申熙、舒传贤、邝继勋，另补选 3 人，即周纯全、郭述申、高敬亭。候补分局委员有甘元景等 15 人。分局既是中央代表机关，又是鄂豫皖地区党组织的最高领导机构。鉴于这种做法不便于工作，根据《中央关于鄂豫皖省委的决议》又组成了鄂豫皖省委，书记为沈泽民，组织部部长为高敬亭，宣传部部长为成仿吾，省委常委还有郑位三、汪友清（女）、耿显义等 7 人。革命军事委员会中曾中生、邝继勋为副主席。军委下设参谋部、政治部、秘书处、经理处、军医院、航空局、彭杨军政干校等机构。分局、省委和军委成立后，领导鄂豫皖人民在军事斗争中取得了节节胜利，连续粉碎了敌人第一、二、三次“围剿”，同时苏区的政权建设、经济文化建设和土地革命运动也广泛开展起来。1932 年夏，国民党调集重兵对鄂豫皖发动大规模的第四次“围剿”。我军在反“围剿”斗争中，由于张国焘“左”倾冒险，导致第四次反“围剿”斗争失利，新集于 1932 年 9 月 9 日沦陷。鄂豫皖分局机关随红四方面军撤离。

中共中央鄂豫皖分局旧址占地 1980 平方米，原为新集刘姓大地主私人住宅，始建于清咸丰年间。前后有五进大院，七栋老式阁楼，共有房屋 61 间。当年分局下设的鄂豫皖省委、军委办公室、组织部、宣传部、妇女部、少共分局和部分领导人的住室及生活用具至今保存完好。大门上方悬挂徐向前同志题写的“中共中央鄂豫皖分局旧址”匾额。另外，红四方面军总部有两进大院，三栋老式阁楼，共有房屋 100 余间，陈列有当年的参谋部、政治部、秘书处、经理处以及张国涛、徐向前等领导人的办公室及住室。大门开在北起第 4 间，大门上方悬挂着“红四方面军总部旧址”匾额。近年来，新县对上述两处旧址再次进行复原陈列，两处旧址各设主展室 1 个，采用先进的灯箱式陈列版面，比较系统地介绍了鄂豫皖党的建设、武装斗争、政权建设和经济、文化发展的历史及鄂豫皖红四方面军、红二十五军、红二十八军三大主力红军发展壮大的艰难历程。

鄂豫皖苏区首府革命博物馆、鄂豫皖苏区烈士陵园参见本书单独条目。

箭厂河革命旧址位于鄂豫两省的接合部，与湖北省红安县毗邻，距县城 12 公里。清朝以前箭厂河名叫百步桩，因过河无桥，竖石桩 90 余个，故得名。清初，该乡王大屋有个名叫王学举的明末武进士和周围武举 18 人共同抗清，在此练兵，设厂造箭，因此取名箭厂河。箭厂河是鄂豫皖工农革命的发祥地之一，是黄麻起义和鄂豫皖革命根据地的策源地之一，著名的红军将领吴焕先就诞生于此地。为了中国人民的解放事业，箭厂河乡有 5000 余人献出了宝贵的生命。现存 20 多处红色革命旧址，包括列宁小学、红田、红二十五军政委吴焕先故居、红二十五军司令部旧址、红四方面军后方总医院旧址等。

新县鄂豫皖苏区首府革命博物馆、烈士陵园

鄂豫皖苏区首府革命博物馆坐落在大别山腹地新县城关，占地40多亩，建筑面积3000多平方米，为全国和河南省爱国主义教育示范基地、国家一级博物馆、全国红色旅游经典景区、国家4A级旅游景区、全国人文社会科学普及基地，全国中小学生研学实践教育基地。

鄂豫皖革命根据地是土地革命战争时期中国共产党领导创建的全国第二大革命根据地。新集（今新县县城）是鄂豫皖苏区首府。在这块红色土地上，先后诞生了红四方面军、红二十五军、红二十八军三支主力红军。鼎盛时期，根据地发展到26个县，人口发展到350万，主力红军发展到45000余人。在血与火的斗争中，鄂豫皖苏区共走出了349位将军，留下了董必武、徐向前、刘伯承、邓小平、李先念等老一辈无产阶级革命家的战斗足迹，谱写了一首首气壮山河的动人诗篇，为中国革命的胜利作出了不朽的贡献。

1958年建立了新县革命烈士纪念馆，馆内设立新县革命历史陈列室。后经河南省委、省人民政府批准在新县新建一座鄂豫皖苏区首府革命博物馆，并由原国家主席李先念题写馆名。1985年10月25日奠基，1987年12月22日竣工，1990年10月25日开馆。2001年至2009年又进行全面的维修改造扩建。博物馆为仿古式现代建筑，依山傍水，气势宏伟，红檐橙瓦，金碧辉煌。该馆藏品主要是革命文物，总数为407件。展出内容包括主展馆、鄂豫皖苏区将帅馆、英雄山景区、大别山国防教育园4部分。

主展馆有基本陈列“红色大别山”和专题陈列“千里跃进大别山”“新县籍省部级领导生平事迹展”“红色廉政文化陈展室”“中国女红军专题展”等。基本陈列“红色大别山”生动地再现了大别山区从1921年中国共产党诞生到新中国成立的辉煌历程。展厅内陈展有全国唯一保存下来的当年书写在青砖墙上的珍贵文物《中国苏维埃第一次全国代表大会土地法令草案》。“千里跃进大别山”展厅展现了刘邓大军千里跃进大别山的重要历史场景。“新县籍省部级领导生平事迹展”展示的是吴焕先、高敬亭、张体学等50位新县籍领导干部的生平事迹。“红色廉政文化陈展室”是依托大别山厚重的文化资源建设的。“中国女红军专题展”突出展示了参加长征的47位红军女战士的光辉形象。

鄂豫皖苏区将帅馆全方位、多角度地展示了在鄂豫皖苏区工作和战斗过的349位开国将帅的丰功伟绩，是全国唯一一座集中反映鄂豫皖苏区开国将帅的专题展馆，分为序厅、元帅厅、大将厅、上将厅、中将厅和少将厅。陈展运用综合的艺术表现形式和高科技手段，打动和感染了观众。

英雄山景区是博物馆的重要组成部分，由入口广场、奋斗铜雕、红旗飘飘、镂空火球、环山栈道、铁索吊桥、六角凉亭、十亩桃园等部分组成。

大别山国防教育园位于英雄山广场北侧，陈展有中国工农红军的第一架飞机——“列宁号”纪念机，以及从中国人民解放军总装备部、济南军区、广州军区征集的坦克、大炮、飞机、装甲车等大型兵器，是爱国主义教育和国防教育生动的教材。

鄂豫皖苏区首府烈士陵园位于新县城南白毛尖，占地330亩，为全国重点革命烈士纪念建筑物保护单位，国家级爱国主义教育示范基地，国家4A级旅游景区。

鄂豫皖革命根据地在第二次国内革命战争时期先后举行了著名的黄麻起义、商南起义和六霍起义，创建了红四方面军、红二十五军、红二十八军三支主力红军，建立了26个县级苏维埃政权。整个新民主主义革命时期，鄂豫皖根据地为革命牺牲的先烈有13万之多，涌现出吴焕先、高敬亭等著名英烈。当时，首府所在地新县人口不足10万，就有5.5万人为革命献出了宝贵生命。

鄂豫皖苏区首府烈士陵园始建于1957年，是新中国批建的第一批县级烈

鄂豫皖苏区首府革命博物馆

士陵园。2001 年至 2009 年又对陵园进行了全面维修改造扩建。园内陈列和珍藏着朱德、邓小平、李先念、许世友等党和国家领导人的亲笔题词及珍贵烈士遗物 4500 余件，安葬着近百位著名烈士和红军首长的遗骨，纪念着鄂豫皖苏区 13 万多名革命烈士。整个陵园为“八一”型现代建筑风格，庄严典雅，轩昂壮丽，由大门、《燎原》浮雕墙、烈士纪念碑、烈士纪念堂、革命斗争史陈列室、吴焕先半身塑像、烈士纪念亭、烈士墓地 8 部分组成。门上镶嵌着原国家主席李先念亲笔题写的“鄂豫皖苏区首府烈士陵园”11 个耀眼夺目的金色大字。

2019 年 9 月 16 日，中共中央总书记、国家主席、中央军委主席习近平在河南省考察调研期间，来到新县鄂豫皖苏区首府烈士陵园，向革命烈士纪念碑敬献了花篮，瞻仰了革命烈士纪念堂，并参观了鄂豫皖苏区首府革命博物馆，看望了当地红军后代、烈士家属代表。

新县鄂豫皖苏区首府革命博物馆、烈士陵园集中反映了英雄的鄂豫皖苏区人民在党的领导下，从大革命时期到新中国成立的漫长岁月中所走过的光辉历程和建立的丰功伟绩。整个景区融红色文化、绿色风光、人文景观于一体，是参观游览、接受爱国主义教育的理想场所。

王大湾会议会址纪念馆

王大湾会议会址纪念馆位于河南省信阳市光山县东南30公里的砖桥镇，占地面积10000多平方米，刘邓大军千里跃进大别山时曾在此召开晋冀鲁豫野战军旅以上高级干部会议。它是全国和河南省爱国主义教育示范基地、国家级红色旅游经典景区、全国青少年教育基地、河南省文物保护单位。

1947年秋，刘伯承、邓小平率领晋冀鲁豫野战军主力千里跃进大别山，于8月份抵达大别山地区光山县境内。此时，刘邓大军面临着诸多困难，将有全军覆灭的危险。在此万分危急时刻，刘伯承、邓小平和中原局野战军总部决定于9月27日至29日，在光山县砖桥镇的文氏祠召开旅以上高级干部会议，史称“王大湾会议”。在王大湾会议上邓小平同志作了重要讲话，刘伯承司令也作了长篇讲话。历时3天的王大湾会议的召开，极大地提高了广大指战员的思想觉悟，加强了党的领导作用，增强了纪律观念，使部队真正明白了进入大别山的重要意义，看到了全国革命的大好形势和光明前途。它是刘邓大军挺进大别山的重大转折，对大别山根据地的确立和巩固，对实现党中央战略进攻的伟大决策，为实现毛泽东同志说的“历史的转折点”，起了极为重要的作用。

会址为清代建筑，融鄂、豫、皖3省建筑特点于一体，主要由“福”“禄”“寿”“禧”4个四合院落组成，是一处典雅别致的民居群。整个纪念馆分为4个部分。

首长旧居展厅为清代砖木结构，展有刘伯承、邓小平寝室和会议室等。历

王大湾会议会址纪念馆

时 3 天的晋冀鲁豫野战军旅以上高级干部会议期间，邓小平、刘伯承等首长在此居住。

丰功园主要展示刘邓大军的丰功伟绩，设有刘邓大军千里跃进大别山时在光山境内的战斗历程图片及部分实物展览。

鱼水村再现光山人民支援刘邓大军的军民鱼水情场景，由两部分构成：一是反映光山人民支援刘邓大军的动人事迹和场景，如民国时期百货店、药铺、理发铺、照相馆、皮影戏、木版印刷、小酒店、妇女绣花厅等。二是展示光山解放前织布、纺线、打鱼、做豆腐、打铁、酿酒等各类民间手工作坊的民俗一条街。《千里跃进大别山》《挺进中原》等影视片都有王大湾会议会址的镜头。

将军厅主要为光山籍将军生平事迹介绍、用品陈列，展示新中国成立以来各个时期的光山籍将军的风采。另外还展示了革命战争年代光山籍及在光山境内牺牲的团级以上干部的英雄事迹，记录了所有在革命战争年代为国牺牲的光山籍烈士的英名。

鄂豫皖革命纪念馆

鄂豫皖革命纪念馆坐落在信阳市北京路和107国道交会处，占地3万平方米，为全国和河南省爱国主义教育示范基地、全国国防教育示范基地、国家二级博物馆。

以大别山为中心的鄂豫皖革命根据地，在中国革命史上具有非常重要的地位。党的创始人陈独秀、李大钊，中共“一大”代表董必武、陈潭秋等亲自指导了这里的建党活动，播下了革命火种，使之成为建立中共党组织较早、群众基础深厚、工农运动蓬勃兴起的革命风暴发源地之一。土地革命战争时期，在鄂豫皖苏区先后诞生了红四方面军、红二十五军、红二十八军三支主力红军。鼎盛时期拥有主力红军4.5万余人，地方武装20余万人，根据地面积4万余平方公里，人口350余万，建立了20多个县市革命政权。经过8年抗战，鄂豫皖抗日根据地发展到跨越鄂、豫、皖、湘、赣5省交界的广阔区域，面积达9万平方公里，人口1300多万，成为全国六大抗日根据地之一。信阳是著名的革命根据地，是鄂豫皖苏区首府所在地，是红军的摇篮、将军的故乡。许世友、李德生、万海峰、尤太忠等百余名信阳籍将军从这里走向全国。在中国共产党的领导下，大别山革命老区人民为了中华民族的解放事业，前赴后继，艰苦奋斗，有200多万人参军参战，近百万人英勇牺牲，以鲜血和生命赢得了“红旗不倒”的崇高荣誉。在整个新民主主义革命时期，以大别山为中心的鄂豫皖边区是全国唯一保持30年革命红旗不倒、22年武装斗争不断的革命老区。新中国成立后在 1955 年军队授衔时，鄂豫皖籍的将军人数就达 469 位，约占当时全国将军总数的三分之一。

为缅怀先烈的丰功伟绩、弘扬大别山精神，信阳市委、市政府于 2006 年 3 月 6 日开始兴建鄂豫皖革命纪念馆，2007 年 4 月 28 日建成开馆。纪念馆以千里跃进大别山的“千”字为建筑造型，以百位将军雕像、鄂豫皖红色根据地地图和 30 万烈士英名制作墙面浮雕，南北长约 160 米，东西长约 180 米，建筑面积约 6200 平方米，室内使用面积约 4100 平方米，建筑总高度 16 米，由江泽民题写馆名。陈展内容按时代顺序，以上千幅图片和数百件实物对应的方式，全面展示鄂豫皖革命根据地的形成、发展和不断壮大的过程，着重介绍了从第一次国内革命战争时期到解放战争时期各个历史阶段发生在鄂豫皖大地上的重大历史事件。整个展览共由九个部分组成，分别是：序厅。第一部分，大别风雷，星火燎原。第二部分，红军摇篮，将军故乡。第三部分，红色苏区，共铸辉煌。第四部分，红色土地，艰苦卓绝。第五部分，江淮抗战，中流砥柱。第六部分，中原突围，铁流千里。第七部分，千里跃进，伟大壮举。结尾厅，将星璀璨。

鄂豫皖革命纪念馆

商城县革命烈士纪念馆

商城县革命烈士纪念馆（现改名为“商城县革命历史纪念馆”）位于商城县城崇福大道东段，商城县革命烈士陵园内，坐北面南，占地面积4370平方米，为国家级烈士纪念设施，河南省爱国主义教育示范基地。

商城县是豫南革命老区之一，具有光荣的革命传统，先后有10余万商城优秀儿女投身革命，8万余人英勇牺牲。在革命先烈们用鲜血和生命谱写理想的这块热土上，重点革命旧址和抗战史迹达70多处。1925年，商城就建立了中共党团组织，发动领导农民、学生运动。1929年5月爆发商城起义，建立了河南省第一支工农红军队伍——中国工农红军第十一军第三十二师。商城起义是与黄麻起义、六霍起义齐名的鄂豫皖边区三大起义之一。同年成立了商城县苏维埃政府，诞生了享誉全国的革命历史经典歌曲——《八月桂花遍地开》。邓小平、李先念、刘伯承、徐向前、徐海东、陈赓、王树声等老一辈无产阶级革命家曾在此战斗过。商城是中国工农红军第四军建军地。1931年1月中旬，红一军与红十五军在商城县长竹园南河湾会师，奉中央命令在此合编为红四军。军长为邝继勋（后为徐向前），全军有12500余人。后来，红四军成为红四方面军的重要组成部分。商城是红二十五军长征出发地。1934年4月，红二十八军与红二十五军在商城豹子岩会师，整编为红二十五军。1934年11月，红二十五军从商城葛藤山出发，冲破层层封锁线，与程子华和鄂东北道委会合于光山花山寨。红二十五军在商城吹响了北上抗日的号角。商城是著名的革命史

商城县革命烈士纪念馆

迹“金刚台三年红旗不倒”所在地。1935年至1937年，中共商（城）南县委领导的游击队、妇女排，配合高敬亭领导的重新组建的红二十八军在商城金刚台地区开展了3年艰苦卓绝的游击战争，赢得了“金刚台红旗不倒”的赞誉。商城是刘邓大军千里跃进大别山的立足地。解放战争时期，1947年8月刘邓大军千里跃进大别山。12月13日，刘邓大军分为“前方指挥所”和“后方指挥所”，刘伯承司令员率“后指”挺进淮西，邓小平率“前指”坚守大别山。12月27日，邓政委率“前指”由麻城进驻商城长竹园乡五里山，与国民党部队展开周旋，最终，重建了大别山根据地。在长期的革命斗争中，从商城走出52位开国将军，其中上将1人、中将8人、少将43人，这些都是商城人的骄傲。

为纪念先烈、激励后人，当地于1979年决定兴建烈士陵园。陵园1983年奠基，1992年5月落成，占地面积56336平方米。主要建筑有烈士纪念碑、烈士纪念馆和烈士骨灰堂。

烈士纪念碑高21.7米，正面（南面）镌刻毛泽东手书体“革命烈士永垂不朽”，背面镌刻原国家主席李先念题词“缅怀先烈英雄业绩，发扬革命光荣传统”，东面镌刻徐向前元帅题词“为创建鄂豫皖革命根据地而牺牲的烈士永垂不朽”，西面镌刻李达将军题词“革命英烈浩气长存”。碑座正面是碑文，东、北、西三面为商城革命史迹浮雕。烈士墓园占地11340平方米，安葬着 2400 多位烈士。

商城县革命烈士纪念馆于 1989 年 10 月开始兴建，1992 年 3 月完工开放。2018 年改扩建，2019 年在纪念商城起义九十周年之际重新对外开放，名字改为“商城县革命历史纪念馆”，门头题字为中纪委原副书记郭述申同志手书。展厅展出面积为 2800 平方米，展出内容分为山乡星火、商城起义、红旗不倒、抗日救亡、鄂豫首府、红色之乡 6 个部分，按时代顺序，以商城革命的斗争史实为脉络，主要是通过 200 余件实物、500 余幅图片和数十部影像资料等形式，再现了勤劳勇敢的商城人民在中国共产党领导下，前仆后继，英勇奋斗，以忠诚和热血诠释了“坚定信念，顾全大局，团结奋进，勇当前锋”的大别山精神，为中国革命的胜利和民族解放作出了彪炳千秋的贡献，书写了新民主主义革命时期 28 年红旗不倒的光辉历史。

另外，当地还在大别山主峰之一的金刚台脚下修建、完善了“金刚台红旗不倒”雕塑、金刚台红军洞群等纪念设施和历史遗迹，广泛宣传商城的革命斗争历史，使大别山革命精神在社会主义现代化建设中代代相传。

许世友将军纪念馆

许世友将军纪念馆位于新县田铺乡河铺村许家洼，是河南省爱国主义教育示范基地、河南省重点文物保护单位、国家三级博物馆。

许世友（1906—1985），原名许仕友，出生于河南省信阳市新县田铺乡河铺村许家洼。幼年家贫，自小习武，青少年时期就练就了一身好武功。1926年8月，许世友到武汉参加了国民革命军，后在第一师第一团任连长，接受了革命思想，同年9月加入中国共产主义青年团，次年8月加入中国共产党。后返回家乡领导农民运动，参加了著名的黄麻起义。不久，许世友参加了红军，历任班长、排长、营长、团长、副军长兼师长、军长、红四方面军骑兵司令，参加了著名的二万五千里长征。1934年在川陕苏区反“六路围攻”时，他指挥3个团保卫四川省万源城，以与阵地共存亡的气概，运用灵活机动的战术，打垮了在数量上占绝对优势的敌人，为保卫川陕革命根据地作出了重大贡献。1935年8月下旬，毛主席率红军右路军北上走出草地时，国民党第四十九师在甘南包座“堵剿”，许世友奉命率第四军和第三十一军一道，与敌鏖战两天两夜，将该敌全歼，打开了向甘南进军的门户。1942年，任胶东军区司令员后，他指挥胶东地区八路军和地方武装，横扫敌伪，开辟了胶东地区抗日斗争的新局面。1945年春，他率部讨伐国民党投降派赵保原，克万第、战左村，席卷五龙河两岸，清除了胶东抗日的障碍。解放战争开始后，许世友历任华东野战军第九纵队司令员、山东兵团司令员、山东军区司令员等职，参与指挥了莱芜、孟良崮等重大战役。新中国成立后，他曾担任志愿军第三兵团司令员、中国人民解放军副总参谋长、南京军区司令员、广州军区司令员、国防部副部长、中共中央军委常委等，是第一、二、三届国防委员会委员，中国共产党第八届候补中央委员，第九、十、十一届中央政治局委员，第四、五届全国人大代表。在中国共产党中央顾问委员会第一次全体会议上被选为中央顾问委员会常务委员、副主任。1955 年许世友将军被授予上将军衔，荣获一级八一勋章、一级独立自由勋章、一级解放勋章。许世友将军于 1985 年因病逝世，葬于新县田铺乡许家洼。

许世友将军纪念馆坐落在万紫山下的来龙岭上，坐北朝南，背依来龙岭，面对五虎山。有土木结构房屋 5 间，每间面积约 20 平方米，房屋根据当地农房原来样式依山而建，地面呈梯次升高。门额上悬挂着全国人大常委会原副委员长王光英题写的“许世友将军故居”匾额。东边一间乃是许世友将军生前的住室。1985 年，许世友回家探亲就住在这里，他生前用过的木床及太师椅依然摆放在当年的位置。沿阶梯而下，到两间底屋，在两间屋里摆放着许世友将军生前用过的石磨。厨房墙上有一个约一人委身出入的洞穴，这是当年许世友将军在探母时被叛徒出卖，遭国民党民团百余人包围，设法脱困时留下的。故居西端是陈列室，主要以图片和实物为主，包括资料、书籍、照片、纪念章等。图片再现了许世友将军的动人事迹，揭示了这位忠臣孝子、铁胆将军的传奇一生。展览馆还展出了许世友将军自己珍藏的毛主席像章 10295 枚，这是由将军夫人田普 2001 年捐献给家乡的。另有他曾经用过的各种农具 300 余件。许世友故居有一处重要景观是“砺剑池”。“砺剑池”是用条石和不规则的石头垒起来的一个梯形池塘，池塘南边是一片竹林，北边是农田，西边是许世友将军广场，池塘东边有一巨石，许世友参加革命后，在此石上磨过的刀从不离身，在战场上立下了赫赫战功。后来，当地老百姓就把此池塘称为“砺剑池”。磨刀石旁边摆有一个锁形的石头，为当年许世友在此练习臂力所使用的石锁，石锁重量为 40 多公斤。

许世友将军纪念广场和许世友将军墓也是许世友将军纪念馆景区的重要组成部分。许世友将军纪念广场于 2001 年 10 月落成，占地面积 2300 平方米，为阶梯平台式结构，上下部分为广场，中间部分是花池。广场正中间矗立着许

许世友将军雕塑

世友将军雕像，高 2.6 米，由浅灰色樱花石雕琢而成。将军背靠大山，目视前方，其寓意为“从大别山走出来的将军，回归到大别山”。许世友将军墓始建于 1985 年 10 月，墓地四周古木奇松，山花云海。墓碑由原国家主席杨尚昆和徐向前元帅所立。碑的背面为纵行书写的行楷小字，镌刻着许世友将军戎马一生的赫赫战功。许世友将军是中国倡导火葬以来第一位，也是唯一一位被党中央特批土葬的将军。距许世友将军墓西南约 30 米处是许世友父母合葬墓。

如今，每天到许世友将军纪念馆参观的游客络绎不绝，许世友将军等老一辈无产阶级革命家一生保持坚定理想信念，对党忠诚，艰苦奋斗，无私奉献的革命精神和事迹，已成为年青一代接受爱国主义教育的鲜活教材。

河南杨山煤矿工人武装起义纪念园

杨山煤矿工人武装起义纪念园位于河南省固始县南部40公里的杨山煤矿，是为纪念被誉为“红色煤矿，工运摇篮”的河南杨山煤矿的工人武装起义的光荣历史而设立的，是河南省爱国主义教育示范基地。

20世纪20年代初，河南省固始县当地豪绅和外地资本家陆续办起杨山煤矿等几个规模较大的煤矿，矿工在几年间猛增到1000多人。煤矿安全条件极差，造成了大量矿工伤亡，矿工被矿主、工头鞭棍打死打伤的事件也频繁发生。灾难深重的杨山矿工开始孕育了反抗与解放的革命思想。中共商南区委在二道河、杨山等地发展党员，建立了杨山煤矿党支部，张泽礼任支部书记。杨山煤矿党支部充分发动矿工开展经济斗争，向矿主提出增加工资等要求，得到各矿窑的热烈响应，矿主们被迫接受3项要求。时隔不久，反动矿主高富兴图谋报复，制造了残杀矿工吕天顺的血案。1929年10月，党的基层组织根据中共“八七”会议和“六大”会议精神，迅速建立起“工人纠察队”和“赤色工会”，组织举行了杨山煤矿工人武装起义。起义胜利后创建了以杨山为中心的革命根据地，开始了武装割据的斗争。起义队伍后编入“坚持大别山革命红旗不倒”的红二十八军，并逐步发展成为新四军第四支队、华野二纵四师、解放军二十一军六十一师的重要红色血脉，杨山煤矿因此被誉为“红色煤矿，工运摇篮”。杨山起义队伍中的骨干，经过战斗洗礼，后来有一大批担任了党、政、军和工会的领导职务，为革命事业作出了很大的贡献。同时，也有一批矿工为革命献出

河南杨山煤矿工人武装起义纪念园

了宝贵的生命，成为革命烈士。《河南省著名革命烈士英名录》所载的烈士名单中，就有杨山煤矿工人纠察队员30多名。杨山煤矿工人武装起义不仅是河南省第一次工人武装起义，也是中国煤矿史上的第一次工人武装起义。起义建立了工人武装，还建立了红色政权和赤色工会，是工人和农民联合革命并且取得成功的典范，具有重要的革命意义和历史意义。

河南杨山煤矿工人武装起义纪念园现有5个展厅和1处起义旧址，总面积420平方米，收集和展出革命史料30余万字、图片160多幅、实物90多件，展品丰富，图文并茂。杨山煤矿工人武装起义就全国来说，虽然在规模与影响上都不算太大，但从斗争实践与所取得的成就来看，在我党历史和我国工运史上都占有相当重要的地位。《中国煤矿史》《中国煤矿工人运动史》都把这次起义写入了重要篇章。走进杨山煤矿工人武装起义纪念园，一幅幅革命志士的画像仿佛在诉说着血雨腥风的艰苦岁月，一张张桌椅仿佛发出矿工们义愤填膺、拍案而起的声响，一把把刀枪仿佛喷射出杀向反动矿主和白色政权的怒火，激发参观者牢记光荣历史，以更大的热情投入实现中国梦的伟大事业中。

新县郑维山将军故里景区

郑维山将军故里景区位于新县泗店乡屋脊洼组，占地面积为4.2万平方米，建筑面积1200平方米，是河南省爱国主义教育示范基地。

郑维山将军，1915年出生在一个贫苦的农民家庭，13岁参加革命，15岁加入中国共产党，18岁任红军主力师政委。土地革命时期，他是红军第四方面军的一员猛将，他在徐向前、李先念的指挥下，率红军“夜老虎团”“能攻钢军团”等3个英雄团组成的八十八师，当先锋，打主攻，三爬雪山，三过草地，两次率部迎接红军主力会师，血战河西走廊，历尽危难，屡建奇功，荣获一级八一勋章。抗日战争时期，他先后担任晋察冀教导团团长、抗大第二分校副校长等职，率部深入华北敌后，转战平西太行之间。他参加过百团大战，在历次反“扫荡”等战役战斗中，为开创和保卫晋察冀抗日根据地建立了功勋，荣获一级独立自由勋章。解放战争时期，他先后任张家口、石家庄卫戍司令员，察哈尔军区司令员，三纵队司令员，六十三军第一任军长等职。他率部纵横华北，征战西北，先后参加并指挥了石家庄、平津、太原、兰州、宁夏等著名战役，所向无敌，战功赫赫，荣获一级解放勋章。抗美援朝战争时期，他任二十兵团代司令员，指挥东线各军趋利避害、制敌于死命，受到毛主席高度赞扬。特别是在朝鲜金城地区他成功指挥3000余人昼夜潜伏，一举突破敌两个师防御阵地，创造了现代战争史上的奇迹，为促成“停战”起了重要的作用，荣获朝鲜民主主义人民共和国一级国旗勋章和一级自由独立勋章。和平建设时期，他先后任

郑维山将军故里

北京军区、兰州军区司令员等要职。他坚决贯彻执行党中央、中央军委的战略决策，大力加强部队建设，积极关心和支持地方建设，先后参与了东南沿海、东北、新疆紧急战备任务的指挥，大力推进华北、西北地区的生态绿化事业，为巩固国防和社会主义建设做出了杰出贡献。1955 年，郑维山被授予中将军衔，并被授予一级八一勋章、一级独立自由勋章、一级解放勋章。1988 年 7 月，获一级红星功勋荣誉章。他曾当选为第三、第四、第五、第六届全国人民代表大会代表，第九届中央委员会委员、中共中央军事委员会委员，第十二、第十三届中央顾问委员会委员。他先后参加了中国共产党第八、第十三、第十四、第十五次全国代表大会。2000 年 5 月，郑维山中将病逝。他临终前嘱咐，不要任何评价，他只是一名中国共产党的老党员，人民军队的老战士。郑维山将军在 70 多年的革命生涯里，把自己的一切都无私地献给了中国人民的解放事业和社会主义的建设事业，在中国革命的历史上写下了不朽的篇章。毛泽东主席曾盛赞："南有许世友，北有郑维山。"

郑维山将军故里景区自 2001 年 11 月开始建设，现已建成了 20 余处景点。

景区里有将军故居、将军石、将军亭、藏枪池、碑林、点将台、红军洞、将军泉、蝴蝶洞、太平寨、花氏寨、红四方面军将士纪念馆等景点。

郑维山将军故居有砖木结构的普通民居 3 间和一个 70 余平方米的院落，故居保存完好，现在是将军生平事迹陈列馆。将军石在屋脊洼组后山，为典型花岗石，长、高各 8 米，厚 6 米，原名为析谷石。2000 年 6 月，按照将军的遗嘱，将其骨灰撒放在巨石周围，为纪念郑维山中将的丰功伟绩，北京军区在巨石上刻下了“将军石”三个字。将军石背后 400 米高的山峰上有一巨石，顶部平坦，名曰点将台。东 30 米处有一天然矿泉，叫将军泉，是郑维山将军幼年放牛时饮水的地方。将军石对面是长 100 米、宽 30 米的广场，广场两边是栽种的柏树和银杏树，后人的题词碑刻。将军广场南端是将军亭，与将军石南北相对，将军亭两边的对联是由贾起家先生题写的：“十三岁革命出生入死历经百战功勋赫赫垂青史，十五岁入党赤胆不改一身正气忠心耿耿昭后人。”正是郑维山将军光辉一生的写照。红四方面军将士纪念馆2008年修建，2010年5月1日对外开放。馆内收藏文物 1000 多件，外形极像一个大别山的“山”字，寓意红四方面军是从大别山走出去的队伍。整个展馆以图文并茂的方式，展现了鄂豫皖红军的发展史和郑维山将军的传奇一生。

鄂豫皖苏维埃政府税务总局旧址

鄂豫皖苏维埃政府税务总局旧址位于新县城关首府路，旧址总面积1660平方米，建筑面积1320平方米，是革命战争时期在党的领导下鄂豫皖苏维埃政府税务总局光荣历史和事迹的陈列场馆，2017年被国家税务总局与司法部命名为全国税收普法教育示范基地，2018年被命名为河南省爱国主义教育示范基地，现为全国重点文物保护单位。

鄂豫皖苏维埃政府税务总局成立于1931年7月，是中国共产党历史上成立时间较早、税收制度和组织体系较为完善的革命根据地税务机关，为新中国税收制度的建立提供了宝贵经验，是我国税收发展史上弥足珍贵的历史遗产。在战火纷飞的年代，先后有3位总局局长和100多名税务工作者为税收事业献出了生命。当时，鄂豫皖是全国第二大革命根据地，人口350万，军需、民食问题非常之急。税务总局成立后，下设5个内设机构、26个税务分局和1个海关分局。300多名工作者边战斗边收税，组织的税收收入占根据地财政收入的40%，有力地支持了边区革命战争和根据地党政机关的供给，为鄂豫皖革命根据地和苏维埃政权的巩固发展做出了重要贡献。

为了开发红色旅游资源，更好地回顾革命税收历史，缅怀革命先烈，2005年至2011年，国家税务总局拨付专项资金，河南省有关部门积极支持，共同对鄂豫皖苏维埃政府税务总局旧址进行修复。在原址上恢复了税务总局原貌，再现了当年税收工作的场景，并新建起旧址陈列馆。2012年9月12日举行了旧

鄂豫皖苏维埃政府税务总局旧址陈列馆

址揭牌仪式。

旧址坐东朝西，前后共 7 排，36 间。目前已恢复的有砖木结构的房屋两排，每排 4 间，加上偏房，共 11 间。新中国成立后新县税务局就一直在此办公。1999 年年底，因需恢复历史原貌，办公机构搬迁，该旧址停止办公。总局展览区域共分两个部分，旧址实物布展和旧址陈列馆。旧址是按照“修旧如旧”的原则在原址上进行复原重建，再现了当时税务工作者工作、生活的真实场景。旧址陈列馆内设 9 个展厅，共设置先烈事迹展板 50 余块，多媒体影像 5 处，场景模拟 8 处，主题雕塑、浮雕 3 处，实物陈展 300 余件，普法教育互动体验设施 7 处，整理珍贵的财税史料、文物和文献 400 余种，运用实物、图片及声光电等多种手段对根据地税收史进行陈列展示。

罗山县红二十五军长征出发地

罗山县红二十五军长征出发地位于河南省罗山县铁铺镇何家冲，这里是大别山西端的鸡公山西北坡，三面环山，峰峦迤逦，是中国近代革命史上红军长征四大出发地之一，是鄂豫皖革命根据地的重要组成部分。它是第二批国家级集中连片传统古村落，第四批全国重点文物保护单位，全国红色旅游经典景区，河南省爱国主义教育示范基地。

根据《中国工农红军第二十五军战史资料选编》记载，中国工农红军第二十五军成立于 1931 年 10 月，是中国工农红军的重要组成部分，隶属于红四方面军，为巩固和保卫鄂豫皖革命根据地作出了重大贡献。何家冲红二十五军长征出发地现在主要包括红二十五军军部旧址、长征出发集合地遗址和红二十五军医院旧址 3 部分。

红二十五军军部旧址在何氏祠。何氏祠始建于明代，现存房屋 10 余间。何氏祠原是何家冲何家的宗祠，建于明末清初，是一座具有豫南民居风格的小四合院，占地 400 多平方米，砖木结构。祠堂前后两栋，各有 5 间，两边还有厢房。中国工农红军第二十五军长征出发前，警卫室、政治部、参谋部等军部机关设在这里，程子华、徐海东、吴焕先等红二十五军首长也在此居住。红二十五军的指挥员们在这里通过研究敌情、研判路线、制定策略，决定对部队进行政治动员，讲解斗争形势，让大家做好心理准备，同时做好行军物资的筹备，减少不必要的辎重挑担，实行轻装，每人准备 3 天干粮、两双草鞋，定于 1934 年

11 月 16 日晚开始长征。

长征出发集合地包括银杏树和红军碾等遗迹。银杏树现位于何家冲村头，距何氏祠 200 米，高 20 余米，当时是何家冲附近最明显的标志之一，附近有一个石磨盘和一眼红军井。1934 年 11 月 16 日，红二十五军近 3000 名将士聚集在此，在军长程子华、政委吴焕先、副军长徐海东的带领下，高举着“中国工农红军北上抗日第二先遣队”的旗帜，在经过简短的动员后，正式拉开了长征的序幕。

在距离大银杏树不足百米的地方，有一排古朴的建筑群落，这里就是红

何氏祠（红二十五军长征出发地——军部旧址）

二十五军的医院旧址。医院旧址由4座院子组成，原址建于明末清初，有着400多年历史，现存房屋80余间，所有房间都是相通的。由于房间多，地方大，再加上整洁干净，所以当时就改成了红军医院，不仅治疗红军伤病员，还为当地百姓看病。红二十五军军部医院于1932年年底成立，直到红二十五军长征出发时，救治了大批红军伤病员。

红二十五军长征出发地纪念馆设在军部旧址，展厅面积440平方米，共陈列展示革命文物、文献和历史照片106件。红二十五军从这里出发后，西进北上，跨过平汉铁路，经过血战独树镇，跳出敌人的围追堵截，进入伏牛山区，创建了鄂豫陕革命根据地，为红军补充了新鲜的血液。1935年9月15日，红二十五军历经重重困难，到达陕西延川县永平镇，并于次日同刘志丹领导的红二十六军、红二十七军胜利会师。至此，红二十五军历经10个月、转战万余里的长征胜利结束，成为第一支到达陕北的红军长征部队，因此被誉为“北上先锋”，为迎接党中央和中央红军，把中国革命的大本营放在陕北，作出了重大贡献。

驻马店市

杨靖宇将军纪念馆

杨靖宇将军纪念馆位于驻马店市区南6公里，107国道东侧，占地50亩，为纪念著名的抗日英雄杨靖宇将军而建，为全国和河南省爱国主义教育示范基地、全国青少年爱国主义教育示范基地、国家国防教育示范基地。

杨靖宇（1905—1940），原名马尚德，字骥生，河南省确山县古城乡李湾村（今属驿城区）人，无产阶级革命家、军事家，100位为新中国成立做出突出贡献的英雄模范之一，东北抗日联军的主要创建者和领导人之一。1926年加入中国共产主义青年团。1927年加入中国共产党，被党组织派往信阳等地领导农民运动。曾任中共豫南特委书记、豫南工农红军游击队总指挥。1929年被派往东北地区工作，任中共抚顺特别支部书记，领导抚顺工人运动。1931年九一八事变后，任东北反日救国会总会会长，积极领导抗日活动。1932年任中共哈尔滨市委书记。1933年起，历任磐石游击队政委、东北人民革命军第一独立师师长兼政委、东北抗日联军第一军军长兼政委、中共南满省委书记、东北抗日联军第一路军总指挥兼政委等职，长期在东北坚持抗日游击战争。1940年2月23日，在蒙江县（今靖宇县）与日军作战中壮烈牺牲，年仅35岁。

1966年，为了缅怀杨靖宇将军，弘扬英雄业绩，在杨靖宇将军的出生地——河南省确山县古城乡李湾村修建了杨靖宇将军故居。故居院中有杨靖宇将军1927年亲手种植的槐树。1994年为纪念杨靖宇将军诞辰90周年，中共河南省委、省政府决定选地重建杨靖宇将军纪念馆。由时任中共中央总书记、国家主席、

杨靖宇将军雕塑

中央军委主席江泽民同志亲笔题写馆名。2004 年，在杨靖宇将军诞辰 100 周年即将来临之际，中共河南省委、省政府，驻马店市委、市政府对杨靖宇将军故居和纪念馆进行了全面的修缮。

现在的杨靖宇将军纪念馆建筑面积 6000 多平方米，主体建筑由大门、铜像浮雕广场、柱廊、将军生平事迹陈列厅、遗容室及碑廊组成。陈列厅共展出图片 300 余幅、文物百余件，真实生动地记录了杨靖宇将军从出生到为国捐躯辉煌壮丽的一生。

为进一步弘扬英雄业绩，资政育人，2017 年 11 月驻马店市政府又一次对杨靖宇将军纪念馆进行改扩建。规划总占地面积 150 亩，建设内容包括杨靖宇将军纪念馆、游客中心等建筑和公园绿地等。其中纪念馆占地面积约 70 亩，建筑面积 19500 平方米，陈布展面积 7000 平方米，按照国家一类博物馆舍规范建设。公园绿地占地约 80 亩，包括水系、微地形和休闲广场等内容，为市民、游客提供服务。

驻马店确山竹沟革命纪念馆（竹沟烈士陵园）

驻马店确山竹沟革命纪念馆（竹沟烈士陵园）位于河南省驻马店市确山县竹沟镇北部，距驻马店市 40 公里。竹沟革命纪念馆（竹沟烈士陵园）为全国及河南省爱国主义教育基地、全国青少年教育基地、国家国防教育示范基地、国家红色旅游 4A 级景区、全国重点文物保护单位。

竹沟是我党民主革命时期的一个重要革命根据地，又是中原地区的革命摇篮，处在河南省驻马店市确山县西部，属桐柏山、伏牛山两山余脉交会处。抗日战争时期，曾是中共中央中原局、河南省委、竹沟地委和新四军竹沟留守处所在地，新四军二、四、五师的发祥地及三、七师部分骨干的出发地，我党在这里通过举办培训班和教导队等形式，培养了大批各级党政军干部和其他骨干力量。老一辈无产阶级革命家刘少奇、李先念、彭雪枫、张震等同志及 128 位将军、60 多位省部级领导，都先后在此工作和战斗过，竹沟被誉为“革命摇篮”“小延安”。竹沟的重要作用引起了国民党顽固派的极大仇视，1939 年 11 月 11 日，国民党反共势力以重兵突袭竹沟，我军民奋起反击，终因敌众我寡，被迫撤离。国民党反共势力残杀我军民 200 余人，制造了震惊中外的“竹沟惨案”。此后，竹沟军民在党的领导下，继续顽强坚持斗争，直到取得抗日战争、解放战争的伟大胜利。

竹沟革命纪念馆是 1956 年在原中共中央中原局、中共河南省委、新四军第四支队第八团留守处基础上建立的，由周恩来题写馆名，是全国建立较早的革命纪念馆之一。“文化大革命”期间关闭，1980 年重新对外开放。经过 1998 年和 2009 年两次扩建，现占地 60 亩，有旧址房屋 178 间。

竹沟革命纪念馆的革命旧址主要有中共中央中原局办公室、中共河南省委、新四军第四支队第八团留守处、中原局秘书处、中原局组织部、河南省委军事部、刘少奇办公室、徐海东办公室、朱理治办公室、张震办公室、王国华办公室等。这些旧址房屋均为明清时期建筑，山西、陕西民居风格，青砖灰瓦，单檐硬山，重梁起架，八砖扣顶，木门木窗，大都保存完好。

纪念馆馆藏文物、文献、图片等近千件，设有三个展厅。第一展厅为“竹沟革命斗争历史”，展出了竹沟地区军民从大革命时期成立党组织到抗战时期中共中央中原局、河南省委、新四军第四支队第八团留守处在竹沟设立，刘少奇坐镇竹沟指挥中原抗战，新四军五师出兵河南，取得抗战胜利的历史镜头。第二展厅为“竹沟与新四军”，展出了从竹沟出发的部队发展壮大为新四军二、四、五师的过程。第三展厅为“竹沟英明”，展出了曾在竹沟工作的刘少奇、李先念等老一辈无产阶级革命家以及几十位省级领导、100 多位将军和 200 多位地师级领导的简历。另外布置有“竹沟爱国主义教育基地”和“今日确山”展览。展览利用声光电等现代科技与传统布展相结合，共展出图片 2000 多件、文物（含

确山竹沟革命纪念馆

代用品）60余件。

新中国成立后，中共河南省委、省人民政府批准动工兴建竹沟烈士陵园。1984年11月14日，经国务院批准在竹沟烈士陵园举行“竹沟革命纪念碑”动工仪式，时任国家主席李先念题写碑名。1988年10月10日纪念馆举行了“竹沟革命纪念碑”落成典礼。1998年纪念馆重新布置陈列厅。

陵园大门是一座仿古牌楼式建筑。沿大门两侧是1500余米随山势而起伏的石砌围墙。园内呈对称布局，从大门中心至山顶为一中轴线。主要纪念设施有竹沟革命纪念碑、竹沟革命烈士公墓、竹沟革命纪念亭、竹沟惨案陈列厅、碑林和革命老战士墓园及竹沟惨案浮雕墙等。

竹沟革命纪念碑高22.8米，纪念碑底座是由107级台阶和7个平台组成的“七七台阶”（象征七七事变）。纪念碑正面下部，镶嵌着长5米、高1.2米、厚0.8米的黑色大理石，上面镌刻着原国家主席李先念题写的“竹沟革命纪念碑”碑名。碑名下面刻着碑文。

陵园广场东展厅“竹沟惨案陈列厅”有李先念同志为竹沟烈士陵园写的题词。展览内容分为撤离竹沟、风雨欲来、拂晓枪声、胜利突围（油画）、竹沟惨案、著名烈士简历、竹沟革命烈士英名录、毛泽东同志褒扬先烈的语录等部分。陵园广场西展厅“中原烽火陈列厅”有毛泽东手书“星星之火，可以燎原”。展览内容包括：简述竹沟革命根据地历史地位，竹沟出兵路线图，中原局辖区图，新四军几个师的发展示意图，以及在竹沟战斗和工作过的党和国家领导人、竹沟革命根据地创始人、人民军队将领、社会各界知名人士及地级党政军干部等。

驻马店确山竹沟革命纪念馆（竹沟烈士陵园），用丰富的展览内容和文物，生动再现了老一辈革命家与中原人民在竹沟抗日根据地建立的丰功伟绩，对我们今天进行爱国主义教育具有非常现实和长远的意义。

鄂豫边革命纪念馆

鄂豫边革命纪念馆位于泌阳县铜山乡焦竹园村内，纪念馆占地面积7367平方米，为河南省爱国主义教育示范基地、省级重点文物保护单位。

鄂豫边革命纪念馆所在地是3年游击战争时期中共鄂豫边省委和红军游击队驻地。以此为中心开辟的鄂豫边革命游击根据地（又称桐柏山革命根据地），是南方8省市15个红色游击根据地之一。1935年8月，张星江、王国华、张旺午在唐河毕店商定，将豫南、鄂北两地党组织合并成立鄂豫边省委，张星江任书记，王国华任宣传部长，仝中玉任组织部长。接着，在泌阳王店南部张楼村高粱地召开会议，决定在确山、泌阳、桐柏、信阳四县接合部恢复和发展党的组织，开展游击战争，创建桐柏山区革命根据地，以配合南方各游击区的斗争。省委机关主要设于王店乡张楼、铜山邓庄铺、焦竹园。之后，省委派人三上北方局，又到延安，得到了毛主席、朱总司令和刘少奇同志的具体指示。1936年1月，鄂豫边省委建立自己的武装——鄂豫边红军游击队，从7个人、3支枪，不断发展壮大。1937年10月初，红军游击队在抗战爆发后不到3个月的时间，发展到400多人。根据党中央《关于南方各游击区域工作的指示》，鄂豫边红军游击队改编为豫南人民抗日独立团，独立团壮大到600多人，辖两个营六个连和一个通讯排、一个手枪队。1938年年初，根据中央指示，周恩来同志宣布豫南人民抗日独立团改编为新四军第四支队第八团。1938年1月，中共鄂豫边省委迁驻有“小延安”之称的竹沟。焦竹园革命旧址是竹沟革命根据地的前身。

中共鄂豫边省委

省委机关迁驻竹沟后，焦竹园曾作为招兵处，在保障中原抗战、人员输送、物资供应上，发挥了重要作用。

鄂豫边革命纪念馆旧址房屋为明代建筑，分为西院、东院和一个东偏院，共有瓦房53间（包括一座楼房）。2006年11月，当地政府作为“中国革命老区项目”对旧址进行了复建，2007年8月完工。现旧址是复建后的面貌。2010年8月开工建设广场和展厅，利用现代声光电高科技手段布展，2013年7月10日全面开馆。展览馆占地面积7367平方米，目前鄂豫边革命纪念馆已开放的有焦竹园革命旧址、纪念广场、主展厅、“今日泌阳”展览室。

焦竹园革命旧址占地面积4780平方米，建筑面积1260平方米。鄂豫边省委自1935年成立并进驻焦竹园，东院作为鄂豫边省委机关所在地，西院为游击队司令部。

纪念广场占地面积1.2万平方米。芝麻灰花岗岩铺面，四周绿化与竹林相应，通过三道汉白玉小桥过河步数十级台阶到达鄂豫边革命历史展览馆。

主展厅按照鄂豫边革命斗争发展史陈列布展，利用声光电高科技及电子书等形式展示历史。馆内保存各类文物568件，制作展板180幅。

“今日泌阳”展览室从城镇交通、特色产业、自然资源、历史文化、科教文卫、工业经济、生态旅游等方面介绍泌阳发展状况。

驻马店市防洪博物馆

驻马店市防洪博物馆位于驻马店市驿城区板桥镇板桥水库大坝东侧，占地10亩，是目前我国第一个以防洪为主题的水情教育基地，是水利部淮河水利委员会水情教育基地、全国中小学生研学实践教育基地、河南省爱国主义教育示范基地、河南省防洪教育基地。

1975年8月，由于超强台风莲娜导致的特大暴雨引发淮河上游大洪水，河南省驻马店地区包括两座大型水库在内的数十座水库漫顶垮坝。石漫滩、田岗水库垮坝，澧河决口，流域内洪峰齐压驻马店全区，老王坡蓄洪区相继决口。8月8日1时，驻马店地区板桥水库漫溢垮坝，6亿多立方洪水，5丈多高的洪峰咆哮而下，同期竹沟中型水库垮坝，薄山水库漫溢，58座小型水库在短短数小时间相继垮坝溃决。河南省有29个县市1100万人受灾，伤亡惨重，1700万亩农田被淹，其中，1100万亩农田受到毁灭性的灾害，倒塌房屋596万间，冲走耕畜30.23万头，猪72万头，纵贯中国南北的京广线被冲毁102公里，中断行车18天，影响运输48天，直接经济损失近百亿元，史称“75·8”大洪水。

为了借助“75·8”特大洪水这一特殊的历史事件，进一步提高人们的水患意识，普及防洪知识，把防洪减灾工作向前大力推进，达到存史、资政、警示、教育之目的，2009年1月正式开工建设驻马店市防洪博物馆，同年12月竣工落成。建筑结构分为上下两层，一层为公共区域和展览区域，二层为多功能厅。展出内容分为5部分：一是河南省整体防洪形势，包括河南省整体水利概况、

河南省防洪教育基地（驻马店市防洪博物馆）

自然地理情况、四大流域防洪形势等反映河南省防洪工作全局的相关介绍。二是河南省历史上比较大的洪水灾害，包括洪水的成因、造成的损失等情况。三是专题介绍“75·8”特大洪水，包括洪水的成因，板桥水库、石漫滩水库溃坝的过程，洪水演进的过程，造成的巨大损失，国家救灾情况及对目前的警示意义等内容。四是水库复建，介绍板桥、石漫滩等水库的复建情况。五是河南防洪体系的现状，介绍现阶段防洪工程、水文、信息化、防洪队伍建设等情况。展示形式以珍贵的历史图片为主线，通过图文展示、实物陈列、模型沙盘、场景复原、动画演示和多媒体互动等声光电相结合，全方位立体布展。展览反映出治水工程在流域经济社会发展中的重要作用和地位，近年来的防洪建设成就，让人永远铭记洪灾悲剧，以史为鉴，警示世人。

确山县临时治安委员会纪念馆

确山县临时治安委员会纪念馆位于河南省确山县盘龙镇建设街，占地面积近 18000 平方米，是为纪念第一次国内革命战争时期，我党领导下建立的全国第一个县级革命政权而建，为河南省爱国主义教育示范基地、省级重点文物保护单位、国家 3A 级旅游景区。

1927 年 4 月 4 日，为迎接北伐军入豫作战，在周恩来直接指导和中共河南省委、驻马店特支的领导下，杨靖宇（马尚德）、张家铎、李鸣岐、张耀昶等共产党人率确山数万农民，举行了震惊中外的大暴动，夺取了县政权。1927 年 4 月 24 日建立了中国共产党领导下的全国第一个县级苏维埃农工政府——确山县临时治安委员会，推选杨靖宇任县长，确山县也因此被誉为"全国红色第一县"。此后张国焘、周恩来、于树德、胡伦、罗绍徽、王若飞、袁达时、李硕勋等中共中央领导人和林壮志、贺俊夫、张绍僧等中共河南省委领导人都到确山县指导过工作。确山县临时治安委员会虽然仅存在 3 个多月，但在中国革命史上占有重要地位。当时的《汉口民国日报》在显著位置发表《确山成立农工县政府》的长篇报道，指出："农工组织政府，确山首先实现，在革命史上是很光荣的一件事。"

确山县临时治安委员会纪念馆是依托确山县临时治安委员会旧址建设而成的。该旧址于 2000 年 9 月被河南省人民政府公布为"河南省重点文物保护单位"。2003 年当地以旧址为依托，进行了全面修缮和布展。2005 年在旧址上建立了纪

确山县临时治安委员会纪念馆

念馆，包括革命旧址、靖宇广场和停车场 3 部分。2007 年，纪念馆又进行修缮并重新布展。其中主景区革命旧址 2200 平方米，包含临时治安委员会旧址、农民暴动筹备会旧址、农民暴动指挥部旧址。农民暴动筹备会旧址位于县城和平街东，是一座清代建筑。

纪念馆有三进房屋，一律青砖灰瓦。每进展室各 3 间。馆内有“确山古代史”“确山革命斗争史”“杨靖宇生平展”“今日确山”“临时治安委员会简介”等展台。纪念馆的第一进房屋临街修建，浑圆的木柱支撑着镂花的走廊和屋檐。廊前立着一方汉白玉石碑，碑上刻有“确山县临时治安委员会旧址”和“河南省重点文物保护单位”字样。第一进展室重点陈列的是确山县的历史，从石器时代一直到明清时期，用图片、文字和文物记录着确山的重大历史演变。第二进展室重点陈列的是确山县革命史，共分“第一次国内革命战争时期”“土地革命时期”“抗日战争时期”和“解放战争时期”4 个部分。该展室的门前有一副楹联，镌刻着确山县的辉煌过去和历史荣耀：“大革命农民暴动席卷河南，小县城红色政权震惊世界。”第三进院落是临时治安委员会办公的地方。

许昌市

许昌（市）博物馆

许昌（市）博物馆新馆位于许昌市东城区许都路与智慧大道交叉口的许昌文博馆南区，建筑面积2.2万平方米，为国家二级博物馆、河南省爱国主义教育示范基地。

许昌（市）博物馆成立于1965年7月，与当时的许昌地区群众艺术馆合署办公。1985年迁入许昌市文峰路，1988年1月正式对外开放。2011年5月，由博物馆、图书馆、规划展览馆三馆合一的许昌文博馆在许昌市东城区落成开放。该馆整体建筑4层，高24米，建筑面积53000平方米。三馆中许昌博物馆建筑面积最大，达22000平方米，其中库房2600平方米，办公区2500平方米，展厅达6000平方米，有六个基本展厅和一个多功能临时展厅。

许昌（市）博物馆收藏有陶瓷、青铜器、钱币、汉画像砖石等重要文物40000多件。为了充分展示魏都许昌悠久的历史和文化特色，该馆以“许之昌”为主题，举办了独具许昌地域特色的“许昌人”“夏都之源”“曹魏许都”和“许州记忆”四个专题展览，展示远古文明，凸显三国文化。

“许昌人”“夏都之源”在一楼展厅。“许昌人”主要展示被誉为“许昌人”的古人类头盖骨化石的发掘过程，在史学界、考古学界等引起的极大反响，及在现代人起源链条上的重要意义。2007年岁末，在许昌灵井发现的“许昌人”头盖骨化石震惊全世界。这块化石距今10万年至8万年，是迄今为止河南省发现的第一例古人类头盖骨化石，也是我国第四纪晚更新世早期地层中首次经科学发掘的古人类头盖骨化石。“许昌人”的发现弥补了中国古人类连续进化链条中的缺环，挑战了现代人“非洲起源”的学说，对研究中国乃至东亚现代人的起源有着非同寻常的意义。

“夏都之源”主要通过对禹州瓦店遗址及其发掘出土文物的介绍，反映龙山文化晚期和大禹建都时期的重大历史事件及其在整个中华文明发展史上的重要位置，对探寻“禹居阳翟”和“夏启有钧台之享”等早期夏都所在提供了重要依据。

二楼展览“曹魏许都”，通过许昌出土的东汉时期的文物，结合历史文献，反映公元 196 年至 220 年的 25 年，集政治家、军事家、诗人于一身的曹操雄踞许昌时一代帝都的历史风貌，再现了许昌作为当时北方的政治、经济、军事和文化中心的历史荣耀与辉煌。

三楼展出的“许州记忆”，则通过许昌出土的魏晋至元明清时期的文物，反映魏晋以来尤其是唐宋时期许昌的灿烂历史文化。

许昌（市）博物馆

另外，博物馆还先后举办了“许昌历史文物陈列”“许昌汉画装饰艺术陈列”“许昌历代钱币展”“禹州神垕钧瓷陈列”等展览。其中“许昌汉画装饰艺术陈列”展出的200多件文物、40多幅拓片中有庭堂、阙楼、车马出行、狩猎、拥彗者、持戟者以及龙、虎、凤、鸮、吉祥物、吉祥语等画像，题材广泛，风格各异，装饰性强，充分展示了我国劳动人民的聪明才智。“禹州神垕钧瓷陈列”展出的钧瓷造型古朴端庄，胎质细腻、致密，釉质莹润，反映了禹州制瓷工艺水平已达到了一定的高度。

许昌（市）博物馆建馆以来还通过举办300多个各具特色的临时展览，使广大观众尤其是青少年不仅受到了深刻的历史唯物主义教育和爱国主义教育，而且也领略了许昌古老地域文明的光彩。

许昌市杨水才纪念馆

许昌市杨水才纪念馆位于许昌市建安区桂村乡水道杨村，占地面积 20665 平方米，建筑面积 925 平方米，是为纪念杨水才同志，展现其生平事迹建立的专题纪念馆，为河南省爱国主义教育示范基地、河南省国防教育基地、河南省廉政教育基地、国家 3A 级旅游景区。

杨水才（1924—1966），20 世纪六七十年代的全国先进典型、农村基层党员干部的优秀代表，被毛泽东同志称为“一不怕苦、二不怕死的共产主义战士”。他 6 岁随母亲讨饭，12 岁就在地主家当童工，是一个在苦水里泡大的穷孩子。1949 年 1 月杨水才同志参加了中国人民解放军，先后立大、小功各一次，荣获“人民功臣”的光荣称号。1950 年 11 月，他光荣复员，回到家乡，先后担任了村农会武装委员、互助组长、党支部副书记等职，拒腐防变，被群众称为贫下中农的“铁柱子”。1956 年 1 月光荣地加入中国共产党，为改变家乡贫穷落后的面貌，杨水才忍着病痛，发扬“小车不倒只管推”的革命精神，带领家乡人民兴修水利、植树造林、兴办学校，直至牺牲在工作岗位上。杨水才同志逝世后，1969 年 7 月 13 日的《人民日报》以通栏标题发表了《一不怕苦、二不怕死的共产主义战士——记共产党员杨水才同志的光辉事迹》长篇通讯，并发表了题为《为人民鞠躬尽瘁》的评论员文章，全国迅速掀起了学习杨水才模范英雄事迹的热潮。

杨水才纪念馆始建于 1969 年，当时叫杨水才事迹展览馆。2001 年恢复重

许昌市杨水才纪念馆

建并更为现名，2009 年再次扩建。纪念馆正门的砖路两侧各有 1500 多平方米的绿化区，其间铺有鹅卵石“之”字形甬道，间植热带植物及北方花卉，四季常青。展厅前是杨水才全身汉白玉雕像，高 4.1 米，象征杨水才同志走过的 41 年光辉岁月。雕像的北侧就是占地 800 多平方米的主展厅和东西两侧的副展厅。以油画、国画、布景为主，馆内展出杨水才生平事迹和他用过的小推车、铁镐、土制水平仪、嫁接剪刀等工具。

杨水才纪念馆西侧不足百米处是杨水才同志墓地，旁边有象征“小车不倒只管推”的革命精神的杨水才手推车雕像，雕像底座长 4 米、宽 1.2 米，杨水才手推车人物像高 2.9 米。雕像前边和左右两边是杨水才同志生前带领群众建成的桐树路、花椒寨、柿子沟。墓地西侧为见证英雄精神的幸福塘，充分展现了杨水才生前带领群众挖塘治岗时的奋斗景象。

许昌市烈士陵园

许昌市烈士陵园位于许昌市长青街118号，占地面积63.6亩，建筑面积2700平方米，为国家级和河南省重点烈士纪念设施保护单位，河南省爱国主义教育示范基地、河南省国防教育基地、河南省中共党史教育基地。

1921年7月，中国共产党诞生不久，许昌一带就开始有党的活动。1924年春，许昌建立了中共长葛党小组。1925年秋，许昌建立了第一个党支部——中共石固南寨支部。1926年11月，在许昌衙前街建立了许昌第一个县级党的领导机构——中共许昌县执行委员会。1928年2月13日，中共豫中特委和中共许昌县委领导发动了震惊中原的许昌县西北乡司堂农民武装暴动。1933年1月，中央派吕文远到河南，在许昌中心县委的基础上成立了中共河南省工作委员会。抗日战争时期，许昌建立了豫西抗日根据地和水西抗日根据地，坚持浴血奋战。解放战争时期，邓小平、李先念、刘伯承、陈毅、粟裕等领导人在这里指挥作战，发动了豫东战役和皖东战役，解放郑州，解放开封，鏖战中原大地。渡江战役、解放军南下时期，许昌人民在生活极度困难的情况下保证了我党70多万大军先后从许昌南下，在人民解放战争史册上写下了光辉的一页。

许昌市烈士陵园建于1951年，1986年由北关迁至现址重建，褒扬自辛亥革命以来许昌籍2047位烈士。长眠在烈士陵园内的烈士有472位，著名的有张仲端、刘凤楼、郑义斋、高金诚、宋聘三、沈竹白、吕公良、陈德馨、彭国政、

许昌市烈士陵园

楚玄、“共和国卫士”马国选、公安干警高富本等。陵园建有革命烈士纪念碑、革命烈士纪念馆、革命烈士公墓、义斋亭4个纪念区和英烈墙。

革命烈士纪念碑位于纪念广场的东西中轴线上，外形是两支汉阳造步枪造型，象征着解放许昌的两支劲旅——华东野战军和中原野战军。纪念碑高29.6米，是河南省内最高的一座纪念碑，纪念碑上有朱德元帅题写的“革命烈士永垂不朽”。

革命烈士纪念馆于2017年9月建成，为两栋独立的两层单体建筑，布展面积3860平方米，馆名由原华东野战军参谋长陈士榘上将亲笔题写。整个展览以时间为序，分为序厅、旧民主主义革命时期、新民主主义革命时期、社会主义革命和建设时期、改革开放和社会主义现代化建设时期及深切缅怀等六部分，展示了不同历史时期的先烈英模形象，综合介绍了重大革命历史事件、革命英烈和革命遗址，辅助陈列有烈士遗物、枪、炮、各类奖章等实物，运用声光电技术，再现了国民革命军新编二十九师保卫许昌抗击日寇的场景和第一次解放许昌时华东野战军三纵二十三团三营八连攻打许昌西城门的场景。

烈士墓区共安葬472位英烈，分为散葬烈士墓区、著名烈士墓区、无名烈士公墓。其中著名烈士38名。

义斋亭位于园内东南角，是一座碑亭式建筑，为纪念红军高级将领郑义斋烈士修建。

建园以来，许昌市烈士陵园以“褒扬先烈，教育后人，服务社会”为工作宗旨，充分发挥爱国主义教育示范基地的作用，努力为社会各界特别是青少年开展爱国主义教育和德育教育提供阵地和平台，在爱国主义教育、国防教育、未成年人教育中发挥了重要作用。

许昌市青少年宫
（许昌市青少年活动中心）

许昌市青少年宫（许昌市青少年活动中心）位于许昌市青梅路与南海街交叉口，科技广场北侧，建筑面积 9543 平方米，装饰布展面积 9080 平方米，是许昌市加强青少年思想道德建设、推进素质教育、建设精神文明的一个重要阵地和公益设施项目，为河南省爱国主义教育示范基地。

许昌市青少年宫（许昌市青少年活动中心）共有三层，2014 年年底完成布

许昌市青少年宫（许昌市青少年活动中心）

展设计，2017 年 5 月内部装修开工，2019 年 6 月投入试运行。其工作和活动主题为“成长乐园，成才摇篮”。

具体布局和内容：

一层：布展和活动面积约 5000 平方米。主要由实践体验区、崇德教育区、红色传统文化区组成，有“12355”青少年服务中心、红领巾学院、少先队队史馆、团史馆、党史馆、儿童乐园、法制教育展厅及文体体验、手工制作体验、安全体验等。

二层：布展和活动面积 2000 平方米左右。主要由素质教育区组成，有少儿英语、少儿舞蹈、少儿美术、少儿棋类、少儿跆拳道、钢琴、民族乐器等。

三层：展示和活动面积 2000 平方米左右。主要由文体活动区、交流区、办公区组成，有多功能厅、乒乓球馆、少儿艺术团演练厅、交流大厅、办公室等。

禹州钧官窑址博物馆

禹州钧官窑址博物馆位于禹州市钧官窑路60号，占地47000平方米，建筑面积15000平方米，是以全国重点文物保护单位——北宋钧官窑遗址为基础，集遗址保护、文物陈列、技术研发、学术交流、钧瓷制作、宣传教育为一体的遗址类钧瓷专题博物馆，是全国唯一的钧瓷专业博物馆，为河南省爱国主义教育示范基地，国家4A级旅游景区。

钧窑址始于唐，盛于宋。金元时期在北方形成了庞大的钧窑系，影响波及今河南境内诸窑及河北、山西、内蒙古等地。钧官窑瓷器胎质细腻，坚实致密；造型典雅，端庄古朴；釉色莹润，五彩缤纷，尤以多种窑变为其他窑口产品所不及。宋代钧窑首先创用铜的氧化物作为着色剂，创造性地成功烧造出铜红釉，产生出美妙绝伦的窑变釉色，打破了历史上单一釉色格局，极大丰富了陶瓷艺术的装饰效果，在中国陶瓷工艺美术史上具有极其重要的意义。北宋钧官窑，是北宋徽宗时期（1101—1125）专门为皇家烧造宫廷用品的官办窑场，是钧瓷艺术鼎盛时期的瑰丽宝库，已有900多年的历史。钧官窑遗址于1964年被发现，1974年对该遗址进行了发掘保护，目前，已发掘清理出两座完整的窑炉（编号分别为一号和七号），一号窑为长方形窑室双乳状火膛窑炉，造型独特，极为少见；七号窑则是北方常见的馒头窑。1988年被国务院公布为全国重点文物保护单位，是研究宋代钧瓷文化、艺术、工艺的重要实物资料。

为了加大对全国重点文物保护单位钧官窑遗址的科学保护和合理开发力度，

禹州钧官窑址博物馆

1991 年，禹州市委、市政府在宋钧官窑遗址保护区内成立“中国禹州钧官窑址博物馆”和“禹州市钧瓷研究所”。2007 年年底，禹州市委、市政府在遗址保护区内开始筹建新的钧官窑址博物馆项目。2008 年，禹州市委、市政府扩建禹州钧官窑址博物馆，扩建后的博物馆总面积达 47000 平方米，由主体展馆、宋钧官窑遗址展示馆和钧瓷工程技术研发中心三部分组成，博物馆主体建筑由东南大学著名建筑设计大师、两院院士齐康教授主持设计。建筑均为仿宋风格，青砖灰瓦，雕梁画柱，八角风铃，巍巍壮观，门楼、厢房、展厅、迎壁和钧官窑保护房与院内的草木山石、鸟语花香交相呼应，构成了庄严、肃穆、完整的仿宋建筑群，再现了北宋皇家钧窑的建筑风貌。博物馆标识的中心设计理念来自于古语“九天之中曰为钧”，禹分天下为九州，中为豫州，而钧台为豫州之中。主体标志形象外围的图案是中国汉字“宋”“官”“窑”“宝”的共同部首“宀”的艺术加工，又像是一个烧窑的窑口，里面是满满当当的瓷器，用图案的不同突出“中为钧”的含义。因此，此图标不仅寓意钧瓷之弥足珍贵、宋钧官窑之卓尔不凡，更寓意着钧瓷之原产地禹州历史渊源之久远、人文积淀之深厚、历史地位之重要。

禹州钧官窑址博物馆馆藏国家重点保护文物宋代钧瓷官窑窑炉两座及各类

古瓷标本，主要有宋钧官窑瓷片300余片、宋元时期钧瓷民窑瓷片3000片和宋元时期青花、影青瓷片，磁州窑系白地黑花瓷片6000余片。展览馆由主体展馆、宋钧官窑遗址展示馆和钧瓷工程技术研发中心三部分组成。

主体展馆建筑面积11000平方米，东西跨度126米，分为六个展厅：

一是大禹之州，主要展示禹州悠久的历史和灿烂的文化；

二是浴火千年，主要追溯禹州陶瓷发展的历史，展示钧窑产生和得以迅速发展的宋元时期我国制瓷的主要特点；

三是御用官钧，主要展示宋代钧官窑器物特点及其在中国陶瓷史、工艺美术史上的地位和广泛的文化影响；

四是成器之道，主要展示宋代钧官窑器物产生的地理环境、自然资源、人文背景及各种先进的制作工艺；

五是万彩永辉，主要展示现代钧瓷发展的辉煌成就和钧瓷鉴赏的有关知识；

六是文苑雅集，为临时展厅。

宋钧官窑遗址展示馆主要展示宋代官办钧瓷窑场完整的制瓷作坊，即现存的一号窑“双火膛窑炉”、七号窑“倒焰窑炉”，是国内外陶瓷专家研究考察的热点，也是中外游客观光、交流、学习中国陶瓷文化的胜地。

钧瓷工程技术研发中心，建筑面积2400平方米，2009年被河南省科技厅确定为“河南省艺术及实用钧瓷工程技术研发中心”，具备成果转换、制作工艺展示和古陶瓷研究功能，是钧瓷工程技术研发、文化研究、工艺传承的前沿阵地。

禹州钧官窑址博物馆的独特之处在于参观游客除在主体展馆领略到钧瓷的发展历史及制作工艺、成器道式之外，还可以现场参与，亲手设计制作属于自己的钧瓷艺术品，从而体验中国古老艺术的神奇与魅力。

鹤壁市

靳月英荣誉室

靳月英荣誉室位于淇县黄洞乡鱼泉村东鱼泉自然村，占地 70 多平方米，是为宣传展示全国劳动模范、全国绿化模范、全国拥军模范靳月英同志先进事迹而建立的一个小型展览馆，河南省爱国主义教育示范基地。

靳月英是淇县黄洞乡鱼泉村的一名普通共产党员，1923 年 6 月出生，1956 年入党。丈夫牺牲时，年仅 24 岁的她化悲痛为力量，继承丈夫的遗志，几十年如一日，努力为党工作，历任村妇联主任、副大队长、副社长、副乡长和村党支部委员。作为一名老党员、老烈属，靳月英始终牢记党的宗旨，不懈追求，甘于奉献。战争年代，她积极拥军支前，为我军送军粮、做军鞋，做侦察员、交通员，养护伤员。新中国成立后，她积极拥军、建设家乡，先后送给部队的慰问品达一万多份，对越自卫反击战时，她带领全家给前线战士做鞋垫 327 双，用自己的行动承传着军民鱼水情。她帮贫济困，捐资助教。村里的五保户、贫困户都得到过她的悉心照料。从 1984 年秋天开始，连续四年，靳月英每年坚持到数公里以外割草 1000 多斤，把卖草的钱买成笔记本、铅笔、毛巾、茶缸等，分送给老师和学生，有 20 多名失学儿童在她的资助下重返校园。1989 年，她割草捐资助学的事迹，被国家教委编入初级中学实验课本《公民》一书。1984 年，年过六旬的靳月英开始承包荒山，植树造林。20 多年间，她开辟了 8 座山头，共植树 5.8 万株，绿化荒山 400 多亩，使昔日的荒山花果飘香。1959 年、1984 年、1999 年、2000 年，靳月英曾先后四次作为全国人大代表、拥军模范代表、全国绿化先进人物受到中央领导人亲切接见。曾获得政府奖励表彰100多次，荣获国家级荣誉称号5个、省级荣誉称号16个，被誉为共产党员的楷模。她常挂在嘴边的话就是："党员没有退休日，活一天要干满两晌。"中央电视台、《人民日报》、《河南日报》等新闻媒体曾近百次宣传报道过她的事迹。

靳月英

靳月英荣誉室按拥军支前、扶贫助教、奋战荒山、亲切关怀、学习楷模等五个部分，展出了靳月英半个多世纪以来为人民办实事、办好事的照片100余幅、获得的荣誉证书100多本，及各种图片资料和奖章、奖杯等珍贵实物，图文并茂，实事实说，生动地展示了靳月英同志几十年来对理想信念的执着追求和无私奉献的高尚情操，展现了一个普通共产党员的崇高思想境界和真实形象。

为了弘扬靳月英绿化荒山、造福后世的愚公移山精神，依照靳月英的心愿，淇县县委、县政府把靳月英栽植的树林命名为"八一拥军纪念林"。随后，省、市、县有关军政部门主动捐款10余万元，在她营建的"八一拥军纪念林"山头上修建了一座"八一纪念亭"，并配套有道路、参观平台等，并把此处作为靳月英荣誉室的延伸部分。庆祝新中国成立60周年时，主旋律故事片《靳月英》在全国部分省市放映，艺术性地再现了靳月英老人抗日支前、植树造林、助学拥军，为家乡增福、为党旗添彩的感人事迹，为靳月英荣誉室增添了宝贵的影视资料，成为广大党员干部向模范学习的好教材。

鹤壁市浚县烈士陵园

浚县烈士陵园位于浚县卫溪街道办事处伾浮路西头（国家 4A 级旅游景区浮丘山风景区东侧），占地面积 14 亩，为河南省爱国主义教育示范基地。

浚县是个有着光荣革命历史的城市。据史料记载，1938 年 3 月 15 日，驻守汤阴的 300 多名日军南犯浚县。浚县裴庄村青壮年村民登寨御敌。日军没敢贸然攻打，转袭裴庄后边的石桥村。青壮年增援石桥村并从日军后方发起突然攻击，还没等日军清醒过来，村民们已手持大刀、长矛冲进敌阵，与日军展开

了白刃格斗。此战共毙伤日军 30 余人，缴获了一批枪支弹药。3 月 18 日，日军卷土重来，将裴庄三面包围。裴庄村民凭借土寨，顽强抗击，日军久攻不下。中午，日军调集重炮猛轰，并冲进寨里。村民与敌巷战，毙伤日军 100 余人。后因弹药无援，城池沦陷，入城日军开始“血洗浚县城”，制造了惨绝人寰的大屠杀，杀害平民4500余人，占当时县城人口的四分之一，1000余间房屋被烧毁，财物损失不计其数。解放战争时期，1947 年 4 月刘伯承、邓小平同志亲自在这里指挥进行了浚县火龙岗战役，一举歼灭了蒋匪王牌军——第四十九旅全部、一九九旅大部，揭开了豫北战役胜利的序幕。

陵园始建于 1963 年，整体建筑坐南向北，居高临下，结构严谨，庄严肃穆。烈士陵园现有革命烈士事迹展览馆、革命烈士纪念亭、革命烈士骨灰堂、革命烈士公墓、抗日英烈纪念碑群等建筑。园内碑石林立，青松苍翠，绿竹茂盛，安葬着抗日战争、解放战争、抗美援朝、中越自卫反击战和社会主义建设时期为国捐躯的 63 位烈士。安葬着携手并肩抗日的爱国将领姚江泠将军和姚步霄同志，早期追随孙中山寻求民主正义的省议员张宗周，中华著名英烈常仙普、王舒苗，抗日英雄朱自谨、魏焕然、李明德，浚县著名英烈耿连峰、刘志成等烈士的遗骨，展示了他们的英勇事迹。

浚县古城

浚县烈士陵园

浚县烈士陵园作为省级爱国主义教育基地，真实地展现了浚县人民英勇奋斗、前仆后继的英雄事迹，已成为党员干部了解党史、加强党性锻炼的重要基地，广大群众培养爱国主义情感、培育民族精神的重要阵地，青少年接受革命传统教育、陶冶道德情操的重要场所。每年自发来陵园瞻仰、参观、学习的群众和青少年学生超过一万人。

刘邓大军“石林会议”旧址（山城区烈士陵园）

刘邓大军“石林会议”旧址即中国人民解放军晋冀鲁豫野战军“石林会议”旧址纪念馆，位于鹤壁市山城区石林镇石林村，占地面积达5000平方米，是在解放战争时期著名的“石林军事会议”旧址上建立的纪念馆，为全国红色旅游经典景区、河南省爱国主义教育示范基地。

解放战争时期，刘邓大军千里跃进，逐鹿中原，解放汤阴时与汤阴只有数里之遥的石林成为大后方，刘邓大军的指挥部就设在石林，在这里驻扎了12天。

1947年6月10日，晋冀鲁豫野战军司令员刘伯承、政委邓小平在石林法隆寺中佛殿召开各纵队首长会议，即著名的“石林军事会议”。参加会议的有野战军参谋长李达及各纵队首长杨勇、苏振华、陈再道、陈锡联、彭涛、杜义德、韦杰等20多人。司令员刘伯承、政委邓小平分别主持会议，并讲了话，参谋长李达也发了言。石林会议的内容主要包括三方面：一是总结了豫北战役的战况，二是传达了党中央、毛主席关于战略防御转向战略进攻的重大战略决策，三是研究了强渡黄河、攻占鲁西南、挺进大别山的进军方案。明确了各个纵队的作战任务，具体行动的时间、路线和渡河的出发点，以及宣传动员、后勤供给等工作。自此，刘邓大军由战略防御转入战略反攻，打入蒋管区，挺进中原，千里跃进大别山，拉开了解放全中国的序幕。

2004年，山城区在刘邓大军“石林会议”旧址上布设了“石林会议”旧址纪念馆。2014年5月至8月，又对“石林会议”旧址纪念馆进行了保护提升，

刘邓大军“石林会议”旧址

现纪念馆建筑面积 2000 平方米，建有军事作战室、刘邓首长办公室、军事设备展览馆 3 个展厅，主要展出刘邓大军在鹤壁期间，刘邓首长、豫北战役、石林会议等各类图片 500 余张，刘邓首长当年使用的办公桌、会议台、休息用床等主要革命文物 300 余件，并配有翔实的史料介绍。同时，还建有一个影音播放室，专门用于播放“红色石林”宣传教育短片及各类爱国主义影片。2016 年 12 月，又先后修缮复原了刘邓首长故居、纪念馆大门，投资建设了徽标广场、挺进广场、将军湖等景点。目前，纪念馆景区已拓展为会议旧址、刘邓首长故居、华北第一柏、将军岗、徽标广场、挺进广场、将军湖和烈士陵园等 8 处景点，形成了“刘邓大军——中原战地游”红色精品线路，成为豫北地区具有较大影响力的爱国主义教育基地和红色旅游景区。

鹤壁市博物馆

鹤壁市博物馆位于淇滨区湘江路12号，是一座集陈列展览、收藏保管、科学研究、社会教育为一体的综合性博物馆，占地面积60亩，为国家二级博物馆、河南省爱国主义教育示范基地。

鹤壁市博物馆创建于1976年3月20日，新馆于2002年9月6日奠基，2004年竣工，2005年1月正式对外开放。新馆建筑面积18400平方米，其中博物馆展厅面积9000平方米，欧式建筑风格的主体与广场上的苍松翠柏、花坛绿地、休闲长廊交相辉映，构成了一道绚丽多彩的都市风景。

鹤壁市博物馆馆藏文物总数有5万余件，包含有瓷器、陶器、铁器、铜器、玉器、钱币、古字画、化石、铜镜、石刻、银器、蚌贝、木器等13类，其中珍贵文物1600多件，以历代鹤壁窑陶瓷器最具特色。

鹤壁市博物馆现有基本陈列“鹤壁长歌——鹤壁古代文明陈列展”，该展览于2012年9月以全新面貌面向公众，展出精美文物500多件，以历史为序，展示了从远古时期到清代的鹤壁历史文明，其中对鹤壁当地的制瓷、冶铁、采煤技艺作了重点介绍，给广大观众还原了一个较为贴切的历史图景。

博物馆临时展厅。自2005年至2014年5月，博物馆共举办了60余场临时展览。展览内容囊括了从外地博物馆引进的优秀历史文化文物展、从国外引进的异域文化展、鹤壁本土的艺术家作品展等众多方面，已经逐步发展为一个开拓群众文化视野的窗口，同时也是一个展示市民文化生活的有力平台。

博物馆的“鹤壁市发展成就展”，生动形象地展示了鹤壁市历史的悠久、辉煌及美好。从鹤壁市的基本情况、历史文明开始讲述，展示了鹤壁建市以来的发展变迁与辉煌成就，并描绘了鹤壁市的未来图景。

博物馆“鹤壁好人馆”于2017年5月开馆，面积约2770平方米，共收录模范好人126名，其中，荣获国家级荣誉42人，省级荣誉36人，市级荣誉48人。本馆以聚集身边感动、传递道德光芒为主线，以凝聚文明力量、弘扬好人精神为主题，充分展示了鹤壁从古至今的优秀人物。

鹤壁市博物馆

鹤壁市烈士陵园

鹤壁市烈士陵园位于鹤壁市国家经济技术开发区渤海路办事处后小屯村北，建筑面积 20000 余平方米。

1947 年 4 月，刘伯承、邓小平同志在鹤壁指挥晋冀鲁豫野战军，进行了著名的豫北战役，在浚县火龙岗地区全歼了国民党王仲廉部第二快速纵队等部，收复淇县、滑县、浚县三城。此战役为解放汤阴、安阳、新乡、鹤壁地区，打

鹤壁市烈士陵园

破国民党进攻解放区、夹击我中央首脑机关之阴谋做出了重要贡献，进而为刘邓大军强渡黄河、挺进大别山扫清了障碍。我军战士在战斗中抛头颅、洒热血，许多人献出了年轻的生命。

2012 年以来，鹤壁市委、市政府重新续建烈士陵园，目前园区主要有烈士纪念展馆、豫北战役无名烈士集体墓和陈锡联将军题词纪念碑、主体纪念碑、纪念广场。烈士墓区安葬有各个历史时期牺牲的烈士 772 名。烈士陵园纪念馆采用声光电和雕塑、场景再现等形式展现我党在鹤壁地区活动的历程、革命战争的情况和烈士事迹。每年清明、烈士纪念日、“七一”“八一”等重要节日，社会各界群众和青少年学生等到烈士陵园祭奠烈士、参观瞻仰烈士墓和纪念馆，举行入党入团仪式等各种爱国主义教育活动，特别是每年 9 月 30 日烈士纪念日，市委、市政府组织各界干部群众、烈士家属、青少年学生等在烈士陵园举行大型公祭烈士活动，人数多时达 2000 余人，充分发挥了烈士陵园作为重要爱国主义教育阵地的作用。

焦作市

焦作市烈士陵园

焦作市烈士陵园位于河南省焦作市解放区烈士街330号，占地1.7万平方米，共安葬烈士785名，现有烈士墓560座，为河南省爱国主义教育示范基地。

该陵园原为太行第八军分区烈士陵园，初建于1945年秋，是为纪念在抗日战争中英勇牺牲的革命先烈而修建的，是原太行军区和现河南省建立最早的烈士陵园。1946年6月被国民党军严重破坏。1948年10月24日，焦作第二次解放，该陵园得以恢复重建。1964年、1973年、1993年中共焦作市委、市政府又先后对陵园进行整修。

陵园大门两旁分别镌刻着毛主席"为人民而死，虽死犹荣""死难烈士万岁"的题词，字体苍劲有力。陵园内的纪念碑巍然矗立，上刻叶剑英元帅"四分区抗日烈士纪念碑"的题词。陵园内烈士墓碑分列主碑两旁。碑文记载着烈士姓名、职务、祖籍及牺牲时间等。烈士大部分是在1946年6月12日解放焦作的战斗中牺牲的。有的烈士没有留下姓名，成为无名烈士。

陵园内主要有革命烈士纪念碑、太行第八分区事迹陈列馆、华夏魂碑林、烈士墓区、骨灰堂、烈士墓碑碑廊、烈士英雄事迹浮雕、中华英烈百人石雕像等部分。

太行四分区烈士纪念碑：纪念碑原坐落在焦作老广场（现东方红广场）内，于1945年修建，因城区发展，1992年中共焦作市委、市政府决定在市陵园中心重建，1993年12月26日竣工。碑体上半部呈五棱形，正面镌刻原晋冀鲁豫军区司令刘伯承同志的题词“四分区抗日烈士纪念碑”。其他四面分别为邓小平题词“通过天险，绝路逢生”，秦基伟题词“烈士英名万世流芳”，杨秀峰题词“四专区人民复活纪念碑”。

烈士墓碑碑廊：位于烈士纪念碑西侧，原碑廊1964年修建，现碑廊为1993年冬重建，南北长30米，宽4米，占地面积120平方米。碑廊高3米，共陈列烈士墓碑150方。

中华英烈百人石雕像：位于纪念碑东侧，原碑廊1964年修建，现碑廊为1993年冬重建，南北长30米，宽4米，占地120平方米。雕塑有李大钊、瞿秋白、赵一曼等中华英烈雕像。

焦作市烈士陵园秉承褒扬先烈、垂范后人的精神，每年清明节、建党节等重大节日都要举行大型爱国主义教育活动。2013年7月被授予河南省中共党史教育基地。

太行四分区抗日烈士纪念碑

焦作市武陟县嘉应观

嘉应观，俗名庙宫，又称黄河龙王庙，位于河南省焦作市武陟县嘉应观乡，占地 140 亩，是黄河流域现存规模最大、规格最高、保存最为完整，科学、历史、艺术价值最高，全国独有的黄河河神庙，被世人称为“万里黄河第一观”，为河南省爱国主义教育示范基地、全国重点文物保护单位、国家 4A 级旅游景区。

嘉应观始建于清雍正元年（1723），是雍正皇帝为了纪念在武陟修坝堵口、祭祀河神、封赏治河功臣，不惜耗资 288 万两白银仿北京故宫建造的一处集宫、庙、衙署三体合一的淮黄诸河龙王庙，雍正皇帝封其“四渎称宗”。从公元前 602 年至 1938 年的 2540 年间，黄河在武陟以下共决口 1500 多次，其中康熙末年至雍正元年，黄河 4 次在武陟决口，淹华北，逼京畿，从天津入海。康熙惊叹“河涨河落维系皇冠顶戴，民心泰否关乎大清江山”，特传谕雍亲王雍正督办河工。雍正登基后命兵部侍郎、河道副总督嵇曾筠加固堤坝，并为堤坝题碑名为“御坝”，并特下诏书开始建造嘉应观。雍正五年（1727），嘉应观竣工。1950 年，在嘉应观西院建立傅作义和苏联专家治理黄河指挥部，开发黄河水资源，修建人民胜利渠。1952 年 4 月，人民胜利渠举行开闸放水典礼；同年 6 月，灌溉农田；10 月 31 日，毛泽东亲临视察。后不少国家领导人前来视察。

嘉应观现存古建筑 249 间，分南、北两院和东、西跨院。北院为祭祀河神、

焦作市武陟县嘉应观

巡河行宫建筑群；中轴线南北依次有山门、御碑亭、严殿、大王殿、恭仪亭、舜王阁；两侧对称有掖门、御马亭、钟鼓楼、更衣殿、龙王殿、风雨神殿；东、西跨院为河台、道台衙署；南院原有戏楼、牌坊；观西原有陈公祠。

嘉应观整个建筑群富丽豪华、巧夺天工。大王殿天花板上有65幅圆形龙凤图彩绘，属前清满族艺术风格（故宫的龙凤图为满汉合璧，嘉应观的龙凤图是清一色的满族文化风格），天花板材料是檀香木，不见蛛网，不粘灰尘，鸟虫不进，所以又称作“无尘殿”，大王殿为重檐歇山回廊式建筑。

山门位于嘉应观南端，为单檐歇山顶，顶部覆盖蓝色琉璃瓦，檐下为五踩重昂斗拱，外檐木质上均有彩绘，门前门牌上书有“敕建嘉应观”，为雍正手书。

御碑亭，位于嘉应观南部，外形似清代皇冠，内立雍正撰文的大铜碑，高4.3米，铁胎铜面，碑周24条龙缠绕，底座为蛟。

严殿，位于嘉应观南部，是王公大臣祭祀河神的仪殿，“嘉应观”匾额为雍正题写。

大王殿，又称中大殿，位于嘉应观中部，为重檐歇山回廊式建筑，殿内正立“钦赐润毓”金牌，“润毓”是雍正御赐在武陟治理黄河的都御史他他拉·牛钮的封号（牛钮是雍正的皇叔，也是嘉应观的首任住持），殿前有一碑为水清碑，也叫灵石碑。

恭仪亭，位于嘉应观北部，为王公大臣祭拜禹王前整理衣冠的地方。

道台衙署，位于嘉应观西院，是清朝河北道道台处理治河及灭蝗事务的办公场所，设黄沁厅、两间河兵房、两间厢房。

河道衙署，位于嘉应观东院，是雍正治理黄河的办公衙署，设议事厅、两间执事房、马厩等。

治理黄河指挥部旧址，位于嘉应观西北端，为傅作义和苏联专家治理黄河指挥部旧址，第一任水利部长傅作义曾在这里办公，同住于此的还有首任黄委会主任王化云、苏联驻中国首席水利专家布可夫、清华大学教授张光斗、地质学家冯景兰。

目前，当地正在规划建设嘉应观黄河文化旅游区，规划总面积 22 平方千米，集历史文化、科普教育、休闲度假、娱乐观光、田园习作为一体，以期充分展示黄河文化和大河风光。

沁阳市朱载堉纪念馆

朱载堉纪念馆位于沁阳市北寺街薛街 1 号，占地面积 1000 多平方米，是一处以历史载体为主题，弘扬优秀历史文化的爱国主义教育场所，为河南省爱国主义教育示范基地。

朱载堉，字伯勤，号山阳酒狂仙客，又号狂生。朱载堉生于 1536 年，卒于 1611 年，谥端清，史称“端清世子”。他是明太祖朱元璋九世孙，郑藩第六代世子，也是中国明代伟大的自然科学家和艺术科学家。他创建的十二平均律曾轰动欧洲，由此揭开了世界音乐史的新纪元。他在天文历法、数学、计量学、物理学和绘画等学科领域中都有令世人瞩目的成就，被西方学者誉为东方文艺复兴式的文化巨匠。朱载堉是中华民族灿烂文化的杰出代表之一，是人类灿烂星空中一颗耀眼的巨星。他生活在明嘉靖、隆庆、万历时期，一生在沁阳经历了府邸优育、筑土室于宫门外、重入王府、隐居九峰四个生活阶段。然而他不贪恋王宫奢华生活，却忘我探寻科学的奥妙，成为一代文化大家。他首创了十二平均律的弦乐器和管乐器，为世界上相同律制乐器的始祖；谱写了世界上最早的平均律曲谱，比德国作曲家巴赫《平均律钢琴曲集》早 300 年；提出了严格的管乐器的管口校正方法和校正公式，比西方同样的理论早 300 年；第一个提出了“舞学”一词，并为之规定了内容大纲；首创了求解等比数列的计算方法；第一个解决了不同进位制的换算方法；第一个在珠算上进行开方运算。他还精确地测算出北京的地理纬度和地磁偏角，精确地计算出回归年的长度值

沁阳市朱载堉纪念馆

和水银比重。他的《醒世词》在河南、山西一带被辗转传抄。

朱载堉纪念馆原为元仁宗落难居怀的处所，明郑藩由陕西凤翔迁至怀庆（今沁阳市）之后占用，属郑藩在怀庆机构设施的一部分，为朱载堉和他父亲共同生活与进行乐律研究的地方，故又称“郑王乐府”，分前、中、后三序。1986 年，沁阳县人民政府在其仅存的前序部分筹建朱载堉纪念馆，1991 年 10 月建成并开馆。

朱载堉纪念馆现有馆藏文物 200 余件，基本陈列通过 100 多件文物和大量的照片、图表，辅以模型、雕塑、音像，充分展现了朱载堉落寞坎坷的一生及在科学领域所取得的骄人成就。

朱载堉纪念馆整体建筑为明清混合式大四合院布局，主房 28 间，分四个展室。

第一展室：展现沁阳市历史悠久、地灵人杰和诞生在这民族文化土壤中的世界历史文化名人朱载堉的生活时代及郑藩家世。

第二展室：展现朱载堉从青年时代到晚年隐居的四个不同生活阶段，反映朱载堉高尚的品德和苦读寒窗、穷追不舍的治学精神。

第三展室：展现朱载堉平生呕心沥血，在全世界首创十二平均律理论，并加以应用的重大学术成果。解决了中外学者一两千年来想要解决而无法解决的用数学式表示的旋宫转调历史课题，完成了世界音乐史上的一大革命。同时反映了朱载堉在数学、物理、计量、天文、历法、音乐、舞蹈、美术和文学等方面的巨大学术成就。

第四展室：展现朱载堉高尚的思想情操和伟大的学术贡献在国内外的重大影响。

孟州市韩愈陵园

韩愈陵园位于孟州市洛常路北侧韩庄村，是为纪念我国唐代著名的文学家、思想家、政治家、教育家韩愈而建，为河南省爱国主义教育示范基地、国家3A级景区。

韩愈（768—824），字退之，唐代文学家、哲学家，河阳（今河南孟州市）人，因其常居郡望称昌黎，世称韩昌黎。他3岁时失去父母，由嫂子郑氏抚养成人，少时刻苦好学，7岁读书，13岁能文。自称“前古之兴亡，未尝不经于心也；当世之得失，未尝不留于意也”。贞元进士，他在任监察御史期间，因天旱人饥，田禾无收，曾上疏请免徭役赋税，指斥朝政，被贬为阳山令。817年，因助裴度平定淮西叛乱，升为刑部侍郎。819年，又因谏阻迎佛骨，触怒宪宗，几乎被杀。后裴度等人救援，遂改贬为潮州刺史。穆宗长庆时，因奉命宣抚平息镇州兵变有功，升任吏部侍郎，故又有韩吏部之称。卒赠礼部尚书，谥号“文”，又称韩文公。韩愈比较关心人民疾苦，思想上尊儒排佛，强调自尧舜至孔孟一脉相传的道统，将人性分为上、中、下三品，提出了性三品学说。在其所著《师说》一文中，认为“人非生而知之者”，并提出“弟子不必不如师，师不必贤于弟子”的著名观点，对后世影响甚大。他倡导和发起了“古文运动”，大力提倡秦汉以前的“古文”，并以自己的实践实现了自己的主张，开创了一代文风。文学上提出“文以载道”和“文道合一”的观点，与柳宗元同为古文运动倡导者。杜牧把韩文与杜诗并列，称为“杜诗韩笔”。叙事文在韩文中比重较大。如《柳子厚墓志铭》《祭十二郎文》。散文各体兼长，后人尊称他“文起八代之衰”“百代文宗”。韩愈位列“唐宋八大家”之首。诗亦有独特风格，境界雄奇。如“天街小雨润如酥，草色遥看近却无。最是一年春好处，绝胜烟柳满皇都”（《早春呈水部张十八员外·其一》）。长庆四年（824），韩愈病卒于长安，终年 56 岁。次年归葬家乡。据不完全统计，韩愈共为后世留下著作 40 余卷，载文 390 余卷（篇），诗、赋 300 余首。其中传世集本有宋廖莹中《昌黎先生集》等。

韩愈陵园始建于唐敬宗宝历元年（825），距今有 1000 多年的历史，南濒黄河，北倚太行，丘陵环抱，古柏苍翠，雄伟庄严。陵园的主要建筑有牌楼、神道、石阶、山门、飨堂、碑廊、雕塑、展厅、亭阁，气势宏伟壮观，“唐柏双奇”苍翠蓊郁。中国国际韩学研究院就设在这里。

牌楼是一座宏伟高大的仿唐式建筑，为双层挑角式歇山建筑，楼高 25 米左右，大门青砖绿瓦、朱柱、画廊。门内两侧有大厅和登楼阶梯。从楼顶向四周望去有欲穷千里目之感，北望是长 1 千米的神道。走过神道，迎面有一座巨大的纪念碑，正面为江泽民题写的“韩园”二字。往后是一座清代中期建筑——飨堂，面阔三间，古朴雅致，内有韩愈的手迹“鸢飞鱼跃”“白鹦鹉赋”及清代乾隆皇帝的手迹。飨堂后面有两株参天古柏，为唐代遗物，系建墓时所植，

孟州市韩愈陵园

这便是世人所称的“唐柏双奇”。双柏历经千余年风霜寒暑，仍然生机勃勃，枝繁叶茂，是古河阳八景之一。柏下有一通石碑，一碑双作。正面为神道碑，是韩愈门生皇甫湜撰文，碑文陈述了韩愈的经历；背面的墓考文陈述了考证墓地的经过。

墓祠的后院便是一代伟人韩愈的墓冢，冢高8米，围长100米，墓周翠柏拥簇，枣树成林，墓前有青砖碑楼两座，正面碑楼内嵌青石碑一通，高1.7米，宽0.7米，镌刻30厘米见方隶书“唐韩文公墓”五个大字。靠右稍后的碑楼内有一高1.61米、宽0.62米的青石碑一通，上有“谕祭文”。

韩愈墓祠的东跨院为名家题词碑廊。碑廊内镌刻有100多位国内外名家学者的题词评论。西跨院为韩愈事迹陈列室，陈列着有关韩愈生平事迹和逸事的图片资料100余件。

步入韩园的大门，犹如迈入了丰厚的文化圣地，到处散发的文化气息扑面而来，无不显示着韩园历史的厚重印迹。特别是1992年第一届韩愈国际学术研讨会召开以来，韩园已成为世界韩学研究的中心与基地。

焦作市科技馆

焦作市科技馆位于焦作市丰收路与长恩路交叉口东南角，是当地的公众科学素质教育基地、培训基地、旅游休闲中心、科学历史展示中心，2012 年 9 月 29 日建成开馆，免费向公众开放，为河南省爱国主义教育示范基地。

焦作市科技馆建筑总面积 8986 平方米，布展面积约 4500 平方米（含 4D 影院、临时展厅）。其中 A 座共三层，面积 6780 平方米，为展览观光服务区；B 座共四层，面积 2206 平方米，为办公用房。常设展区为 A 座一、二、三层。展览以“启迪、求知、探索”为展示主题，设置儿童科技乐园、生命科学与材料能源、探索创新与天地万象、科学启迪四个主题常设展区。主要展项包括动态操作、多媒体、实物、模型、图片等，其中动态操作、观众参与的展项达到 90%。

一层为科学启蒙展厅。包括儿童类展项、4D 影厅及临时展厅。儿童科技乐园展区设置展项 19 件（套），包括迎宾机器人、戏水天地、挖掘机、动手园区等。展览以儿童易于理解的方式，采用游戏互动参与为主的多样化展教形式，营造轻松、快乐的学习情境，让儿童在展览和游戏中体验探究的乐趣，激发好奇心，培养对科学的热爱。

二层为科学探索展厅。南厅为环境与健康展区，设置展项 31 件（套），包括煤的故事、倾斜小屋、时光隧道、生育与健康、风能等，主要展示新材料、新能源和生命科学知识，展示虚拟技术、机器人等新产品、新技术，启发观众

焦作市科技馆

关注生命、热爱生命，帮助公众了解使用新材料、新能源，启发观众的创新思维和创新意识，推动自主创新。北厅为天地与万象展区。设置展项7件（套），包括磁悬浮地月演示仪、月球弹跳、地震防范与自救等展项。观众通过对展项的参与，了解人类对宇宙、地球、大自然的探索和发现，掌握有关科学知识。

三层为科学启迪展厅。包括智能未来、军事科技、趣味化学、数字空间、声临其境等展示。科学启迪展区设置展项56件（套），包括滚球、电磁舞台、机械结构、全息音响、光学迷宫、数字游戏等。观众通过对展项的参与，了解力学、电磁学、数学、机械学、声学、化学、光学等知识，激发对科学的兴趣。

焦作市博物馆

焦作市博物馆位于焦作市山阳区建设中路72号（焦作市焦东路与建设路交叉口往西100米路南），占地面积24300平方米，建筑面积10500平方米，展厅面积5000平方米，属综合性历史艺术类博物馆，为河南省爱国主义教育示范基地、国家三级博物馆。

焦作地处黄河以北、太行山以南，古称河内、山阳、怀州等，是华夏民族早期活动的中心区域之一，现存裴李岗文化、仰韶文化和龙山文化遗址，是司马懿、韩愈、李商隐、朱载堉、许衡及“竹林七贤”山涛、向秀等历史文化名人故里，文化遗产丰富，现有全国重点文物保护单位27处。

焦作市博物馆成立于1965年，原馆址位于焦作市人民公园内，由郭沫若先生亲题馆名，1996年起迁入现址。现拥有藏品万余件，整理上架文物有3315件，上起远古，下至近现代，有青铜、陶瓷、玉器、钱币、书画、石器、木器、杂器等诸多种类。其中壮观的汉代陶仓楼、当阳峪窑绞胎瓷罐、“山阳”铭文陶罐等成为代表性文物。

焦作市博物馆基本陈列有：

山阳印记。展出了自20世纪70年代以来，山阳城遗址周围出土的上百座汉代陶楼。据《三国志》记载，“东汉末年，曹丕称帝，贬汉献帝刘协于山阳城”，封其为“山阳公”，“以河内之山阳邑万户奉汉献帝为山阳公”。于是东汉末代君主“山阳公”在这里度过了人生最后的14年，山阳城也因此名声大噪。山

焦作市博物馆

阳城遗址出土的陶仓楼，融汇了神话传说、抽象艺术，是集建筑、农业、军事、绘画、雕塑、陶艺、创作为一体的建筑模型精品，在数以万计的汉代陶制明器中脱颖而出，被称为古老山阳的象征和博物馆的镇馆之宝，曾多次在国外展出。

窑火神工——馆藏瓷器精品展。当阳峪窑创烧于唐，盛行于宋，止于元中期。宋代当阳峪窑于 20 世纪初在焦作发现，当时欧洲人称“焦作窑”，美国人称“当阳峪窑”，日本人称“修武窑”。2003 年 11 月，河南省文物考古所从当阳峪窑遗址发掘出一大批珍贵瓷器，主要以剔花、刻花、绞胎、仿定等工艺而著称于世。2005 年 5 月，当阳峪窑址被国务院公布为全国重点文物保护单位。这里展出的馆藏瓷器从隋代到明、清各个时代均有，造型优美，釉色多彩，饰文生动，浑然天成。

山之阳——焦作古代历史文物陈列。共展出 210 余件珍贵文物，以历史进程为脉络分为六大部分。从仰韶文化到龙山文化，从秦汉大风到明清文脉，包括石器、骨器、陶器、铜器、玉器、钱币、书画等诸多种类。

另外，焦作市博物馆充分利用爱国主义教育基地这一场所，先后举办了“焦作市改革开放成就展”“崇尚科学文明，反对迷信愚昧”“珍爱生命，拒绝毒品”“预防青少年违法犯罪展”“焦作市党风廉政建设和反腐败斗争成果展”等百余个大型展览，赢得了社会各界的广泛赞誉。

济源市
愚公移山
毛泽东

愚公移山精神展览馆（济源市档案馆）

愚公移山精神展览馆位于济源市第二行政区10号楼，是以“愚公移山精神”为主题的大型展览馆，面积2000平方米，集中展现了愚公移山精神的起源和发展过程，为全国和河南省爱国主义教育示范基地。

传说中“愚公移山”的地方在济源市王屋山之阳。这是一条从王屋山主峰延伸下来的南北走向的大山梁。山梁西面是愚公村，东面是小有河，愚公村的人每天要到小有河去取水，正是这条大山梁给他们带来了许多不便，所以愚公要带领他的子孙挖掉它。在这条大山梁中间，确实断开了一道很大的山口，远远看去，真似人工开挖的一样。而毛泽东的名作《愚公移山》，使愚公移山精神成为中国人民战胜困难的精神支柱。愚公移山的精神之所以可贵，就在于他想了常人不敢想的事，做了常人不愿做的事，付出了常人难以付出的努力，这种精神多少年来一直鼓舞着人们艰苦奋斗，努力拼搏。

愚公移山精神是中华民族宝贵的精神财富，与焦裕禄精神、红旗渠精神一起成为河南人民实现中原崛起、河南振兴的三大精神支柱。为了让愚公移山精神能够代代相传、发扬光大，济源市委于2012年9月决定建设愚公移山精神展览馆。展览馆共收集照片8800余张，文字资料300多件，实物100余件，视频6个，运用多维展示手法，采用声光电等高科技技术。展览内容分为“愚公精神·民族力量”“太行王屋·愚公故乡”“愚公儿女·彪炳史册”“难忘岁月·艰苦创业”和“继往开来·巨大变化”五大篇章，把愚公移山精神浓缩为一幅优美的长卷，

愚公移山精神展览馆（济源市档案馆）

集中展现了愚公移山精神的起源、发展和济源人民在愚公移山精神指引下务实求变、热情创业的一个个人间奇迹。

愚公移山精神展览馆不仅体现了济源人民“愚公移山，敢为人先”的精神风貌，更是搭建了宣传教育的特色平台，被确定为“愚公移山精神干部学院现场教学基地”和“济源市大学生村官创业培训教育基地”。2019年9月16日，被中宣部命名为“全国爱国主义教育示范基地”。

济源市留庄英雄民兵营及“杜八联”革命纪念馆

济源市留庄英雄民兵营及“杜八联”革命纪念馆位于济源市坡头镇境内，是为纪念在抗日战争和解放战争中，蓼坞、桥沟、泰山、祖师庙、留庄、毛岭、连地、马住等8个行政村的民兵联防组织“杜八联”和留庄民兵营的光荣斗争历史而建立的，是河南省爱国主义教育示范基地。

留庄英雄民兵营的前身是“杜八联”的一部分。“杜八联”所在地在济源市西南的黄河北岸，东起留庄，西至桐树岭，这里山岭连绵，沟壑纵横，地势险要，河清口、蓼坞两个著名的黄河古渡，是南下中原、北上晋陕的重要通道，自古乃兵家必争之地。抗日战争时期，8个行政村组成的联防组织在中国共产党的领导下，驾起葫芦舟，摆开地雷阵，先后作战400余次，歼敌数百人，烧毁敌机2架，护送干部200余人渡过黄河，先后有4批1200多人（枪）成建制参加八路军，涌现出了数十名民兵战斗英雄。解放战争中，“杜八联”民兵同进犯的国民党军作战上百次，使其始终未能占领该地区一寸土地。同时，他们还单独或配合主力部队攻打坡头寨，炸毁敌机，平息红枪会暴乱，为陈谢大军强渡黄河天险开路、护航，立下了赫赫战功，被誉为攻不破的“河防堡垒”。其间，他们首创的“联防战”同“地雷战”“地道战”一起被列为中国民兵的“三大战法”。

1947年6月，“杜八联”的留庄民兵营葫芦队护送陈谢大军强渡黄河天险，突破了国民党的黄河防线，开辟了豫西战场，配合刘邓大军向国民党军队发

杜八联革命纪念馆

起战略进攻。新中国成立后，他们坚持劳武结合，扬威在经济建设的主战场，在发展生产、维护社会治安、建设社会主义物质文明和精神文明中，又取得了辉煌的成就。1964 年，中共中央中南局、武汉军区命名留庄民兵营为“英雄民兵营”，是全国四个著名的“英雄民兵营”之一。1965 年，河南省委、省军区发出“向留庄民兵营学习”的号召。据统计，新民主主义革命时期，“杜八联”有 141 人为了民族独立和人民解放事业英勇牺牲。新中国成立后，“杜八联”民兵使用过的葫芦舟、石雷、榆木炮等革命文物及战例沙盘模型被中国人民解放军军事博物馆收藏展出。

1963 年留庄始建了民兵展览馆，后更名为“留庄英雄民兵营纪念馆”。馆藏 100 多件实物，500 多幅（张）历史图片、影碟及《英雄民兵营的激情岁月》《黄河之子》等书籍，都生动再现了留庄英雄民兵营光辉的战斗历程和英雄风采。

2015 年年底在旧址上新建的“杜八联”革命纪念馆有县委办公旧址、展览回廊、烈士墓园、泰山庙宇 4 部分，占地面积 15 亩，建筑面积 200 平方米，分为“黄河怒吼”“众志成城”“浴血苦斗”“河防堡垒”“战旗高扬”“浩气长存”6 个展区，以图文资料记录了“杜八联”的辉煌业绩，全面展示了先烈们的丰功伟绩，生动再现了敢于斗争、善于斗争、百折不挠、前赴后继的“杜八联”革命精神。

济源市王屋山愚公移山纪念地

济源市王屋山愚公移山纪念地位于济源市王屋山前阳台宫东北 0.5 公里处的愚公村，饮誉中外的愚公移山故事就发生在这里。其所在地王屋山总面积 272.47 平方公里，分 7 个景区，125 个景点，为世界地质公园、国家 4A 级旅游景区、国家猕猴自然保护区、河南省爱国主义教育示范基地。

王屋山的名字最早见于《禹贡》，因其山有三重，“状若王者车盖”，故名。王屋山东依太行，西接中条，北连太岳，南临黄河，是中国九大古代名山之一。主峰天坛海拔 1715 米，相传为 4000 年前中华民族祖先轩辕帝设坛祭天求雨之所，世称“擎天地柱”。《列子·汤问》中，记载了一则脍炙人口的寓言故事，说是王屋山前住着一位 90 岁老翁愚公，看到村里人长年被山阻挡，率领子孙要把王屋山搬走。后遇到一位智叟老人劝其停下，而愚公以子子孙孙一代接一代不停地挖下去，总有一天会把大山挖平的锲而不舍的精神回答了智叟，启迪人们要完成大事业，必须有刚强的毅力和坚持到底的奋斗精神。毛泽东同志为此专门写了一篇《愚公移山》的文章，号召中国人民学习愚公的这种精神，将革命进行到底。此后愚公精神成为中国革命的一种强大动力。今天来王屋山游览的人们，首先要看一看愚公村。愚公村位于王屋山南麓，这里是一个有几十户人家的山村，村边有愚公井，愚公井又名“洗参井”“燕家泉”，井水甘甜，久旱不涸。

为使后人继承和发扬愚公移山的精神，1991 年 10 月，中共济源市委、市

《愚公移山》群雕

人民政府决定把在阳台宫东北传为愚公移山的地方作为愚公移山纪念地，兴建《愚公移山》群雕。整个工程由国家、省和地方共同筹资兴建，郑州市雕塑创作研究室设计制作，1992 年 10 月建成，建筑总面积 3000 平方米。

《愚公移山》群雕工程由台阶、平台、碑廊和群雕等组成。五组台阶全由机械切割的石灰岩条石砌成。四组平台由机制方砖铺设。一级平台之上，坐东向西为高 4 米、宽 28 米的碑廊。碑廊中间镌刻着毛泽东《愚公移山》和《列子·汤问》中的《愚公移山》全文。两边分刻着党和国家领导人及省、市党政领导人的题词。由碑廊两侧沿阶而上为二级平台，西、南、北三面边缘匝以汉白玉栏杆，面西正中栏杆间镶嵌着“河图洛书”栏板。在平台中间长 5.8 米、宽 3 米、高 1.6 米的由青石砌成的基座上，坐北面南矗立着愚公及其全家移山的雕像。雕像高 10.5 米，由仿花岗岩水泥构件组合而成，老愚公和他的儿孙们，荷镐扛锹，威武刚毅，巍然屹立山头，雄伟壮观。整个雕像群栩栩如生，形象地表现了老愚公率儿孙共同挖山的场景。在群雕的东边，建有洞天桥和智叟亭，西边建有愚公井亭和由方毅书写的“中华愚公村”巨型卧碑。卧碑长 32 米、高 7.5 米，仿砖木结构建筑，十分壮观。

愚公那种坚韧不拔、战胜困难的精神，成为中华民族宝贵的精神财富。

晋豫边革命纪念馆

晋豫边革命纪念馆位于济源市邵原镇北寨村，占地面积1000余平方米，建筑面积200平方米，是为纪念中国共产党在晋豫边地区领导人民与敌英勇斗争的丰功伟绩而建立的，是河南省爱国主义教育示范基地。

晋豫边革命根据地，是抗日战争时期根据党中央、毛主席的统一部署，在中共中央北方局和八路军总部的直接领导下，由朱瑞、唐天际、聂真等老一辈革命家领导开创的敌后抗日根据地。1937年9月，为了贯彻党的抗日民族统一战线政策，中共中央北方局军委书记朱瑞受中共中央代表周恩来的派遣，出任八路军第一战区联络处主任，到平汉线北段的国民党第一战区进行统战工作。1938年2月，根据日军的进攻态势和王屋山的战略地位，朱瑞电告中央，建议组建八路军游击队，以阳城为中心，开辟晋豫边区抗日根据地。1938年4月28日，晋豫边抗日游击队正式成立，先后参与了王屋山伏击战、晋南会战、町店战斗，连战皆捷，声威大震，很快发展到2000多人，成为开辟晋豫边抗日根据地的主力部队。1942年4月初，为加强抗日武装斗争的统一领导，晋豫边区党委在邵原镇张洼村成立了豫晋边区人民抗日联防区。4月15日，又在阳城横河镇成立了豫晋边区人民抗日联合办事处，这是当时豫晋边区最高的行政机关。解放战争中，晋豫边成为太岳部队乃至晋冀鲁豫部队出击外线、逐鹿中原的重要战略后方，为新中国的成立做出了巨大贡献。

2008年在原址上建成纪念馆。纪念馆坐北朝南，东西长80余米，南北宽

晋豫边革命纪念馆

50余米，灰瓦白墙，青松林立，低调古朴，庄重大方。纪念馆以大量的图文资料，从星火燎原、砥柱中流、逐鹿中原、建功八闽、群星灿烂等不同角度，真实记录了晋豫边地区波澜壮阔的革命斗争风采，全面展示了晋豫边人民的丰功伟绩和无数革命先烈、老一辈革命家的风采。走进纪念馆，仿佛置身于晋豫边地区波澜壮阔的革命斗争中。

济源市烈士陵园

济源市烈士陵园位于济源市蟒河北街 16 号，占地面积 13340 平方米，为河南省爱国主义教育示范基地。

济源有着光荣的对敌斗争历史。1944 年至 1946 年，八路军在济源进行了豫北战役、济孟战役、解放济源战斗、济孟黄河沿岸自卫战四次大的战役（斗）。1946 年至 1947 年，解放军在济源进行了中王战役、陈谢大军渡黄河两次战役。1944 年年初，在历时两个多月抗击日伪军的豫北战役中，八路军攻克敌伪据点 28 处，消灭日伪军 2000 余人，解放人口 10 万以上，为太行、太岳八路军南渡黄河，开辟豫西抗日根据地创造了有利条件。1945 年 4 月，八路军太岳军区司令部遵照毛泽东关于“扩大解放区”的指示，调集兵力约 4000 人，发起了济孟战役。此战役共拔除日、伪、国民党军据点 20 多个，毙伤敌百余人，生俘 200 余人，战场接受改编 500 余人，解放了济、孟两县的大部分地区。1945 年 8 月 15 日，日本帝国主义宣布无条件投降，而后八路军进行了解放济源的战斗和黄河沿岸自卫战。驻济日军撤离济源到沁阳集结后，一贯不抗日的国民党保安团按照胡宗南的密令，乘机率政府官员和武装力量 2000 余人进驻济源县城，妄图以此作为发动内战的前沿阵地。8 月 24 日，太岳第四分区司令员陈康率分区主力部队和地方武装约 5000 人，经过数日战斗突破国民党军的城防，冲入城内。国民党保安团残部千余人突围向孟县逃窜，济源县城宣告解放。1946 年 1 月—7 月，国民党军队渡过黄河进攻济孟解放区，占领了沿黄大片地区。8 月 3 日—

济源市烈士陵园

6日，八路军在太行军区司令员秦基伟的指挥下，进行了济孟黄河沿岸自卫战，共毙伤国民党军1500余人，俘敌1000余人，八路军亦伤亡600余人。1947年6月，陈谢大军在此渡黄河，挺进豫西，配合了刘邓大军中原突破、挺进大别山的战略行动。

济源市烈士陵园的陈列馆前、烈士纪念塔后的东西两侧各有一座烈士纪念碑亭，碑亭正背两面上端草书“革命烈士纪念亭”，亭子南北两侧山墙各镶嵌2副对联。东亭的对联是“壮志总随红旗展，英名常伴白云飞”“红心铁笔唤工家，碧血钢枪捍山河”，西亭的对联是“经天日月仰先烈，拔地松柏阴后人”“为堕三山血书史，敢起四化汗塑碑”。烈士事迹陈列馆后方是庄严肃穆的烈士墓区。烈士墓区入口处树立着占地8平方米的照碑。照碑修建于1969年，正面镌刻着毛泽东“为人民而死，虽死犹荣”的题词。整个墓区分为5排，共安葬有83位革命烈士遗骨。2013年12月，济源市烈士陵园迁建项目获批，建设地点位于五龙口镇裴村圣皇公墓内西侧，总建筑面积4780平方米。主要建设工程分两期进行，一期工程主要为革命烈士英名录（碑林）、革命烈士墓穴1000个，二期工程主要为烈士事迹纪念塔、革命烈士事迹陈列馆、纪念雕塑、烈士事迹宣传栏、纪念广场、陵园大门及附属配套工程。

漯河市

漯河市许慎陵园（许慎文化园）

许慎陵园位于河南省漯河市召陵区龙江路与中山路交叉口向东 800 米（漯河市召陵区姬石乡许庄村东），现称许慎文化园，是为纪念东汉时期的经学家、文字学家、训诂学家许慎而建，为河南省爱国主义教育示范基地，其中的许慎墓为全国重点文物保护单位。

许慎（约 58—约 147），字叔重。他一生著作很多，因编撰了《五经异义》《孝经孔氏古文说》等被时人誉为“五经无双”，特别是《说文解字》一书，是我国第一部分析字形、说解字义、辨识声读的字典，也是文字、音韵、训诂学研究方面的一部集大成之作。它成稿于东汉和帝永元十二年（100）。安帝建光元年（121），许慎生病在家期间将书稿修订完毕，并派遣儿子许冲将书献于朝臣。《说文解字》全书正文 14 卷，叙目 1 卷，工程之大，亘古罕见。这是许慎对中国文字学研究方面所做的一个极为重大的贡献。它不仅保存了先秦的字体和东汉以前的文字音义，而且反映了我国汉语词汇的面貌，总结了我国古文字学的发展历史，第一次系统地提出了文字学的“六书说”理论。可以说，如果没有许慎的《说文解字》，我们将无法认识先秦的甲骨文和钟鼎文以及战国时期的古文。因此，历代学者称他为“文宗字祖”“文化宗师”“中华字圣”等。

许慎去世后，陵墓建在了故乡，即今漯河市召陵区许庄村。墓冢高 5 米，底径 16 米，墓前立清康熙、光绪年间碑刻二通，正中是清代康熙十六年郾城知县温德裕立的“汉孝廉许公之墓”碑，右为光绪二年郾城知县王凤森立的“许

漯河市许慎陵园（许慎文化园）

夫子从祀文庙记”碑，墓后苍柏林立。1984 年，河南省文化厅、文物局拨专款重修许慎墓，并征地 6.9 亩辟为许慎陵园，陵园内植柏树 180 多株。1996 年，许慎陵园扩建，扩建后许慎陵园南北长 156 米，东西宽 49.5 米，四周为高 3 米的仿古围墙，面南正中为陵园大门，门两厢建仿古式保卫室。由许庄村许氏后裔组成保护小组，常年守护。2008 年 9 月，当地以许慎墓为核心建许慎文化园，占地 150 亩，建筑面积 4200 平方米，园区建筑按传统规制对称布局，三区一轴，十二个节点，由南向北分布在三级台地之上，共分三大功能区，即广场服务区、中心展示区、墓冢保护区。许慎文化园遵守中国传统建筑模式，采用中轴对称布局。六书石柱、汉字大道、字圣殿、叔重堂、说文馆、字形牌坊、许慎墓沿中轴线依次分布，构成园区游览参观的主线。字形解义、部首方阵、魁星亭（金榜石）、蟾桂山、字源石等小品以中轴线为界东西对称分布，构成景区的环线。

广场服务区面积 3.2 万平方米，有六书石柱、文字大门、翰林阁、许慎文化研究中心、旅游纪念品商店等建筑。

中心展示区面积 3.3 万平方米，有汉字大道、字圣殿、叔重堂、说文馆、文化长廊、魁星亭、字形牌坊等主要建筑。

墓冢保护区面积 4.3 万平方米，主要为文物本体及部首方阵、字形解义、字源石、蟾桂山等景观小品。

六书广场中间立有六根红色花岗岩石柱，上面分别刻有指事、象形、形声、会意、转注、假借等许慎在《说文解字》中归纳总结的六书理论，每根柱子上分别刻有例字和用小篆、隶书、楷书书写的注解说明。翰林阁主要用来展览多年来收藏的以许慎文化为题材的名家字画。汉字大道由黑、红、灰三色花岗岩制成，呈展开的画轴状，由南向北依次镌刻远古符号、甲骨文、金文、简帛文、篆书、隶书、楷书、行书、草书和 3000 个常用汉字。字圣殿立许慎青铜贴金坐像。叔重堂主要用来展示许慎生平。说文馆主要用来展示许慎的学术思想及学术贡献，按汉字简说、说文解字、历代研究、字书辞书四个部分进行展览。故事长廊选取 13 个汉字发展故事和儒学故事场景，刻制成木雕版画，配以文字说明，悬挂在长廊上方，另有字形牌坊、蟾桂山、字形解义、部首方阵、字源石、魁星亭等景观。字圣碑林展出的《说文解字》碑刻、历代名碑名帖、现当代名人名家书法碑刻达 1000 余块，具有很高的艺术价值和观赏价值。

为了纪念这位为中华文化传承花费毕生精力的文化先贤，自 1983 年开始学界先后八次在漯河召开关于许慎的学术会议。许慎文化园现已成为集文物保护、名人凭吊、经典教育、汉字文化观光于一体的国家 4A 级旅游景区，具有较强的学术性、纪念性、教育性、观赏性。

陈星聚纪念馆

陈星聚纪念馆位于漯河市临颍县台陈镇，是为纪念深受台湾人民爱戴的民族英雄陈星聚而建的，为国家3A级旅游景区、河南省爱国主义教育示范基地。

陈星聚（1817—1885），字耀堂，临颍台陈人。1878年，清政府正式设立台北府，陈星聚升任台北首任知府。他在任台北知府期间，首次修建了台北城，扶农兴商、办学兴教、剿匪安民，使台北人民安居乐业，深受台北百姓的爱戴。1884年，中法战争爆发，法国侵略军入侵台湾，陈星聚置生死于不顾，亲赴阵前督战。台北军民在他的领导下，同仇敌忾，众志成城，击退了法军多次进攻，取得了台北保卫战的胜利，保障了台湾的安全。1885年，陈星聚因劳累过度，病逝台北知府任内，享年69岁。当时清政府念他“劳瘁不辞”，与台北建设相始终，特追封他为三品通议大夫，赐予他“御赐祭葬如例”的安葬待遇。随后，他的遗体由海运转入运河，又转陆运，回到家乡安葬。陈星聚在台湾从政15年，功绩卓著，为官清廉，建设台北，造福百姓。台北各界人士对陈星聚十分敬仰，在台北为他修建了一座“陈公祠”，年年追悼祭祀。陈星聚在外做官20多年，对家乡人民十分关爱。《临颍县志》记载：“光绪三年大饥，道馑相望，星聚捐谷千石，又赈本乡数百石。”因此，临颍家乡的人们亲切称呼他为“陈官”，“陈官”的美名至今在民间盛传不息，为人们津津乐道。因他在台北为官，又追封为“道台”，为了纪念他，就把他的家乡陈村改为“台陈”，即现台陈镇所在地。

陈星聚纪念馆

陈星聚纪念馆是在陈星聚墓园的基础上扩建而成的。据记载，陈星聚墓园位于临颍县台陈镇台陈村，建成于1889年。墓前有华表、碑碣，墓道两侧矗立着姿态各异的石人、石狮、石马、石羊、石猴等。2008年6月陈星聚墓被河南省人民政府公布为省级文物保护单位。

陈星聚纪念馆一期工程于2008年6月动工兴建，占地面积17360平方米，总投资1500万元，历时9个月，修建了牌坊、正门、掖门、西配殿、石桥、飨堂等主体工程及停车场等配套项目，于2009年3月31日成功举行了落成典礼。2009年10月二期工程动工，新建了贵宾接待室、东配殿、东西碑廊，设置了陈星聚主题雕塑、青史林、“岩疆锁钥”石匾。陈星聚纪念馆系统整理了陈星聚生平资料，并搜集了部分相关文物，供后人瞻仰、研究、学习，传承先贤宏愿，激励爱国情怀，维护国家统一。在此基础上，增添了台北历史文化展室，向游客展示了一幅璀璨夺目的台北历史文化风情图，为两岸文化交流搭建了一个崭新的平台。

杨再兴纪念园

杨再兴纪念园位于临颍县皇帝庙乡商桥村，占地18200平方米，为纪念南宋抗金名将杨再兴而建，为省级文物保护单位、河南省爱国主义教育示范基地。

杨再兴（？—1140），南宋抗金名将，江西吉水人，祖居河南相州（今河南汤阴县）。幼年家贫，随父以打鱼谋生，18岁入曹成义军，后升为曹成部将。绍兴二年（1132），岳飞剿灭曹成，杨再兴遂投岳飞抗金。杨再兴在岳家军对金作战中，骁勇非凡，曾试图单枪匹马冲阵擒获金兀朮，失败后仍能单骑而还，遂升为统制使。郾城之战后，一次杨再兴率300骑兵外巡，在小商桥突遇金兵，展开激战，斩敌3000余人，后不幸因人马陷入小商河中不能自拔，金兵乱箭齐发，杨再兴中箭无数，饮恨商河，壮烈牺牲，所部皆亡。传说岳飞进驻小商桥，痛悼将军，焚化其尸，得箭镞二升，遂将骨灰葬于小商河之阳。号称“天下第一桥”的石拱桥——小商桥建于隋开皇四年（584），位于小商河（颍河故道）上，该桥造型优美，结构严谨，做工精细，是全国重点文物保护单位。小商河也曾是南宋抗金名将岳飞率部抗击金兵取得郾城大捷的主战场。

杨再兴纪念园呈长方形，坐北朝南，园内古柏苍翠，为仿宋建筑群。墓前有祭庙一座，门前立清康熙、雍正、道光和同治年间的古碑五通，其中康熙年间二通，是“宋统制杨将军之墓”碑和“宋统制杨将军墓”碑，行草相间，二碑均为清代名宦沈近思撰文，滕之瑚书丹，碑文表达了对将军的敬仰之情。其他碑刻多记载将军的战绩和后人的颂词。庙后为冢，当地俗称“杨爷墓”，高约7米，呈长方形，冢前有一断碑，隐约可识“再兴坟墓”四字，相传为岳飞枪尖镌刻。墓后有半月形围山，围山后面新修庙宇一座，庙内塑岳飞及杨再兴像。庙宇雕梁画栋，为单檐歇山顶。

杨再兴纪念园内雕塑

杨再兴纪念园是依据考证和历史传说，围绕小商桥和杨再兴墓址整合扩建而成，园内现有壮怀殿、诗山、岳飞枪刻碑、享堂、墓冢、古石碑、英烈堂、宋金人物和兵器馆、将军坊等众多景点，大门上方匾额“杨再兴纪念园”乃中央军委原副主席、国防部原部长曹刚川上将所题。在牌坊的东西两侧分别是“英烈堂”和“宋金人物和兵器馆”。

英烈堂通过展示有关文字、图片和文献资料实物，再现了杨再兴少年精武、勇赴国难、义归岳飞、战功卓著、郾城大捷、血洒小商河、英名千古的生平事迹，弘扬了杨再兴的勇武爱国精神。

宋金人物和兵器馆主要展示宋金时期的主要历史人物和当时所使用的各类兵器，再现当时宋金双方的政治、经济、军事形势。同时，以实物的形式，让人们感知宋金兵器的分量。

壮怀殿是后人为缅怀杨再兴及在小商桥之战中保家卫国、不畏强敌、英勇奋战的阵亡将士而修建。本殿面向北方，寓意英烈誓将收复汴京，完成大宋统一的未酬壮志。

为了缅怀杨再兴将军，发扬杨再兴将军的爱国主义精神，当地政府又开发建设了小商桥景区，对杨再兴将军殉国地进行维护建设，2011年10月开工建设，2012年5月1日建成并对外开放，现已成为人们感知历史、文化休闲、旅游观光的国家4A级旅游景区。

漯河市中州抗战纪念馆

漯河市中州抗战纪念馆坐落在国家4A级旅游景区——开源景区河上街古镇中段，抗战纪念广场西南侧，建筑面积1312平方米，是以漯河受降建亭立碑这一重要历史事件为背景而建立的，反映中原儿女十四年抗战进程的大型综合性专题纪念馆，为河南省爱国主义教育示范基地。

1945年日军投降后，漯河为中国战区15个受降点之一，当地民众集资修建了全国独一无二的受降亭、受降碑，并修建受降路，建成了受降小学。为在新时期铭记抗战历史、缅怀抗日先烈，2015年9月2日，漯河开源集团修建了漯河中州抗战纪念馆。该馆共分三层。一层是红色记忆，主要展览与抗战有关的各类物品。二层、三层为展览厅，展览内容以河南的抗战活动为主线，分七大部分：一、日本蓄谋已久的大陆政策；二、全面抗战的爆发和如火如荼的中原救亡运动；三、日寇向中原的疯狂进攻；四、中原儿女的奋力抗争；五、日本法西斯的全面失败；六、中原抗战英烈录；七、后记。

整个展览厅通过实物与文图相结合的方式展现中原儿女艰苦抗战的历史画卷。其中，受降亭内原碑作为省一级文物陈列馆内，另外陈列有防毒面具、土造枪、各种刺刀等300多件。

中州抗战纪念馆东有抗战受降纪念广场，占地面积12000平方米，建筑面积6000平方米。广场内建有抗战受降纪念广场牌楼、受降亭、爱国主义主题影院、抗战胜利纪念酒坊等。抗战受降纪念广场和中州抗战纪念馆已成为

中州抗战纪念馆

民众纪念抗战胜利、了解抗战历史、缅怀革命先烈的圣地。每到中国人民抗日战争胜利纪念日，这里就会举办氛围浓厚的红色文化系列活动，有鲜为人知的中原儿女抗战故事讲述、热血澎湃的抗战胜利演出、醇香的抗战胜利纪念酒封坛仪式，以及街区巡演、打水仗，再现当年中原儿女英勇抗战、欢呼抗战胜利的场面。

其他

河南省档案馆

位于郑州市金水路18号，也称河南省档案局，局馆合属办公，是中共河南省委、河南省人民政府的直属事业单位，履行全省档案事业行政管理和省级档案收集、保管、利用等职能，为国家一级档案馆、河南省爱国主义教育示范基地。

河南是中华民族的主要发祥地之一，有着悠久的历史和灿烂的文化，地下文物居全国第一位，地上文物居全国第二位，馆藏文物占全国的八分之一，形成并保存下来大量具有重要价值的档案资料。现有各级各类档案馆（室）上万个。

1959年2月24日，河南省档案馆成立，隶属河南省档案管理局领导。其间，机构多次变化，2000年机构改革时，河南省档案局、馆合并，一个机构，两块牌子。

河南省档案馆馆库建筑面积1.4万平方米，主楼一栋，配楼两栋。主楼建筑面积近1万平方米，其中库房建筑面积0.6万平方米，配置了装裱、音像、视听、缩微、复制、扫描、刻录、计算机等设备。目前馆藏档案几百个全宗，馆藏档案资料近百万卷（件、册）。特别是数以万卷的民国档案和革命历史档案，具有较高的历史价值。该馆镇馆之宝是抗日战争和解放战争时期，晋冀鲁豫边区邮政局发行的邮票票样。这些邮票分两册保存，共105枚，一套是发行于1949年5月庆祝五一国际劳动节的纪念邮票，另一套是发行于

河南省档案馆

1949年7月庆祝中国共产党成立28周年的纪念邮票。这些邮票从一个侧面忠实地记载了中国革命发展的进程，不但是中国邮票中的瑰宝，也是珍贵的革命文物。

为了适应全省经济社会发展需要，河南省投资18670万元，在郑东新区明理路与邢庄北街交叉口东南角建设河南省档案馆新馆，总占地面积69.04亩，总建筑面积38620平方米，新馆分为地下一层，地上六层。另外，为了使广大用户足不出户便可以上网查阅开放档案，河南省档案馆正在建设数字档案馆。

河南日报报史馆

河南日报报史馆位于农业路东段28号的河南日报报业大厦四楼，占地面积1000平方米，是河南唯一全面反映河南新闻传播事业发展成就的场馆，为河南省爱国主义教育示范基地。

2008年年初，河南日报报业集团党委会、编委会正式做出建设河南日报报史馆的决定。经过一年多的努力，于2009年5月28日建成，时值河南日报创刊60周年之际正式对外开放。

河南日报报史馆参观现场

河南日报报史馆馆藏各类文物实物1300余件，图片1500余幅，共分为3个展区，内容包括“历史长廊”“在硝烟中诞生”“激情燃烧的岁月”“春天的故事”“大河奔流”和“走进新世纪”6个部分。

“历史长廊”再现了从新中国成立到走进新世纪党和国家领导人视察河南的场景，展示了经过70年的发展，河南日报报业集团目前所属11报2刊3网站的形象。

“在硝烟中诞生”“激情燃烧的岁月”“春天的故事”“大河奔流”和“走进新世纪”5个部分，则分别以大量文字图片资料和历史文物，展现了《河南日报》从1949年6月1日创刊以来在新闻宣传、媒体经营、事业发展、社会影响力等方面取得的成就。

河南日报报史馆采用声光电等新媒体技术布展，并建立了科学的管理制度和工作记录档案，成为河南知名的文化品牌，在省内外形成了广泛影响，成为对外展示河南形象的重要窗口，在全国省级党报建成的报史馆中享有较高声誉，是进行爱国主义教育的好课堂。

河南人民检察博物馆（大别山人民检察博物馆）

河南人民检察博物馆（也称大别山人民检察博物馆）位于河南省新县香山路1号，总占地面积10亩，场馆建设面积3000平方米，为全国首个集收藏、研究、展示、交流和服务等功能于一体的省级人民检察历史博物馆、河南省爱国主义教育示范基地。

巍巍大别山腹地的新县县城，是鄂豫皖革命根据地的首府。1931年7月，鄂豫皖革命根据地在加强政权建设的同时，司法制度也正式形成。人民检察制度的第一个国家公诉处和国家公诉人在此诞生，人民检察制度由此启航。为缅怀检察先辈，激励检察后人，传承检察文化，弘扬检察精神，2009年10月经河南省人民检察院批准，由信阳市人民检察院在鄂豫皖革命根据地的首府新县建立大别山人民检察博物馆。

博物馆共两层，第一层为鄂豫皖革命根据地人民检察史及河南人民检察史展厅，第二层为预防职务犯罪警示教育基地展厅。展厅共分8个部分，时间跨度从1931年至2011年，分别展出80年来不同历史时期的检察文物史料、图片、档案等资料895件，收藏检察文物100余件，展出面积1800多平方米。

展览8个部分的内容主题分别为“植根红土，伟大开端”“传承创建，探索发展”“艰难岁月，波折中断”“加强合作，对外交流”“繁荣理论，创新机制”“党的领导，亲切关怀”“河南检察英模”“附录：河南省人民检察（署）

河南人民检察博物馆（大别山人民检察博物馆）

院及河南省19个地市分院的历史变迁、组织沿革和院情院貌”。

河南人民检察博物馆的建成，为全面、真实地展示河南人民检察制度诞生、发展、完善的曲折经历提供了新的载体，为系统、深入地学习河南人民检察事业波澜壮阔的光荣历史提供了生动的教材。

中原农耕文化博物馆

中原农耕文化博物馆位于河南省许昌市八一东路 88 号许昌学院内，占地 1500 平方米，是河南省首家以中原农耕文化为主题的博物馆，为河南省优秀非物质文化遗产展示馆、河南省爱国主义教育示范基地。

中原农耕文化博物馆由许昌学院主办，自 2010 年至 2012 年历时 3 年时间建成，2012 年 12 月 31 日正式开馆。许昌处于河南省地理版图的中心位置。这里是广袤的平原地带，沃野良田一望无际，农耕文化底蕴深厚。“许昌人”头盖骨的考古发现，证明早在 10 万年到 8 万年前便有先民在这里刀耕火种、繁衍生息。新中国成立以来，许昌发生着传统农耕文明向现代农耕文明的历史嬗变，在这里创建以中原农耕文化为主题的博物馆具有一定优势和条件。

中原农耕文化博物馆楼系原样复制许昌学院前身——省属许昌师范高等专科学校老校区 20 世纪 50 年代初建成的教学楼，共两层，设 18 个展厅，展品 2000 余件。博物馆展出内容依次为：

序厅：千秋基业；第一厅：农耕源流；第二厅：农耕器具；第三厅：农耕风貌、时令节气；第四厅：粮食加工；第五厅：收获储存、五谷粮菽；第六厅：纺织衣饰；第七厅：家居生活；第八厅：炊事饮食、食品加工；第九厅：传统习俗；第十厅：休闲娱乐；第十一厅：乡村工匠；第十二厅：农副生产、地方特产；第十三厅：交通运输、水利灌溉；第十四厅：村镇民居、中州名镇；第十五厅：农耕嬗变；第十六厅：未来之光；过道展厅：展馆简介、参观感言、

中原农耕文化博物馆

中原农耕风貌图片长廊。

展览综合运用展台、展柜、展板、雕塑、微缩景观、实景展现、多媒体、触摸屏等形式，利用多种展示手段立体化、全方位生动展现了农耕社会生产方式、农民生活方式、农村风貌和文化现象，勾画出中原农耕文化的全景图。

博物馆自开放以来，除了大量青少年学生前来参观，还吸引了来自美国、英国、日本的农业研究专家和文化学者，传播了中原农业的传统文化。

河南省群众艺术馆

河南省群众艺术馆是河南省人民政府设立的专门从事群众文化艺术工作的公益性事业机构，是一个集音乐、舞蹈、美术、书法、摄影、影视戏剧、曲艺、文学、民族民间文化保护、调查研究、文艺音乐刊物等多元于一体的专业性事业单位，为河南省爱国主义教育示范基地。

河南省群众艺术馆成立于1956年，隶属于河南省文化厅（现隶属于河南省文化旅游局）。该馆设有音乐工作室、舞蹈工作室、美术工作室、摄影工作室、影视戏曲部、调查研究部、少年儿童工作部、青年歌声杂志社、民族民间文化保护中心等专业部室以及办公室、综合档案室、财务科、老干部科等科室。该馆艺术门类齐全，人才荟萃，主要工作职责是指导全省社会文化活动的开展，举办全省性大型演出、展览活动；研究、调查社会文化发展的趋势，为政府的文化决策提供依据，交流社会文化信息；保护和抢救民族、民间文化遗产；组织作者创作健康向上、反映时代、反映生活、反映现实的文艺作品；培训市、县、乡文化馆（站）专业干部及社会层面的文艺骨干。

河南省群众艺术馆现为老馆、新馆并存，一馆两址。老馆位于郑州市花园路55号，占地1.91亩，馆舍建于1986年，建筑面积3130平方米，拥有河南省少儿艺术培训基地、老年艺术大学、河南省国画院、河南省艺术摄影学会、河南省社会舞蹈艺术委员会、河南省少儿艺术团等众多社会团体。新馆位于郑东新区CBD核心区，是河南省人民政府“十五”规划重点项目，建设面积为6700平方米，

河南省群众艺术馆表演现场

投资近1亿元，由三层组成。一层是动态艺术展厅，定期举办具有河南特色的戏曲、杂技、民间音乐、民间舞蹈等各类活动。二层是2000平方米的展厅，展览河南民俗艺术，同时还承接各类大型展览。三层近900平方米，为近代现代艺术展厅，常年举办摄影、书法、现代艺术品展览等各类展示交流文化活动。同时在一层建立了拥有50台高端电脑的电子阅览室、160平方米的舞蹈教研室，三层建立了多媒体教研室、多功能报告厅、现代化的艺术资料阅览室等，为社会提供各艺术门类的专业辅导、咨询、研讨服务，努力搭建起公共文化服务平台。

近年来，河南省群众艺术馆在开展全省群众文化活动、参加全国及全省性群众文化赛事、社会辅导、理论研讨、调查研究、对外交流、出版发行方面硕果累累。先后举办、承办了8届“河南省民间音乐舞蹈调演”，11届“河南省歌曲创作评选”，8届“河南省小戏、小品（曲艺）大赛”，8届“河南省艺术摄影大赛”，4届“河南省青少年钢琴大赛”以及手风琴、电子琴比赛，历届河南省“群星奖”评选等多项全省性赛事，所属省少儿艺术团多次荣获全国“蒲公英奖”金、银奖。每年组织文化下乡活动数十场，并多次承办国家和省里交办的艺术晚会和艺术展览，观众累计几十万人次。河南省群众艺术馆还积极开展对外文化交流活动，先后访问过中国香港、台湾地区，以及南非、毛里求斯、埃及等国家。在民间文化遗产保护整理方面，河南省群众艺术馆历年来多次组织河南民间艺术展赴北京、广州等地展出，其中，淮阳泥泥狗、浚县泥咕咕、开封朱仙镇木版年画、南阳汉画像石、灵宝皮影、南阳烙画、洛阳唐三彩、禹州钧瓷和汝瓷等艺术展，深受海内外人士的欢迎。

河南大学抗战时期潭头办学旧址纪念馆

河南大学抗战时期潭头办学旧址纪念馆位于河南省洛阳市潭头镇，是为展现和纪念抗战时期河南大学与潭头人民穿越抗战烽火硝烟，坚持敌前办学为国家培养人才的历史而建。它是河南省文物保护单位、河南省爱国主义教育示范基地。

河南大学是河南省人民政府与教育部共建高校。1912 年，以林伯襄为代表的一批河南仁人先贤，在辛亥革命胜利的曙光中创办了河南留学欧美预备学校，成为当时中国三大留学培训基地之一。后历经中州大学、国立第五中山大学、省立河南大学阶段，1942 年改为国立大学，成为拥有文、理、工、农、医、法等 6 大学院的综合性大学。新中国成立后，河南大学先后经历了河南师范学院、开封师范学院、河南师范大学等阶段，1984 年恢复河南大学校名。目前，河南大学校区总面积 220 万平方米，建筑面积 147 万平方米，教职工 4300 多人，专、兼职院士 14 人，全日制在校生 5 万人，其中研究生近 1 万人，留学生 700 人，入选世界一流学科建设高校、“111 计划”等。近年来，习近平、李克强、江泽民等领导同志莅校视察，对河南大学的发展寄予支持和厚望。

潭头河南大学旧址，位于洛阳市栾川县潭头镇潭头村、党村、张村、古城村、大王庙村一带。抗日战争时期，日寇进犯中原，河南大学被迫踏上了 8 年流亡办学之路。先后从开封迁至信阳鸡公山、南阳镇平、洛阳嵩县、南阳荆紫关和陕西汉中、宝鸡等地。1939 年 5 月下旬，河南大学师生员工在王广庆校长的率领下，徒步翻越伏牛山，经方城、叶县、宝丰、临汝、伊川抵达嵩县。校本部

国立河南大学抗战时期潭头办学纪念馆

和文、理、农三个学院继续前进后落脚潭头，在此办学长达 5 年之久。潭头人民积极支持河大发展，纷纷把自家住房让出，作为河大师生的教室和宿舍，并捐送桌、椅、凳、生产工具等物资和粮、油、肉、蛋等生活用品。县立高小腾房 50 余间，作为文、理、农学院的公共教室和图书馆，关帝庙 20 多间房改为校本部办公用房。文学院设在古城村和石门村，占有 8 个院落，资料室另设于上神庙。理学院设在党村，使用了 6 个院落，理化实验室、仪器室、生物标本室、电厂共占民房 40 多间。农学院设在大王庙村，占有 8 处院落，设有种子库和仪器室。当时河南大学在潭头镇共使用民房及学校 40 余处。1944 年 5 月中旬，日军从嵩县大章、旧县向栾川、潭头进犯，侵入潭头，酿成“潭头惨案”。设在党村的河南大学理学院仪器室 15 间房被日军放火烧毁，书籍、仪器化为灰烬，部分来不及转移的河大师生共计 9 人被杀，失踪 25 人。日军还在当地屠杀、残伤无辜群众 100 余人，奸污妇女 40 余人，烧、炸毁房屋 100 余间，抢粮 4 万余斤，宰杀牛马 600 余头（匹），猪羊近千只，毁麦田 2000 余亩。在日寇盘踞潭头肆虐逞凶的 6 天中，敦厚质朴的潭头人把河大师生的生命、财产看得比自己的身家性命还重，不顾危险掩护师生撤离，还有数十名河大师生分藏于潭头十几个村的村民家中幸免于难。河南大学在潭头 5 年间，以上课总时数全国第二、

河南大学潭头惨案纪念碑

综合评价全国第六的业绩，擢升为国立大学。另外，河南大学师生联合当地士绅在潭头寨共同创建“七七中学”“伟志小学”和“伊滨中学”，同学们为这些学校代课，传授知识，把先进文化和知识带到偏远山乡，潭头从而成为豫西文化重镇，铸就了抗战办学史上的一座不朽丰碑。因此，河大人把潭头称作“第二故乡”。

2015年，由河南大学和潭头镇共建的河南大学抗战时期潭头办学旧址纪念馆开馆。2016年10月，潭头镇政府又建了河南大学流亡办学纪念馆新馆。新馆大楼面积500余平方米。一楼为潭州书画院和潭头群英馆，二楼为河南大学抗战时期潭头办学新纪念馆。新馆展厅面积246平方米，主要分为“八年流亡”“潭头办学和人才汇集”“教室复原”“潭头惨案和情深谊长”“河大精神”5个展厅。新馆展厅内充分利用光、电、音响、投影等设备，展出了大量珍贵的历史图片、河大师生使用过的老物件和相关影视资料，还原了师生工作、学习和生活场景，集中展示了河南大学抗战时期坚持敌前办学的真实情形，再现了抗战时期河大师生在潭头修身立德、传道授业的场面。另外，潭头镇还邀请文物专家，对位于该镇大王庙村的河大农学院旧址，即现存的孙家大院、李家大院、马家大院等进行修缮保护，重现当年河大师生在此兴教求知时的原貌。

河南省人民医院院史馆

河南省人民医院院史馆位于郑州市经二路与黄河路交叉口东南100米省医科教大厦二楼，面积1410平方米，为河南省爱国主义教育示范基地。

河南省人民医院位于郑州市纬五路7号，其前身是开封福音医院，始建于1904年，1950年更名为河南省人民医院，1955年迁址郑州。医院现有开放床位3900张，年门诊、急诊量300万人次，在职职工5306人，其中高级职称专家720人，博士、硕士1244人，博士、硕士研究生导师142人，享受国务院政

河南省人民医院院史馆

府津贴专家62人，国家临床重点专科建设项目11个，国家级培训中心17个。河南省人民医院是国家卫生部首批命名的三级甲等医院、“部省共建”医院，先后组建河南省立眼科医院、河南省心血管病医院。2016年与河南大学合作共建河南大学医学院，2017年跻身中国最佳医院排行榜100强，2018年被国家卫健委公布为首批肿瘤多学科诊疗试点医院。

河南省人民医院院史馆筹建于2012年7月，历时3年落成，于2015年11月11日开馆。主展区面积973平方米。步入院史馆，首先映入眼帘的是厚重大气的“河南省人民医院院史馆”馆名浮雕墙。浮雕墙由祥云、医院各时期标志性建筑和医务人员工作场景构成。展馆分为5个展厅，分别是“福音诞生，初具典范”“栉风沐雨，砥砺前行”“励精图治，厚德济生”“杏林撷英，人才辈出”“勇立潮头，继往开来”，通过500余张照片和逾5万字的文字资料，以时间为脉络，用历史事件、专题板块、实物展出等形式，图文并茂地展示了河南省人民医院从建院初到跨越发展100多年的风雨历程和光荣历史。

中宣部公布的全国爱国主义教育示范基地名单（河南）

从1997年至2019年，中宣部向社会公布了多批473个爱国主义教育示范基地，河南省共入选了17个。

1．1997年7月，中宣部向社会公布了第一批百个爱国主义教育示范基地，河南省有3个入选：

林州红旗渠纪念馆

兰考焦裕禄烈士陵园

安阳殷墟博物苑

2．2001年6月11日，中宣部向社会公布了以反映党的光辉历史为主要内容的第二批百个爱国主义教育示范基地，河南省有2个入选：

新县革命纪念地（包括中共中央鄂豫皖分局、鄂豫皖军委、鄂豫皖苏区首府革命博物馆、鄂豫皖苏区烈士陵园、箭厂河革命旧址等）

河南博物院

3．2005年11月20日，在中国人民抗日战争暨世界反法西斯战争胜利60周年之际，中宣部公布了第三批66个全国爱国主义教育示范基地名单，河南省有4个入选：

杨靖宇将军纪念馆

镇平彭雪枫纪念馆

吉鸿昌将军纪念馆

濮阳单拐革命旧址（中共中央平原分局革命旧址、中共中央北方局革命旧址、冀鲁豫军区纪念馆等）

4．2009年5月21日，在中华人民共和国成立60周年之际，中宣部公布第四批87个全国爱国主义教育示范基地，河南省有2个入选：

商丘淮海战役陈官庄烈士陵园

驻马店确山竹沟革命纪念馆（竹沟烈士陵园）

5．2017年4月19日，中宣部新命名41个全国爱国主义教育示范基地，河南省有2个入选：

鄂豫皖革命纪念馆

桐柏革命纪念馆

6．2019年9月16日，在中华人民共和国成立70周年之际，中宣部新命名39个全国爱国主义教育示范基地，河南省有4个入选：

中国文字博物馆

八路军驻洛办事处纪念馆

王大湾会议会址纪念馆

愚公移山精神展览馆

中共河南省委宣传部等单位命名的河南省爱国主义教育示范基地名单

从 1997 年 4 月至 2018 年 3 月，中共河南省委宣传部等单位共命名了 7 批 127 个全省爱国主义教育示范基地。

第一批 30 个，1997 年 4 月 8 日命名

郑　州：郑州烈士陵园

郑州二七纪念堂、馆

郑州黄河游览区

开　封：兰考县焦裕禄烈士纪念馆

开封中国翰园碑林

洛　阳：洛阳龙门石窟

八路军驻洛办事处纪念馆

小浪底水利枢纽工程

洛阳博物馆

平顶山：平顶山中国神马帘子布集团公司

安　阳：林州（原林县）红旗渠纪念馆

安阳殷墟博物苑

汤阴县岳飞纪念馆

河南安阳彩色显像玻壳有限公司

新　乡：中国人民解放军 54774 部队军史馆

新乡县刘庄村

河南新飞电器有限公司

濮　阳：台前县刘邓大军渡黄河纪念地

濮阳戚城文物景区管理处

三门峡：三门峡水利枢纽工程

南　阳：镇平县彭雪枫纪念馆

方城县杜凤瑞烈士纪念馆

南阳武侯祠

南阳汉画馆

商　丘：商丘淮海战役陈官庄烈士陵园

周　口：扶沟县吉鸿昌将军纪念馆

信　阳：罗山县红二十五军长征出发地

新县鄂豫皖苏区首府革命博物馆、烈士陵园

驻马店：确山县竹沟革命烈士陵园、纪念馆

确山县杨靖宇将军纪念馆

第二批 17 个，2001 年 10 月 9 日命名

郑　州：河南省图书馆

郑州博物馆

郑州市图书馆

开　封：开封市烈士陵园

开封市博物馆

平顶山：中国人民解放军 94452 部队航空展览馆

安　阳：安阳市烈士陵园

三门峡：三门峡市博物馆

南　阳：南阳市张衡博物馆

许　昌：许昌市博物馆

商　丘：木兰祠

周　口：河南莲花味精集团

杜岗会师纪念地

信　阳：王大湾会议旧址纪念馆

鹤　壁：靳月英荣誉室

焦　作：焦作市烈士陵园

济　源：济源市留庄英雄民兵营及“杜八联”革命纪念馆

第三批 11 个，2007 年 10 月 25 日命名

开　封：开封市朱仙镇岳飞庙

平顶山：平顶山市宝丰县尖山坡

鹤　壁：鹤壁市浚县烈士陵园

新　乡：新乡市辉县回龙村

焦　作：焦作市武陟县嘉应观

许　昌：许昌市杨水才纪念馆

漯　河：漯河市许慎陵园

南　阳：南阳市桐柏革命纪念馆

商　丘：商丘市张巡祠

信　阳：信阳市鄂豫皖革命纪念馆

济　源：济源市王屋山愚公移山纪念地

第四批 15 个，2011 年 2 月 22 日命名

河南省委、省政府：河南省档案馆

郑　州：新郑市黄帝故里景区

开　封：开封辛亥革命纪念园

洛　阳：洛阳 71282 部队师史馆

平顶山：豫西革命纪念馆

安　阳：中国文字博物馆

新　乡：新乡市烈士陵园

焦　作：沁阳市朱载堉纪念馆

许　昌：许昌市烈士陵园

漯　河：陈星聚纪念馆

三门峡：渑池刘少奇旧居

南　阳：南阳市邓州编外雷锋团展览馆

商　丘：睢杞战役烈士陵园

信　阳：商城县革命烈士纪念馆

驻马店：鄂豫边革命纪念馆

第五批20个，2013年11月13日命名

河南日报社：河南日报报史馆

河南省人民检察院：河南人民检察博物馆（大别山人民检察博物馆）

河南省教育厅：中原农耕文化博物馆

河南省文化厅：河南省群众艺术馆

团省委：许昌市青少年宫

郑　州：巩义市竹林镇

开　封：刘青霞故居纪念馆

洛　阳：中国一拖东方红农耕博物馆

平顶山：郏县广阔天地知青园景区

平顶山市文化艺术中心

安　阳：安阳博物馆

新　乡：新乡市博物馆

焦　作：孟州市韩愈陵园

濮　阳：濮阳挥公园

漯　河：杨再兴纪念园

南　阳：唐河革命纪念馆

信　阳：许世友将军纪念馆

河南杨山煤矿工人武装起义纪念园

周　口：周口市博物馆

济　源：晋豫边革命纪念馆

第六批 22 个，2016 年 9 月 9 日命名

河南大学：河南大学抗战时期潭头办学旧址纪念馆

河南省人民医院：河南省人民医院院史馆

郑　州：巩义市博物馆

平顶山：中共豫西抗日根据地曹沟革命纪念馆

　　　　平顶山博物馆

　　　　新四军抗日虎头山烈士陵园

安　阳：林州市石板供销社扁担精神纪念馆

鹤　壁：刘邓大军“石林会议”旧址（山城区烈士陵园）

　　　　鹤壁市博物馆

新　乡：长垣县中国烹饪文化博物馆

焦　作：焦作市科技馆

濮　阳：范县冀鲁豫边区革命纪念馆

漯　河：漯河市中州抗战纪念馆

南　阳：南阳市烈士陵园

　　　　唐河县冯友兰纪念馆

　　　　邓州花洲书院

商　丘：鲁雨亭烈士纪念馆

　　　　中国人民抗日军政大学第四分校旧址

信　阳：新县郑维山将军故里景区

周　口：李鸣钟故居

驻马店：驻马店市防洪博物馆

济　源：愚公移山精神展览馆（济源市档案馆）

第七批12个，2018年3月2日命名

郑　州：郑州大象陶瓷博物馆

洛　阳：洛阳民俗博物馆

平顶山：宝丰县中原解放纪念馆

鹤　壁：鹤壁市烈士陵园

焦　作：焦作市博物馆

濮　阳：濮阳市博物馆

许　昌：禹州钧官窑址博物馆

南　阳：红二十五军鏖战独树镇纪念地

商　丘：商丘博物馆

信　阳：鄂豫皖苏维埃政府税务总局旧址

驻马店：确山县临时治安委员会纪念馆

济　源：济源市烈士陵园